# 学会沟通，学会爱

## 如何消除误解，让亲密关系更稳固

[美] 阿伦·贝克 —— 著　薛武 —— 译
Aaron T. Beck

LOVE
IS NEVER
ENOUGH

How Couples Can Overcome
Misunderstandings, Resolve Conflicts,
and Solve Relationship Problems
Through Cognitive Therapy

机械工业出版社
CHINA MACHINE PRESS

图书在版编目（CIP）数据

学会沟通，学会爱：如何消除误解，让亲密关系更稳固 /（美）阿伦·贝克（Aaron T. Beck）著；薛武译. -- 北京：机械工业出版社，2022.1（2024.6 重印）

书名原文：Love Is Never Enough: How Couples Can Overcome Misunderstandings, Resolve Conflicts, and Solve Relationship Problems Through Cognitive Therapy

ISBN 978-7-111-69563-9

I. ①学… II. ①阿… ②薛… III. ①恋爱心理学 – 通俗读物 IV. ① C913.1-49

中国版本图书馆 CIP 数据核字（2021）第 238745 号

北京市版权局著作权合同登记 图字：01-2021-1993 号。

Aaron T. Beck. Love Is Never Enough: How Couples Can Overcome Misunderstandings, Resolve Conflicts, and Solve Relationship Problems Through Cognitive Therapy.

Copyright ©1988 by Aaron T. Beck, M.D.

Simplified Chinese Translation Copyright © 2022 by China Machine Press.

Simplified Chinese translation rights arranged with Aaron T. Beck through Andrew Nurnberg Associates International Ltd. This edition is authorized for sale in the Chinese mainland (excluding Hong Kong SAR, Macao SAR and Taiwan).

No part of this book may be reproduced or transmitted in any form or by any means, electronic or mechanical, including photocopying, recording or any information storage and retrieval system, without permission, in writing, from the publisher.

All rights reserved.

本书中文简体字版由 Aaron T. Beck 通过 Andrew Nurnberg Associates International Ltd. 授权机械工业出版社在中国大陆地区（不包括香港、澳门特别行政区及台湾地区）独家出版发行。未经出版者书面许可，不得以任何方式抄袭、复制或节录本书中的任何部分。

## 学会沟通，学会爱：如何消除误解，让亲密关系更稳固

出版发行：机械工业出版社（北京市西城区百万庄大街 22 号 邮政编码：100037）

责任编辑：朱婧琬

责任校对：马荣敏

印　　刷：固安县铭成印刷有限公司

版　　次：2024 年 6 月第 1 版第 3 次印刷

开　　本：147mm×210mm　1/32

印　　张：13.5

书　　号：ISBN 978-7-111-69563-9

定　　价：69.00 元

客服电话：(010) 88361066　68326294

版权所有 · 侵权必究
封底无防伪标均为盗版

目 录

# 引言

## 第1章·负面思考的威力

| | |
|---|---|
| 认知法 | 16 |
| 读心 | 17 |
| 猜不透的心思 | 19 |
| 我们是如何产生误解的 | 23 |
| 误读信息 | 26 |
| 象征与意义 | 29 |
| 偏见 | 31 |

## 第2章·光与暗

| | |
|---|---|
| 痴情"程序" | 45 |
| "开关"（启动器） | 46 |
| 失望 | 49 |
| 背弃诺言 | 51 |

| 大反转 | 53 |
| 做出全面判断 | 56 |

## 第3章·思维方式冲突

| 开放视角与封闭视角 | 64 |
| 视角框定 | 67 |
| 性格冲突 | 69 |

## 第4章·破坏规则

| 设定期望 | 78 |
| 制定规则 | 79 |
| 套用规则 | 82 |
| 破坏性规则 | 84 |
| 执行规则 | 86 |
| "应该"的专横 | 88 |
| 违反规则 | 90 |
| 惩罚 | 91 |
| 规则的产生 | 92 |
| 应对规则与态度 | 94 |

## 第5章·沟通中的干扰

| 转弯抹角和语义模糊 | 99 |
| 防卫意识 | 102 |
| 漏掉信息 | 104 |
| 独角戏、插话与无言倾听 | 105 |

聋点和盲点 108
步调不一致 109
提问用法 110
性别差异 112
谈话风格差异的解读 115
性别差异的根源 115

## 第6章·夫妻关系的破裂

婚姻契约的威胁 124
冲突的方方面面 133

## 第7章·未说出口的想法：风暴中心

暗自怀疑 158
对自己以及配偶产生怀疑的根源 161
暗含的"应该"规则 163

## 第8章·内心的诡计

象征意义如何扭曲我们的思维 168
扩散因素 170
典型认知扭曲的范例 172
认知扭曲发挥作用 181

## 第9章·生死搏斗

带刺的信息 184

| | |
|---|---|
| 主动出击 | 187 |
| 过分举动 | 188 |
| 争吵的背后：基本信念 | 195 |
| 控制愤怒 | 197 |
| 压抑、愤怒与自我肯定 | 199 |
| 解析愤怒 | 202 |

## 第10章 · 亲密关系可以得到改善吗

| | |
|---|---|
| 抗拒改变 | 212 |
| 哪些应该改变 | 224 |
| 创造问题而不是解决问题 | 225 |
| 重新定义问题 | 227 |
| 人如何改变 | 228 |
| 蜕变计划 | 232 |

## 第11章 · 巩固基础

| | |
|---|---|
| 合作 | 236 |
| 承诺 | 237 |
| 基本的信任 | 245 |
| 假定善意 | 246 |
| 往好处想 | 247 |
| 忠诚与忠贞 | 249 |

## 第12章 · 调整夫妻关系

| | |
|---|---|
| 爱与被爱 | 256 |

记录积极行为　　　　　　　　263
拉起百叶窗　　　　　　　　　266

## 第13章・改正自己的曲解

一般指南　　　　　　　　　　273
九个步骤　　　　　　　　　　275

## 第14章・交谈的艺术

找出沟通的问题　　　　　　　295
交谈礼仪的规则　　　　　　　307

## 第15章・合作的艺术

对分歧的解释　　　　　　　　314
运用提问技巧　　　　　　　　320
灵活变通　　　　　　　　　　323
妥协　　　　　　　　　　　　329
调和　　　　　　　　　　　　331
设置优先级　　　　　　　　　332

## 第16章・排忧解难

弄清分歧所在　　　　　　　　337
了解伴侣的视角　　　　　　　341
排忧解难交流会的具体规则　　345

## 第17章 · 压制心中怒气

| 问题的根源：在于你还是你的伴侣 | 362 |
| 宣泄愤怒的得与失 | 369 |

## 第18章 · 特殊问题

| 性欲减退 | 385 |
| 性爱问题的自我疗法 | 390 |
| 出轨 | 393 |
| 压力 | 397 |
| 双职工家庭 | 403 |
| 再婚的问题 | 411 |

**注释** 415

**参考文献** 422

# 引　言

我的研究领域大部分集中在焦虑和抑郁症的思维问题上，近几年我又瞄准了惊恐障碍领域。在过去的几十年中，我治疗了大批受亲密关系问题困扰的夫妻以及情侣。在诸多案例中，感情存在问题的亲密关系会导致其中一方变得抑郁、焦虑。还有不少案例表明，抑郁和焦虑会令亲密关系雪上加霜。

在关注亲密问题的过程中，我发现他们表现出一种思维失常，即认知扭曲，与我的抑郁症和焦虑症患者如出一辙。尽管这些伴侣的沮丧或焦虑还不至于需要专门治疗，但他们不快乐、神经紧张、易怒。而且他们与我的患者一样，往往会执着于婚姻中的问题，忽视或无视优点。

## 心理学的认知革命

所幸过去 20 年里，我们看到关于心理问题的知识得到迅速积累，这些知识可以直接应用于亲密伴侣之间存在的问题上。对心理问题的全新认识也已被广泛应用于对各种疾病的治疗中，其中包括抑郁症、焦虑症、惊恐障碍、强迫症，甚至进食障碍（如厌食症和贪食症）。这种方法被称为认知疗法，它已完全融入心理学和心理疗法的一项新的重大运动，即所谓的"认知革命"。

"认知"（cognitive）一词源自拉丁语"思维"，是指人们做出判断和决定的方式，以及人们解读或错误解读彼此行为的方式。这场革命为人们如何运用大脑解决问题、制造问题或加剧问题提供了新的关注点。一个人的思维方式在很大程度上决定了他是否会成功、享受生活，甚至生存。我们的思维越简单明晰，我们就越有能力达成目标。如果我们的思维充斥着扭曲的象征意义、不合逻辑的推理和错误的解读，则等同于我们眼瞎耳聋。迷失方向的磕磕碰碰，注定会害人害己。我们误判或误会的同时，伤害的是自己和伴侣，继而会招致令人痛苦的报复。

我们可以用高阶推理来清理扭曲的思维。发现自己陷入某种错误，我们经常要用到这种高级思维进行纠错。尽管在亲密关系中思维清晰和知错能改尤为重要，但可惜在认识、纠正对伴侣的误判上，我们仿佛天生就存在缺陷。此外，伴侣们会认为他们说的是同一种语言，但他们的所言和伴侣的所听经常截然不同。因此，沟通问题造成许多伴侣感到挫败和失望，进而情况愈演愈烈。

下面列举一个例子。肯恩是保险推销员，马乔丽是公关公司秘书，平时工作忙碌的他们决定多留一些二人相处时间。某个星期六，马乔丽告诉肯恩，她打算下午去逛街。肯恩想和马乔丽待在一起，就马上决定陪她逛街。审查一家大型公司的账目耗费了马乔丽一天时间，这让她感到心力交瘁，她认为肯恩的行为是一种侵扰（她心想"他从来不让我做自己的事")。尽管如此,她并没有拒绝肯恩,但整个购物过程中她一言不发。肯恩觉得马乔丽沉默不语是因为她不在乎自己的陪伴,于是朝她发了火,而马乔丽回击肯恩的方式是愈加不理不睬。

我们来梳理一下这个情境里的事实:①马乔丽确实想花更多的时间与肯恩相处,但又想独自逛街;②她没有将此事告诉肯恩;③她将他的陪伴提议误解为对她自由的侵扰;④肯恩将她的冷落误解为她不喜欢他的陪伴。

类似马乔丽与肯恩之间的误会可谓层出不穷、屡见不鲜,再加上由此产生的相互怨愤,一步步侵蚀着亲密关系的根基。我见过类似的误会好几次演变到无可挽回的地步。但值得注意的是,如果伴侣发现误会,并在误会升级之前及时纠正,就可以摆脱困境。认知疗法旨在帮助伴侣理清思维和沟通方式,从而第一时间防止误会的产生。

## 婚姻关系的破裂

大多数夫妻知道婚姻危机持续存在,40%～55%的婚姻可能以离婚而告终。[1]由于夫妻们目睹越来越多不美满的婚姻和分手,他们可能会联想自己的婚姻会不会走到这一步。

新婚夫妻会沉浸在爱情与浪漫的浪潮中,他们最憧憬的莫过于美满幸福的婚姻。通常,至少在婚姻初期,他们相信自己的关系"与众不同",能够用深情和乐观维系这段关系。然而,许多夫妻迟早会醒悟，他们并没有做好准备应对婚姻里日积月累的各种问题和冲突。他们逐渐察觉到不断积累的不安、沮丧和伤心，但常常不知道问题之所在。

随着夫妻双方经历各种幻灭、沟通不畅和误解，他们可能开始质疑这段婚姻。世上最令人心酸的，莫过于心理咨询师听到幸福婚姻开始瓦解的夫妻所发出的"呼救"。即使是已婚三四十年的夫妻，也可能觉得有必要终止现阶段充满无尽错误和痛苦的婚姻。

如此众多的婚姻走向破裂，确实令人惊讶。不妨想象一下让一对夫妻走到一起的所有动力。爱与被爱自然是最普遍的经历。除此以外，婚姻关系的"副产物"还有亲密、陪伴、接纳、支持等。当你失去亲人时，有人可以安慰你；当你灰心时，有人给你打气；当好事发生时，有人分享你的喜悦。你还会拥有令人满意的性生活，这是大自然为结成配偶提供的特殊诱惑。生育孩子和建立家庭所带来的满足感同样不容小觑。

父母和其他亲人的希望和鼓励，以及社会对你维持婚姻的期望给婚姻带来了外界压力。有了这些巩固亲密关系的约束力，还会出什么问题？为什么爱情没有足够强大到让两人继续生活在一起？

遗憾的是，令人泄气的幻灭、令人费解的误解、折磨人的误会等"离心力"会起反作用，使关系破裂。爱情本身并不足以抵抗这些分裂力量及其副产物，即怨恨和愤怒。要想巩固爱情，使其免于破裂，良好婚姻关系还需要其他要素。

媒体渲染的理想婚姻并不能让夫妻做好准备应对失望、沮丧和摩擦。当误解和冲突点燃了心中的怒火和怨恨，曾经的爱人、盟友或伙伴会反目成仇。

## 维持婚姻关系的基本要素

尽管爱情是夫妻之间互相帮助和支持、彼此取悦和建立家庭的强大动力，但爱情本身并不是婚姻关系的本质，对维持婚姻并促使婚姻发展至关重要的个人品质和技巧才是本质。特殊的个人品质对于建立幸福的婚姻关系至关重要，包括奉献、体贴、慷慨、关心、忠诚、负责任和诚信。夫妻需要相互合作，为达成一致而做出让步并遵循共同的决定，他们必须有韧性，易于承担责任并保持宽容的态度。夫妻之间需要容忍彼此的缺陷、错误和怪癖。经过一段时间培育出这些"优秀品质"时，你会发现婚姻将朝着好的方向稳步发展、逐步成熟。

夫妻通常善于与婚姻之外的人打交道，但很少有人将保持关系良好发展的基本认识或技巧运用到亲密关系中。夫妻相处时经常疏于运用共同决策、破译伴侣信息的诀窍。当家里的水龙头开始漏水时，他们有阻止漏水的工具，但是爱情开始消退时，他们却束手无策。

婚姻或同居不同于生活中的其他关系。当一对伴侣生活在一起，想要建立持久的亲密关系时，他们会对彼此抱有一定的期望。这种亲密关系的强度激发了人们对于无条件的爱、忠诚和支持的长期渴望。夫妻双方或明确（如在婚姻誓言中）或间接地通过行动，保证自己满足这些需求。夫妻所做的一切因这些渴望和期望被赋予意义。

基于情感和期望的力量，深厚的依赖感，以及为彼此行为赋予关键却通常是武断的象征性的意义，伴侣很容易误解对方的行为。往往由沟通不畅产生冲突时，夫妻很可能会相互指责，而不是努力去解决这个问题。随着困难出现，再加上敌对和误解，夫妻会忽视对方带给自己的积极能量，比如支持自己、丰富人生阅历并在组建家庭的过程中分享喜怒哀乐。最终，他们可能会怀疑亲密关系本身，从而无法解开心结。

## 解开心结

宾夕法尼亚大学认知治疗中心的许多精神科医生、心理学家和社工都是我的学生。在与学生共事期间，我发现我们可以通过消除夫妻之间的误解，解开夫妻沟通的心结，提高准确观察和解读伴侣信号的能力，就能帮助到这些陷入困境的夫妻。此外，我们发现他们从婚姻的互动中受益匪浅，比如他们能理解伴侣的感受，能满足伴侣的需求，懂得如何制订共同计划，如何做出决定，如何取悦彼此。

这种通过认知治疗解开夫妻心结的方案可以巩固大部分婚姻。实践证明，该方案对已婚的夫妻和打算结婚的伴侣同样奏效。实际上，该方案在完全相爱但想从亲密关系中获得更多的夫妻身上取得了最显著的成功。

过去十年，随着认知疗法的流行，全世界越来越多的专业人士开始运用这种方法。专业人士在我校认知治疗中心和其他中心所做的大量记录和研究表明，认知疗法已帮助无数伴侣走出困境。

在我们培训课程的毕业生中，诺曼·爱泼斯坦（Norman Epstein）、吉姆·普雷策（Jim Pretzer）和芭芭拉·弗莱明（Barbara Fleming）博士积极开展婚姻问题认知方面的研究，发表了相关论文并将见解应用于治疗领域。贾因斯·亚伯拉罕斯（Janis Abrahms）、戴维·伯恩斯（David Burns）、弗兰克·达迪里奥（Frank Dattilio）、斯托·豪斯纳（Stowe Hausner）、苏珊·约瑟夫（Susan Joseph）、克里斯汀·帕德斯基（Christine Padesky）和克雷格·威斯（Craig Wiese）博士也是认知疗法领域的专家，他们开创了婚姻治疗的临床治疗方法。

鉴于心理治疗师和婚姻咨询师成功运用了认知疗法，现在是时候与公众分享我们对认知疗法的见解了。本书对所有类型的伴侣都有作用，对自己亲密关系有疑虑的朋友可以使用本书更好地了解问题并制订解决方案。需要专业人士帮助解惑的伴侣可以将本书作为婚姻咨询的前期准备，希望本书还能鼓励有需要的伴侣获取进一步的帮助。实践证明本书内容对已经接受咨询的伴侣十分有用。

本书的目的不是描述"病态的婚姻"，而是以精确的方式定义常见婚姻问题的性质，以阐明问题的主要原因。一旦问题的各个方面暴露出来，我们就可以开始讨论如何解决问题。我在本书的开头着重讲述了各种问题，因为这也是问题的呈现方式。对各种问题有了深入了解后，你就可以开始着手解决问题了。

## 本书梗概

首先指出问题，然后解决问题，我会以开展系列临床治疗的方式编排本书的所有章节。

前九章讨论了不同的问题领域。几乎所有陷入婚姻困境的伴侣都会在这些章节中发现与自身亲密关系类似的问题。有时问题很明显，人的感受、想法和对彼此的态度却并非那么显而易见。与来访者相处时，有时我只有剥离好几层表象才能深入了解问题所在，而且有时候一个问题会扩散到其他方面，有些则会隐藏在深处。

认知疗法通过关注来访者当下的隐性和显性问题，而不是通过唤起童年的心理创伤找到了婚姻问题的根源。

为了帮助读者确定婚姻问题的性质，我在部分章节的结尾或正文中都设置了问卷。读者可以使用这些问卷准确找到与伴侣相处中出现的特定问题，例如不切实际的期望、缺乏沟通和偏颇的解读。阅读后文的补救措施时，读者可以回顾自己在问卷中的回答，以帮助确定问题所在，这也是解决问题的必要步骤。

在临床实践中，我首先会通过分析伴侣的描述和问卷中的回答来尝试理解他们之间的问题。然后，我可以为每对伴侣绘制一个"认知特写"，以突出他们的特定问题领域。就像试图通过体检、实验室化验和X射线等手段诊断内科疾病的医生一样，我也会利用手头的所有信息进行"婚姻诊断"。

读者可以遵循相同的程序，先了解并确定其婚姻问题的具体性质，然后选择适当的策略来应对。

在为伴侣揭示他们所遇问题的本质之前，我会弄清楚他们特定的自我挫败态度以及思维交流中存在的扭曲，然后我会向他们解释所遇到问题的本质。本书中，我也是按照此程序进行写作的。在前九章的每一章中我都介绍了婚姻中最常见的一类问题：①负面思维的力量：负面观念如何压倒婚姻的积极面；②从理想化到幻灭的转变：为什么对伴侣的印象会从全是优点变成全是缺点；③不同观点的冲突：夫妻如何以完全不同的方式看待彼此以及同一事件；④强加严苛的期待和规则：制定固定的标准为何使人感到沮丧和愤怒；⑤拒绝沟通：夫妻为何听不进对方的话语却脑补弦外之音；⑥重要决策时的冲突和亲密关系的破裂：个人偏见和无能如何破坏了亲密关系；⑦在愤怒和弄巧成拙之前"自动化思维"的作用：负面思想如何导致挑衅和愤怒情绪；⑧思维障碍和偏见是问题的核心：认知扭曲如何产生；⑨导致夫妻分离的敌意。

第10～18章中，我介绍了各种认知治疗方法，伴侣可以根据自己的具体需求进行调整，以实现各自亲密关系的目标。"帮助"章节从伴侣如何克服阻碍他们改善关系的阻力和挫折的问题开始。至关重要的是，他们必须意识到无论看起来多么无助，他们始终有各种选择，不只是不良关系的受害者。伴侣可以并且应该为自己的关系负责；这些章节说明了他们该如何负责。

在随后的章节里，我介绍了婚姻的基本价值观，例如奉献、忠诚和信任，并说明了消除破坏婚姻基础外在力量的方法。重建或加固使亲密关系牢固的基石非常重要（见第11章）。随后，我会介绍如何增加亲密关系中的甜蜜和美好，减少亲密关系中的忧伤和困扰。你可以做些什么来向伴侣证明自己的感情？我提供了一份问卷，供你和伴侣在表达关心、同情和谅解方面评估彼此的表现（见第12章）。在第13章中，我提供了一些具体实例，告诉你如何纠正扭曲的思维并调整对现实的看法。在随后的章节中，我将重点转移到夫妻之间的交谈方式上，并说明交谈如何成为痛苦而非快乐的源头（见第 14 章）。第 15 章说明了在准备接受婚姻治疗时，你该如何阐明个体差异，具体说明见第 16 章。

在纠正了交谈中的错误并解决了共同生活中的实际问题之后，你就可以面对伴侣身上那些让你恼怒的特征和习惯了（见第 17 章）。最后，在第 18 章中，你将能够使用前几章中了解到的知识来解决具体问题，例如压力、性压抑、不贞以及双方因彼此事业而发生的冲突。

据我假设，至少在最初，伴侣中只有一人阅读这本书。因此，我的重点是阅读本书的一方可以做些什么来得到帮助，进而解决婚姻问题。通常，一方的改变会让另一方产生显著改变。当你越来越了解婚姻问题的根源和解决方案时，你的改变会对伴侣的行为产生积极影响。

总之，在本书中，我将讨论伴侣如何纠正各自弄巧成拙的思维方式和习惯，改善沟通，明确伴侣之间的问题并加以解决。最后，我讨论了伴侣如何共同努力消除沟通不畅的问题，帮助他们收获快乐、充实的亲密关系。

在评估自己的亲密关系时，你会发现很有必要牢记婚姻目标以及实现目标的最佳方法。我列出了理想婚姻应具备的目标，便于你对亲密关系进行评估。

第一，为信任、忠诚、尊重和安全打下坚实的基础。你的配偶是你最亲近的亲人，有权把你当作忠实的盟友、支持者和拥护者。

第二，在亲密关系中培养温柔、美好的品质：体贴、关心、谅解，不吝啬向对方表达喜爱和关心。将彼此当作知己、伙伴、朋友。

第三，巩固亲密关系。培养合作、关心和互让意识。增强沟通技巧，便于你更轻松地就分工、制定并实施家庭预算、计划休闲活动等做出决策。

亲密关系中还有一个重要方面是针对孩子的照顾、教育和社交问题制定有关策略。双方需要彼此培养协作精神。婚姻既是一家公司、托儿所、教育机构，也是一个社会单位。重要的是，要以互惠、公正和合理的方式对待婚姻的这些"机构性"职能。

与大多数旨在帮助读者解决问题的书籍一样，本书也具备指导思想：

▶ 如果双方首先意识到，失望、沮丧和愤怒在很大程度上并非源于不可调和的矛盾，而是源于错误的沟通和对彼此行为错误的解读，那么他们就可以克服困难。

▶ 误解通常是一个主动的过程，当一方对另一方产生了扭曲的印象时，就会引起误解。这种扭曲反过来导致他们误解了对方的言行，并认为对方存在不良动机。伴侣们根本没有"查证"自己的解释，或关注双方沟通是否清晰准确的习惯。

▶ 双方都应为改善亲密关系承担全部责任。你需要意识到自己确实有选择。你可以（并且应该）选择用相应的知识和见解让婚姻生活更幸福。

▶ 如果双方以"无过错就无责备"的态度来面对彼此，他们就会改善这段关系。这种方法将使他们能够专注于实际问题，进而更轻松地解决问题。

- 当你将伴侣的行为归因于自私、怨恨、控制欲等恶意行为特征时，你可以用自我保护或不想被抛弃等积极（虽然有误导性）动机来更加准确地描述这些行为。

尽管本书具有教育和指导作用，但它对矛盾重重的婚姻的积极作用远不如运用相同原理和方法的咨询师。但是我深信，本书可以为通常并不需要婚姻咨询的夫妻提供帮助。阅读完整本书后，有些夫妻可能会寻求专业人士的帮助，将本书作为婚姻咨询的辅助工具。

阅读本书的一部分读者可能认为他们的婚姻没有问题，但仍希望婚姻能带来更多的幸福感。也许有的读者想重拾以前的乐趣，能够互相倾诉，主动提出建议，又或者是不用争吵就可以做出决定。本书有一些提示，能帮助你消除阻碍解决双方问题的烦恼，解开阻碍相互理解的心结。通过加深对双方问题根源的了解，你能让这段亲密关系更加充实美好。

# 负面思考的威力

凯伦是一名室内设计师,她向我讲述了自己的"遭遇":一天,她满脸兴奋地回到家,迫不及待要将好消息分享给丈夫泰德。原来,她刚刚拿下了一份利润丰厚的合同,要给一家知名的律师事务所装修办公室。她告诉泰德自己事业的意外之喜后,他却是一副平淡冷漠的模样,仿佛事不关己。"他太不在乎我了,心里只有他自己。"一想到这,凯伦之前的兴奋劲儿也随之烟消云散。她并没有和丈夫一同庆贺,而是独自走到隔壁房间,倒了杯香槟独饮。与此同时,泰德那天也正因职场失意而闷闷不乐。他心想:"她太不关心我了,心里只有她自己的事业。"

这件事凸显出夫妻间出现问题的一种常态。当夫妻寄予对方的高期待受挫时,往往会轻率形成负面结论,认为对方心态不好,或者婚姻出现问题。凭借这种读心术,幻灭的一方会对事因妄下定论:"她会这样子全因她是个坏女人",或者"他满腹怨恨才会这样"。

经过上述一番解读之后,受到伤害的一方可能会出言不逊地攻击对方,也可能主动避让、疏远对方。另一方通常也会因满腹委屈而实施报复：要么还击，要么冷战。于是，攻击与报复的恶性循环就此上演，两人的关系也很容易因此急转直下。

正所谓人心难测，如此解读伴侣的动机可谓危险之举。比如，泰德当时因自己的会计工作不顺而情绪低落，正急于和凯伦商议此事，而凯伦对此并不知情，后来也无从知晓实情，因为她已怒气冲冲地离开了房间。在凯伦的设想中，泰德只顾自己的事，根本无心理她。

然而，凯伦的愤而离开给泰德带来了多种解读内涵："她走得莫名其妙""这再次证明了她不顾及我的感受"。这些解读加重了泰德的孤独感，让他愈发伤心。另外，泰德因过于纠结自己的问题而让两人的关系走向疏离。过去，当凯伦因某次经历或某个新的想法兴奋不已时，泰德会帮忙参谋，而不会一味跟着她的情绪走。

事实上，多数夫妻根本意识不到，两人之间竟然存在着如此频繁的误解和读心行为。闹矛盾的夫妻会错误地将问题归咎于对方的"刻薄"或"自私"，而不认为是因为他们之间存在误解。由于意识不到自己的误解，夫妻会错认为矛盾是由对方动机不良所致。

许多热门文章聚焦于亲密关系中愤怒的表达以及应对策略，却鲜少关注误解和沟通不畅，而后者往往是产生愤怒情绪和矛盾的真正原因。在决定婚姻满意度上，一方如何解读对方的行为，远比这些行为本身重要。

为了避免夫妻间出现误解，了解失意和绝望情绪下的头脑如何运转，又如何失常，将大有帮助。易错的思维系统会使我们误解或夸大他人行为的含义，当我们沮丧时更易有负面的解读，并将负面形象投射到他人身上，然后对这些误解借题发挥——对投射的负面形象展开攻击。

在当时情境下，极少有人会意识到自己的负面判断可能有误，而自己所攻击的对象不过是经过扭曲的形象。比如，凯伦因泰德的情绪而沮丧，于是将泰德设想为一个机械古板的人，不懂得向伴侣表达感情。泰德则把凯伦看作复仇女神，满腔仇恨和复仇。当一方令另一方失望时，这些极端形象便会占据他们的头脑，点燃他们的怒火。

## 认知法

夫妻之间可以用一套简单的原则，避免出现妄自评判对方、扭曲对方形象的倾向，这套原则也是认知疗法的一部分，可以帮助配偶形成更准确、更合理的结论，防止陷入误解旋涡，激发冲突和敌对情绪。认知疗法证明，夫妻双方可通过以下途径来学习如何更加理性地对待对方：采取更加谦逊和试探性的态度看待读心的准确性以及读心得出的负面结论；对读心的准确性进行核实；考虑从其他角度解释另一半的所作所为。

如果凯伦当时能够克制一下自己的冲动，不急于将泰德定论为一个漠不关心、冷酷无情的人，并主动问一下他忧心的事，或许能够使他振作起来，最终两人共同庆贺她的喜事。另外，如果泰德当时主动摸清凯伦的心思，也就不会给她留下一种冷漠、无情的负面形象。但要做到这一点，第一步两人需要意识到自己下的定论可能大错特错，生气生得毫无道理，起码是小题大做。

以下认知原则可以帮助凯伦和泰德以及像他们这样的夫妻最终

实现自我认识。

- 我们永远无法真正了解别人的心态,包括态度、思想和情感。
- 我们依赖外在信号来了解别人的态度和意愿,而外在信号往往是模糊不清的。
- 我们会用自己的编码系统去破译这些信号,而自己的编码系统并不完美。
- 由于我们的心态会随时变化,因此理解他人行为的方法(即解码)时会存在偏见。
- 在猜测别人的动机和态度时,我们对自己的猜测坚信不疑,而将准确与否抛于脑后。

包括上述各原则的认知疗法主要关注夫妻感知、误解以及无法感知对方,也关注他们沟通的方式、错误的沟通以及失败的沟通。认知疗法旨在纠正这些存在于感知和沟通中的失真和缺陷,本书第13章对这些基本策略和技巧进行了详细说明。

婚姻认知疗法的本质是亲密关系出现问题的夫妻探讨他们不切实际的期望、自暴自弃的态度、不正当的负面解读以及不符合逻辑的结论。通过调整夫妻双方下定论的方式以及交谈方式,可以帮助他们相处时多一分理性,少一分敌意。

## 读心

年轻漂亮的洛伊斯经营着一家时尚服装零售店。她在努力跟自己解释,为什么未婚夫彼得在参加完聚会后,一路上一言不发。彼得平时很健谈,他为一家郊区报社推销广告位,而他们也因此相识。当彼得沉默不语时,洛伊斯心想:"彼得什么话都不说……一定是在生我的气。"经过一番揣测,洛伊斯认为他的沉默全因他在生她的气。洛伊斯对彼得内心思想和情感的解读(即她的读心)不止于此,她随后这样想:"我一定是做了惹怒他的事情。""彼得因我的所作所为正在生我的气"的想法挥之不去,她推测"彼得会继续生我的气,最终与我分手"。一想到自己的余生将在孤独中度过,她顿觉伤心不已。

然而,洛伊斯的想法纯属无的放矢,她已掉入一张妄断未知因果的大网。其他女性在相似的处境下或许仅仅自言自语一下:"彼得或许过几分钟就好了。"彼得沉默不语的缘由以这两种推测都能说得通。

读心可能会产生一些不准确的猜测,徒增无谓的烦恼,带来虚假的安全感,而结论出错会引发更多的麻烦。如果洛伊斯按照她的读心术行事,最终可能自作自受:她要么对彼得避而远之,要么对他愤而反击,但总归是一种让他迷惑,疏远他,或者激怒他的回应。

在这个事件中,洛伊斯错误地解读了彼得的所作所为,他当时不过是在沉思而已。当彼得最终开口说话时,洛伊斯却开始生闷气,默然不应。看到洛伊斯一声不吭,彼得生气起来,开始责怪于她。在洛伊斯看来,彼得对她的指责恰恰印证她猜准了对方的心思,这让她更加难受。她认为自己所担心的事情终于发生了:彼得已经厌烦她了。

这种自我应验的预言在出现问题的夫妻关系中非常普遍。曲解对方的行为，最终演变成他们最不想看到的结局。

由于人的言行可能存在歧义和误导性，推测出对方对自己的感受或对方做事的动机并不是一件易事。其实，恰恰是由于担心遭到抛弃，洛伊斯才更容易将彼得的沉默解读成一种怄气的表现。捕捉外在的表现，并借助读心术来判断对方的内心活动，这本是人之常情，但容易带来错误的解读，让我们得出失当的结论。

## 猜不透的心思

以我自己生活中的小事为例：在我郑重其事地向妻子讲起我所钟爱的理论时，她会突然发笑。我不禁想："她发笑的原因是什么呢？她是喜欢我所说的话，还是在嘲笑我，抑或是认为我的理论很幼稚，觉得好笑？"有时即便结合了其他信息，比如我们相处的过往，我仍然对她发笑的原因感到困惑。

对我来说重要的，不是她的面部表情和语调带给我的直观感受，而是我的感官永远无法触及的层面，即她的心态。别人对我们的态度、对我们的感受以及对我们的动机，就像他们的言辞、举止和神情一样真实。每当我与妻子谈起我的工作，我最关心的不是她的外在举止，而是她对我的观点以及我本人所表现出的真实态度。

在与他人互动时，我们基本上来不及琢磨各项证据，并推断出对方真实的想法和感受。由于推断的线索往往意义含糊，我们便会借助对模糊信息的瞬间观察进行判断，而一些模糊信息可能刻意造假"欺骗"我们，自然会令人时不时判断失误。

不妨思考一下这种两难境地。"他人怎么看待我"是人们对现实生活中一个重要方面的感知，而这种感知大大依赖不能直观观察到的事实。由于这些"内心"状态是感官无法触及的，我们会借助自己可观察到的事物来进行推断。生活中之所以会出现问题，是因为我们往往会像洛伊斯那样相信自己的推断，即"读心"，而且是"眼见为实"般笃定。

当然，要想了解何时采取"攻势"或者"守势"，关键一点是要有能力判断出他人所作所为的真正原因。这种"知彼"对我们保持安全感以及维持融洽关系至关重要，因此我们会像凯伦和泰德那样习惯性读心，并自动将猜测当作事实。尽管猜测本身模棱两可，但我们大多时候都在努力做出较为准确的猜测。如果我们与他人（比如配偶）之间建立起了信任关系，便可以直接询问对方的真实感受，检验自己的猜测是否正确。

在前述小事中，我脑中闪现的各种猜测竟全部错误！当我向妻子核实自己的猜测时，她解释了自己发笑的真正原因，让我恍然大悟：我讲理论时令她想起近来发生的一件趣事，是这件有趣的往事而非我的理论让她突然发笑！

我们沉浸在某种情绪状态中时，便会看不清眼前的事物，于是容易出错。我们心烦意乱或者情绪激动时，对他人想法及情感（即所谓"看不见的现实"）的解读可能更大程度上基于我们自己的内心状态（恐惧以及期待等），做不到合理评价他人。这种情况下，我们不太可能会给自己的所见所闻寻找不同的解释，反而会更加坚持自己的结论。

若来访者有沮丧和焦虑等临床症状，则妄下结论的行为方式会非常突出。人一旦患上此类病症，处理信息的方式会随之改变，在观察外部事物时产生负面偏见。另外，来访者往往会基于一丝一毫的证据迅速得出负面结论。例如，妻子闷闷不乐时，看到丈夫满脸倦容，可能会马上想到"他很厌烦我"。而妻子一如既往迟迟未按时赴约时，焦急等待中的丈夫头脑中也许会产生"她可能出事故丧生了"的想法。在上述两种情况中，当事人不再考虑问题的其他可能性——他真的很劳累，而她只是习惯性迟到。

在通常情况下，我们日常生活中的思维方式与处在沮丧、焦虑等情绪障碍状态下的思维方式并无多大差别，比如我们会基于某个细微证据甚至没有依据而仓促下判断。

当人们从具体问题具体解读转向笼统概括时，思维方式往往会出现混乱。比如，洛伊斯将彼得生她气的具体解读概括为"彼得总是生我的气"。她甚至沉沦于更加严重的以偏概全——"我总是冒犯到别人"，并因此伤心不已。此时此刻，洛伊斯深陷消极念头，根本认识不到其实彼得的沉默态度另有解释。

自我笼统概括不仅令洛伊斯心情更糟，还妨碍了她去弄清彼得是否真的生她气。同样境遇下，不那么敏感、更有安全感的人或许会有这样的疑惑："彼得是否真的在生我的气？如果他在生气，我该怎么做？"但洛伊斯仓促之下做出了"彼得总是生我的气"以及"我总是冒犯到别人"这样的笼统概括，完全偏离了这种符合逻辑的推理。当负面想法转移了她的注意力，让她不再关注"他为什么沉默不语"这一最初的问题时，她便会亲手破坏两人间的和谐关系。

突然冒出的其他笼统概括可能会火上浇油。洛伊斯得出了进一步的结论:"我之所以总冒犯别人,是因为我性格不好。"在人的思维当中,这种解释可能会上升为"事实",进而成为做出更多不愉快推断和预测的依据。比如,洛伊斯随后想:"我性格不好,所以没有人会喜欢我,我会一直孤单下去。"此时此刻,她不仅处在与男友疏远的边缘,还有患上抑郁症的风险!

洛伊斯从客观观察彼得的沉默不语,发展为对自己产生了负面看法——"我性格不好",继而产生对自己未来的悲观看法:"我会一直孤单下去。"尽管这些错误结论依据的不过是一些模糊线索,但获得了真理的效力,涉及接受和拒绝等重要的亲密关系问题时,情况更是如此。

此时此刻,重新审视一下洛伊斯的想法是很有助益的,因为我们从中可以看到一些负面想法逐步累积,最终引发孤独感、遗弃感的历程。

他为何沉默不语?

他一定是在生我的气。

我一定是做了冒犯他的事。

他会一直生我的气。

他总是生我的气。

我总是冒犯到别人。

没有人会喜欢我。

我会一直孤单下去。

## 我们是如何产生误解的

在尚未下定论的情况下,一一评估所有证据可以降低犯错的概率。然而,我们很少有时间在审慎权衡后再做出符合逻辑的推论。我们不得不借助一种快速解读的方式,即"读取外在信号",比如解读"我妻子发笑背后的秘密"以及"彼得沉默不语之谜"等。

外在信号实际上是一些可供解读的数据(比如一串文字、一个手势等),我们可以将这些数据转译为有用的信息。例如,一份外文报纸上登载着数行印刷符号,但除非我们能够读懂这种语言,否则这些符号对我们来说毫无意义。为了将看到的符号转换成可理解的内容,我们需要运用自己的编码系统。如果印刷的内容有误,或者我们的编码系统出错,抑或是由于我们自身缺乏经验、身体疲惫等原因让我们无法正确运用编码系统,都会导致信息误传,得出的结论自然也是错误的。

个人的人际关系编码系统早在童年时期便已形成。它告诉我们,他人的语调、面部表情或手势等外部表现分别代表什么意义。借助具体语境及其他观察结果，我们可以将各种意义编织成一个结论。只有洞悉他人的动机，感知他人的感受，我们才会更有安全感，才会对自己的结论坚信不疑，坚信的力度远超证据所证明的力度。

这种编码系统的主要优点在于它可以当场提供解释，而缺点是它容易出错：当另一半思想不集中时，我们可能会误读为他们的拒绝态度；当伴侣紧张焦虑时，我们可能会错误地假定对方在生气；最重要的一点是，当伴侣忘记遵守承诺时，我们可能会误以为对方是出于恶意。

即使在充满善意、互敬互爱的伴侣之间，如果出现了相互误解的情况，也会引发争执并互相伤害。误解有时仅仅源自信息传达错误。马乔丽未向肯恩表达自己更喜欢独自购物，因而引发误解，他们两人就属于这种情况。或者情况更甚，一方不经意的言行使另一方感受到威胁，同样会导致彼此的误解。在这种情况下，双方争执的原因就不再是言行本身，而是双方赋予言行的特定意义。当然，主动冒犯的一方并不清楚这种意义，因为他们往往认为伴侣"本该明白"。

在交流中，信号表示各种外在表现。例如，情绪与感觉从来不是直接传达的，而是借助言辞、语调、面部表情以及行为等媒介。当然，在解读信号的过程中，语境发挥着至关重要的作用。女侍者为顾客提供咖啡和吐司代表着一种商业交易，丈夫为生病卧床的妻子提供咖啡和吐司则体现着爱情。

这些信号构成了亲密关系的基础结构，然而在婚姻关系中，它们的重要性却往往被忽视。它们承载的意义远超具体行为字面解读出的外显意义。在电影《卡萨布兰卡》（Casablanca）的主题歌中，歌词"A kiss is still a kiss, a sigh is just a sigh……"（吻仍是那个吻，叹息也不过是一声叹息……）意在强调这样一个现实：吻不只是一个吻。此类信号是爱情的象征，而当信号在亲密关系中消失时（或者像凯伦与泰德案例中那样运行在不同的"波段"时），这种消失便呈现出一种象征意义，比如拒人于千里之外或者兴味索然。

象征意义能够聚拢人，也能拆散人。有一位妻子曾向我讲述，热恋期间，每当她的未婚夫带她去价格不菲的高档餐馆用餐并向她送上鲜花时，她会多么地深受感动。即便她理智上意识到这种关心未必意味着他多喜欢她，但他的姿态富含浓浓"深情"，一次又一次地拨动她的心弦。

然而，结婚之后，她开始对"负面象征"产生反应。每当丈夫晚回家却又不打电话通知她时，她都会猜测他根本不在乎自己。即便他经常合理解释自己身边没有电话，但不打电话本身含有强烈的象征意义，令她无法另作他想。另外，丈夫带妻子去餐馆进餐并送鲜花的热情消减，在她看来，他已经不再关心自己了。

外在表现和象征均不是客观现实，需要经过转译。有时编码系统本身存在缺陷，夫妻间无法读懂信号的内涵：丈夫或许未能意识到妻子的退缩行为是一种求助表现；而妻子可能也认识不到丈夫的嘲讽态度是为了掩饰内心深处的沮丧。

有些人会更容易给特定的情境赋予一定的象征意义。比如，男性更有可能将两人的交谈仅仅看作一种传递事实信息的媒介，女性则更有可能将交谈看作一种目的和一种传达关爱与友谊的象征。由于不同性别在解读沟通的象征意义方面存在差异，伴侣之间就可能产生误解。

相互关系亲密时，人们运用编码系统就不如面对客观情境时得心应手。事实上，两人之间的关系越紧张，产生误解的可能性越大。相对于其他亲密关系而言，婚姻关系中误读信号的概率向来更大。

## 误读信息

马乔丽和肯恩两人在读大学时相识。他们的恋情是公认的童话般浪漫。肯恩当时是一名优秀的运动员，马乔丽则是校花。经过一段轰轰烈烈的热恋期之后，二人步入了婚姻殿堂。男方后来成为一名保险推销员，而女方成为一家大型公司的秘书。

他们刚结婚时就已经出现了问题。作为一名秘书，马乔丽善于言辞，做事干练，非常能胜任本职工作，但缺乏做得更好的自信。马乔丽希望得到更多的支持和帮助，而肯恩却不愿（或无力）满足。虽说事业上不如大学运动生涯辉煌，但肯恩仍靠与马乔丽的共同收入维持着堪比大学好友的生活水平，而这些好友在事业上更成功。

二人在结婚五年后经历了一次典型的冲突。有一次，马乔丽在经历了一天的不顺之后，开始向肯恩抱怨自己恶劣的工作环境。

马乔丽：我已经受够了这份工作，真的应该辞职了。哈里（她的老板）总是刁难我，找我的茬。

肯恩：["她打算辞掉这份工作。如果她辞了职，我们的日子就无法维持。"肯恩因此而变得焦虑起来:"她怎么能这样做?她根本不在乎我和孩子们。"肯恩越想越气愤。]你做事总是不顾及后果。

马乔丽:["他不信任我。他本应知道我不会辞掉这份工作的。"她感到伤心。]我只是想告诉你……

肯恩:["这糟透了。我一定要阻止她有这种想法。"](大声说)我不想再听到你说辞职这件事!

马乔丽:["他不关心我,所以他不想听我说话,还冲我大吼大叫。"她愈发感到伤心和生气,于是哭着跑进了卧室。]

肯恩:["她总是这样做,让我内心产生负疚感。"]你敢丢下我不管!

大家不妨体会一下,伴侣之间赋予对方言行特定意义究竟起着多么关键的作用。马乔丽需要并期盼着得到肯恩的体谅。她的言外之意是:"我现在很痛苦,需要你来安慰。"但肯恩却将她的抱怨(信号)解读为一种威胁。对于他人的抱怨,肯恩的编码系统会解读为此人通常会采取不顾后果的行动。因此他自然而然地认为,马乔丽对工作的抱怨意味着"要辞职"。

这种隐忧往往会引发敌对反应。肯恩未能正确解读马乔丽的心思,因而未能满足马乔丽寻求赞同的愿望,反而对她大加责备。马乔丽因受到肯恩的责备而感到委屈和孤独。她在伤心和烦恼时会做出痛哭和逃避的反应。她的逃避(全因心中的被遗弃感)却被肯恩以更加负面的方式解读，认为是受到了马乔丽的摆布——她是在让我产生负疚感。于是，一场愤怒的交锋（指责和逃避）便开始上演。

这个小故事说明编码系统具有几方面的特征。交流沟通的意义尽管对于信息发送者来说明明白白，对于信息接收者来说却往往不明不白。从本质上来讲，信息的解读需要读懂信息发送者的心思。然而，我们往往会以奇特的方式去解读信息，结果经常出错。另外，信息存在模糊性，其意义随解读方式的不同而变化。我们有时还会无中生有地解读一些隐含信息。

人们一旦将某一意义与某一事件联系在一起，有可能确信这一意义，而不进一步确认意义是否准确。如果肯恩肯问马乔丽一个问题（比如，"你在考虑辞职吗？"），检验一下他最早的"读心"是否正确，他本可以从一开始就纠正他的误解。同时，如果马乔丽没有执着于肯恩指责的所谓言外之意（"他不信任我"），她本可能表现得更稳妥，去纠正他的误解。另外，一旦发生了这种你进我退的冲突事件，一方将给另一方的敌意行动赋予意义，从而阻碍他们澄清最初的误解。

伴侣应认真核实他们的"读心"结论，可以直接询问对方，也可以继续观察对方的行为。他们往往会发现自己的"读心"是不正确的。通过否定自己先前借助"读心"获得的解读，他们将另有"收获"，即他们可以修正自己理解对方的"编码系统"，如同改编自己的电脑程序。这种技巧可以帮助他们更准确地了解对方的真实想法和情感，增进双方关系的和谐。

认知疗法可以帮助人们增强如何得出以上正确结论的意识，也能促使他们寻求一些不同的解释。此种疗法可用于探讨会让人们产生误解的行为和表现，帮助他们得出更加准确的结论，这对于像洛伊斯和彼得这样的夫妻来说可谓助益颇多。在后面的章节中，我们会进一步探讨那些可以帮助凯伦和泰德以及肯恩和马乔丽走出困境的具体原则。

## 象征与意义

在亲密关系中，一些特定的情境蕴含着非常显著的意义。这些意义不是基于实际的事件，而是衍生自其中一方对于另一方的行为做出的重要假设。

将一个人的编码系统转换成文字时，我们会发现该系统包括一大堆杂乱的信念、假设、规则、偏见和固定程式。肯恩在接受治疗的过程中也发现，他的潜在假设是"如果马乔丽抱怨，她就会意气用事"，以及"她喜欢以哭的方式操纵我"。马乔丽的假设是"如果肯恩生气，便意味着他不爱我"，以及"如果他误解了我的动机，我们之间便无法交流"。

人们对一些事件的实际解读受自己的信念影响。如果马乔丽相信提高嗓门就意味着拒绝，那么肯恩提高嗓门的行为会让她感觉到被拒绝。如果她相信生气和拒绝会导致遗弃，那么当肯恩冲她大吼大叫或者误解她的时候，她会倍感凄凉和孤立无援。

当某一事件不断让人联想到极具个人感情色彩的意义时，它便成为一种象征。在一个人赋予某一事件象征意义（比如爱、拒绝、自由等）时，他（她）对此的反应可能会过度，比如曲解真实状况，或者引申多重意义等。例如，洛伊斯将彼得的沉默态度视作拒绝的象征。她对象征意义的解读产生了连锁反应：她开始为臆测的对方拒绝行为而自责，并将一系列惨淡事件投射到自己的未来。

尽管婚姻生活中会涉及含有大量象征意义的事件，但其中有两类事件会引发当事人的过度反应。第一类象征事件围绕着"在乎还是不在乎"的主题。其中，积极的一端是关爱与体贴，消极的一端则是拒绝以及缺乏体贴和理解。凯伦与泰德、马乔丽与肯恩，以及洛伊斯与彼得之间产生的误解都是围绕此类负面的象征意义展开的。

婚姻生活中的第二类象征事件涉及"傲慢"的主题。其中，积极的一端是"尊重"，消极的一端则是不尊重甚至鄙视。夫妻双方即使感到爱意与认同，但面对暗含轻视、贬低的信息时，他们仍会感到格外敏感。在随后的分析中，我们将研究在肯恩和马乔丽两人的关系中，"平等"是如何成为大问题的。

在如下的对话中，象征意义是"你看不起我"。

肯恩：我已经决定了，我们需要买一把新的烧水壶。

马乔丽：[心里很纳闷。"他在做决定前为什么不征求一下我的意见？"] 我们为什么要买新的烧水壶？

肯恩：["她不怎么尊重我的判断。"] 因为我们现在需要一把烧水壶。

马乔丽：[感到很伤心。"我问了一句他就这么生气，看来他认为我根本无权发表意见。"]我认为目前买一把烧水壶是没有道理的。

肯恩:你从来不相信我的判断力,是不是?

根据自己从对方的话语中解读的象征意义,马乔丽和肯恩都有被对方轻视的感觉。但如果他们的言辞没有引发这种象征意义,那么双方的话就可以按字面意思去理解,或者说他们所有的负面解读都可能得到纠正。然而,由于他们各自解读了过多的信息,对彼此的态度都做出了过度的反应,并且都不想去验证自己的解读。于是,双方都陷入伤心和愤怒之中。

夫妻要想弄清自己是否过度敏感和过度反应,需要认识到具体事件中均蕴含象征意义,而这些象征意义使他们做出了过分的负面反应。马乔丽和肯恩本可以避免自己的过度反应,但前提是他们必须在过度反应出现时捕捉到它们,并纠正对错误的象征意义解读以及做出的结论(在本书第8章和第13章有详细论述)。但由于肯恩当时十分恼火,无法心平气和地将马乔丽提出的问题("我们为什么要买新的烧水壶")看作合理问题并做出回答,于是双方相互"读心",然后赋予对方的言论以象征意义,最终导致双方产生误解,这一系列连锁反应便如此展开了。

## 偏见

一些困扰婚姻的误解源于潜藏在各种偏见下的固执想法。形成偏见的偏颇期望、观察以及结论均反映出一种精神状态，专业术语称作"消极思维定势"。当丈夫将妻子限定在消极思维定势内之后，无形中会对妻子的一切言行给出负面解读。

偏见不仅会让我们曲解别人，还会让我们曲解自己。有一种偏见会令我们的自尊受挫。在这种情况下，偏见针对的对象不是别人而是自己。带有这种偏见的人会密切关注自己与他人交流的意义，尤其关注别人对自己的看法。但由于自尊不足，他们往往会先入为主，也会对别人如何看待他们做出不当的负面解读。

洛伊斯就是典型的这类人。在她对未婚夫的沉默态度感到不安之前，两人谈话大多数时间很活跃。但当这次彼得表现出沉默时，以往一切积极的经历就被她一笔勾销。她不禁假设："某人沉默不语，就表明他不喜欢我。"一旦激活这种假设，洛伊斯对彼得以及对自己的看法就会受其支配。她绝不会想到自己的假设或许不适用于彼得。有意思的是，洛伊斯的原生家庭经常用"冷战"来惩罚家里的冒犯者。

自尊不足的人往往怀有直接针对自己的偏见，这种偏见包括一系列负面的态度。洛伊斯对彼得的看法代表了她对许多遭遇的普遍反应。洛伊斯的基本假设可以表述为："如果某人现在不喜欢我，他以后也永远不会喜欢我""如果这个人不喜欢我，就说明我不讨人喜欢""如果我不讨人喜欢，我就会一直孤单下去，永远不会快乐"。这些假设令她容易用以往的方式去解读彼得的沉默态度——传达出一种将会终结二人关系的拒绝态度。

尽管洛伊斯的每项假设都可能空穴来风，但它们对她的想法产生了巨大影响。她与彼得的情感矛盾一旦发生，这种假设便会固化洛伊斯对二人关系的解读。认知疗法的重点之一是将这些假设一一展示出来，判断它们是否有现实依据，然后对这些假设做出相应的调整（见第 13 章）。

如果我们研究一下这种思维方式更糟糕的存在形式，即焦虑症、抑郁症、臆想症等心理疾病患者的思维方式，我们便可更加清晰地看到，隐藏在夫妻稳固关系中诸多问题背后的真实情况。他们针对具体事件的编码系统无一例外地存在偏见。比如，身陷抑郁的人通常会以一种自我反省的方式去解读模棱两可的事。一位家庭主妇在看到孩子争吵时会得出这样的结论："我是一个不称职的妈妈。"一个患有焦虑症的人身处安全环境下也会感到危机重重。一位焦急的丈夫在妻子迟迟未能赴约时会想："她遭遇了行凶抢劫。"疑病患者会将正常的身体感觉理解为身患严重疾病的征兆：轻微的眩晕感意味着身患脑瘤，心脏的灼痛感表明心脏病来袭，而背痛预示着肾病发作。

这类人"异于常人"，因为他们更重视自己得出的结论，并且固执己见。他们更可能找出与自己的先入之见相符的模式，而无视与这些模式不相契合的信息。矛盾的是，尽管他们的思维方式给自己带来了巨大痛苦，他们却仍沉浸在这种思维方式中无法自拔。这种"认知僵化"在身处压力之下的人群中表现得非常突出。

我们可以从上述心理问题中窥探到许多东西，因为对另一半持有偏见时，我们会在双方紧张的关系中看到同样的思想状态。调查研究表明，关系紧张的夫妻在解读其他夫妻的动机时，可能会保持一种客观理智的态度；而在同样的情况下，他们却不准确地将负面动机归咎于自己的配偶。[1]

关系紧张的夫妻在应对对方的行为时，自己的表现就像是患有心理疾病的人。他们在对配偶的看法中表现出了偏见，与焦虑症和抑郁症人群的表现相似。在他们看来，自己的信念是实实在在的，心扉也是敞开的。但事实上，他们并没有打开心扉，也没有关注到对方所关注的东西。

例如，有敌对情绪的夫妻没有意识到，他们对伴侣的看法可能会被自己的心态和意识所扭曲。当人们（尤其是配偶）试图去纠正这些扭曲时，可能会遭遇敌对。愤怒的人不喜欢别人反驳他们对现实的看法，他们不仅认为对方是错误的，而且认为对方试图操纵他们，甚至欺骗他们。

心怀敌意的夫妻会试图"占卜"一种隐形的状态，也就是说，他们会估测对方的情绪、想法和动机。他们坚信自己的结论，好像他们能直接看透对方的心思。对他们来说，自己所坚信的不是一个结论，而是一个客观事实。要纠正此类结论，需运用一系列策略，具体详见本书第 17 章。

另外，在令人如痴如醉的热恋期和早期婚姻生活中，双方会对彼此表现出正面的偏见。对方的一言一行都会得到正面的解读，不论做什么都是对的。然而，一旦婚姻关系陷入僵局，一而再再而三的失望、争吵和沮丧终将导致心态转变。身陷苦恼之中的双方会由积极偏见转向一种负面偏见。于是，两人的行为基本都会得到负面的解读。这时对方不论做什么都变成错的了。

负面思考的威力在我们不经意间的观察中表现出来。我们多少次听到对方的抱怨："本来我们一整天过得好好的，之后一件鸡毛蒜皮的事情毁掉了一切美好。"一些调查研究也可以证明负面思考的威力所在。[2] 紧张婚姻与美满婚姻之间的最主要区别，不是缺失快乐经历，而是存在大量不愉快经历（或者被解读为不愉快经历）。夫妻关系的改善往往与不愉快经历的减少相伴而生，而不在于愉快经历的增加。随着两人的不愉快经历和负面解读逐渐减少，幸福感自然而然接踵而至。

认知疗法可以帮助焦虑症或抑郁症患者认识到自己想法的错误。同样，这些治疗理念也可以消减紧张婚姻中存在的误解和偏见，本章就提到了一些此类的误解和偏见。重要的是，我们要先了解自己思维中存在这些问题的根源所在，也要懂得如何去辨别这些问题。只有这样，夫妻双方才能够检验自己对对方的解读和认识正确与否，并做出相应的纠正，而不是任凭负面思维破坏掉两人之间的幸福。

LOVE IS NEVER ENOUGH

# 光 与 暗

爱可以高涨如日中天，也可以消散了无踪迹，徒留失望与怨恨，这其中的缘由堪称现实社会的未解之谜。一对夫妻原本期待两人共度幸福时光，最终却陷入一种相互漠视、百无聊赖的境地；另一对夫妻原本能够共享恩爱生活，如今"共享"的却只有不满与不安。还有一对夫妻，他们先前事事同心，现如今却事事离心。

一对夫妻是如何从幻想到幻灭，从着迷到清醒，从满足到不满的呢？

让我们以凯伦和泰德为例。他们两人因"合不来"前来咨询我。凯伦是一位成功的室内设计师，而泰德是一位会计师，这在第1章中已经提到。两人都想知道为什么他们总是不断争吵，并希望能够重拾恋爱阶段和新婚初期的幸福与快乐。他们搞不懂为何两人总是争吵，毕竟凯伦算得上广交好友，而泰德也与校友和同事相处融洽。

两人结婚时，凯伦26岁，泰德28岁。当时孤身一人、不苟言笑的泰德被凯伦的轻松快乐、无忧无虑所吸引。她的热情奔放令他心情愉悦，她乐天派的作风为他的不苟言笑注入了一剂解药。当泰德和凯伦在一起时,她爱开玩笑、有点冲动以及欢快的态度帮他减轻了许多心理负担;她的快乐缓解了他的忧郁情绪。他们共同说笑,共享谈心、陪伴的快乐。

随着泰德对凯伦的爱慕之情与日俱增,他开始对凯伦大加赞赏:"她很优秀。她的一言一行都那么富有魅力。她真的让我的生活充满意义。"二人暂别时他总会牵挂着她,而每次想起她,他的心中总会生起一种期待,一种愉悦感随之而来。他会给她写一封封热情洋溢的长篇信件,承诺自己的绝对忠诚。

然而在短短的几年之内,一切都发生了变化。泰德变得对凯伦吹毛求疵。他不断对凯伦的所作所为感到恼火:"她是个极讨厌的人,没有脑子,没有责任心。她做事情不认真,很肤浅,笑容虚伪。我不能指望她。"

尽管泰德的态度从倾慕转变为找碴,但凯伦的个性其实并无实质性改变。在这一点上,无论是凯伦还是泰德都表示同意。真正改变的是泰德对凯伦的看法,即他观察凯伦的"视角"。这就如同他更换了一副眼镜,眼中的她也随之改变。对同样一种品质,他起初不吝赞美之词,现如今却为它打上消极的"标签"。泰德曾将凯伦随和的性格归于她的无拘无束,现在却认为这是她"性格古怪"的表现。泰德以往在她身上看到的是活泼快乐,如今看到的却是孩子气。

泰德对凯伦看法的前后不一说明了关系中的一项重要规则,即视角不同,感受不同。泰德以前对凯伦理想化,直到两人共同生活后,无法回避的问题随之而来。于是,他开始将各种不快归咎于原先大加赞赏的同一种品质:她的热情奔放变成了"轻浮",不那么严肃变成了"肤浅",性情多变则变成了"没有责任心"。随着观察视角的改变,他开始以截然不同的眼光看待凯伦的品质以及凯伦本人。他愈发认为凯伦令他生厌,完全不讨喜。

泰德成长于一个中产阶级家庭,家里人非常讲究举止端正。父母每晚都会和他一起进行知识性的讨论,家庭娱乐及游戏活动少之又少,在这种环境下,泰德成长为一个态度严谨又不失风趣的人。直到遇见凯伦,泰德才得以享受生活轻松快乐的一面。起初,凯伦的魅力体现在她能够安抚泰德,缓解他童年时期在礼节和知性方面受到过度约束而形成的心理负担。然而在婚后生活中,他开始按照同样的价值标准来衡量凯伦,却发现她难以达到他所期望的标准。

凯伦同样出现了对泰德看法的转变。最初在她的眼中,泰德睿智而有才气,稳重可靠且做事认真负责,他在公共事务、历史和文学等方面知识渊博。她曾一度迷恋于听他大讲特讲政坛局势。在读过罗伯特·波西格的《禅与摩托车维修艺术》(*Zen and the Art of Motorcycle Maintenance*)一书之后,凯伦便将泰德称作古典主义者,追求事事尽善尽美,而将自己称作浪漫主义者,更加关注及时行乐。她乐于调侃泰德的古板。每当能够给泰德的生活注入活力,令他更加随和时,凯伦的心中便充满幸福和满足感。

尽管泰德身上的这些品质在凯伦看来极具吸引力或挑战性,但一旦发现它们具有扼杀自己天性的威胁,凯伦便开始"另眼相待"。她不再着迷于泰德处理问题时表现出的逻辑清晰和睿智,而是感到压抑。凯伦开始推断:"只要有泰德在,我便无法做回自己。他事事都要拆解分析而不是享受其中。"于是,凯伦在泰德面前表现得越来越焦躁易怒。

凯伦所成长的家庭中存在着诸多不和,既有父母之间的矛盾,又有兄弟姐妹之间的争吵。她的父亲当时深受经济困难的长期困扰,因而对凯伦以及她的两个哥哥非常严厉,亲子关系疏远。凯伦努力在学校表现出色并帮忙做些家务事来讨父亲高兴,但父亲给她传递的信息却是她做得永远不够好。她的母亲虽然很有涵养,但被家庭生活的柴米油盐压得喘不过气来。在这种家庭环境中,凯伦逐渐形成了对生活伴侣的强烈要求——他不应像自己的父亲,而是能够给自己带来可靠的安全感,并能接纳她的一切(不需要她做得非常完美才能获得认可)。她在泰德身上找到了这种可靠感和认可。但后来,当泰德开始对她横加评判时,她发现自己现在的处境与当初面对父亲时的处境无异。

凯伦和泰德的故事是一个很好的案例,它让人了解到夫妻双方的思维如何影响彼此之间的感受。当他们积极看待对方时,便可以感受到爱;而当他们相互贬低时,则会心生怨恨。早在大约2000年前,斯多葛派哲学家爱比克泰德(Epictetus)在其《英雄指南》(The Enchiridion)一书中就已明确表达出这一原则:"困扰人们思绪的不是外部事物,而是人们对事物所持的观点。"

泰德和凯伦这样的案例并不少见。许多夫妻也都体会过类似的幻灭感,但他们似乎可以重新调整好心态。还有一些夫妻认为他们所经历的失望独一无二,却没有认识到这种经历是普遍现象。导致其他夫妻关系破裂的外力也会导致自己夫妻关系的不和,同样,促使其他夫妻关系重归于好的原则也会对自己的夫妻关系起到促进作用。当然，有的夫妻始终保持高度的互敬互爱，因此也就不存在痛苦的婚姻经历。

要找到修复夫妻感情裂缝的方法，首先需要更全面地了解两人的关系（比如泰德和凯伦之间的关系）是如何走向破裂的。令人感到矛盾的是，问题的根源往往可以追溯到关系的开端，追溯到当初让两人走到一起的那股令人无法抗拒的吸引力上。

### 光：痴情

> 我需要你才能活下去
> 
> 没有你，我只能算苟延残喘……
> 
> 我忘却了一生骄傲
> 
> 我不能离开你，亲爱的，即使我尽力了也无济于事。
> 
> ——艾尔·汉密尔顿（Al Hamilton）、
> 赫尔曼·威姆斯（Herman Weems）、
> 威廉·加勒特（William Garrett）：
> "我不能失去你"（"I've Got to Have You"）

爱情的甜蜜魔力激发了人们的灵感，让他们创作出一首首浪漫的情歌和情诗。这些作品抓住了这种魔力中"没有爱毋宁死"的重要品质，不吝细腻精湛的赞美之言。即便是对爱情彻底死心的夫妻，仍有可能迷恋歌曲、电影和小说中所传达出的伤感、浪漫的爱情观。

将"爱"拆解开来，只保留它的基本心理学要素，而剔除它所蕴涵的诗意与魅力，这种做法堪称大逆不道。然而，为了解泰德和凯伦这样的情侣为什么会最终丧失了爱，我们需要更多地去了解他们最初是怎样坠入爱河的。

当然，爱是最具戏剧性也最令人珍视的情感之一。尽管爱情也有求而不得、大失所望、丧失信心等负面影响，但它带来的极度欢欣愉悦和精神振奋令众人欲罢不能。爱到极致是痴情（尽管有人认为痴情是一种虚假爱情），它已经超出了"强烈情感"和"朝思暮想"的范畴，当事人还会出现意识上的变化。"飘飘欲仙""欣喜若狂""胡思乱想"之类的表达可以透露出当事人偏离现实的评价和回应，这是当事人自己臆想的一种美梦。

有时，这种着迷会完整呈现出一种极强的心理障碍。事实上，痴情（infatuation）被形容为"一定程度的精神错乱"，它来自拉丁文的"fatuus"一词，意为"愚蠢的"，这说明"痴情"能与"愚蠢"扯上关系。陷入爱恋的恋人对爱人如潮水般的思念，通常会表现出强迫性的神经官能症状。比如，凯伦在被泰德迷住之后会不停地写他的名字，无法抑制看他照片的冲动。

这种冲动还会令当事人不由自主地渴望能一直与心爱的人相伴。比如，一名就读于南方一所大学的学生急切地希望自己在期中便离开学校，为的是能离正在北方读书的女友更近一些。他只有在能够靠近她一些，能够亲眼看着她的时候才会快乐，哪怕她当时正忙于学习和听课，尽量不理他，他也无所谓。

另有一个年轻人，同样由于自己的爱恋没有得到回应，而长时间地站在倾慕对象的房子外面，希望能够透过窗户偶然瞥见她一眼。另外，他还会搜遍整个垃圾桶去寻找与她相关的物品——比如一片带有她字迹的纸，或者一张她丢弃的面巾纸。

有人认为痴情会令人脆弱不堪。一名年轻女性曾对痴情这样评价："我变得完全依赖他，很难专注自己的工作，睡不好觉，也没有胃口。我感到十分脆弱，仿佛他最轻微的反对也会把我逼到崩溃的边缘。"这种失控的状态彰显了痴情的威力。

痴情在某些方面的表现类似于躁狂症的思维和感受。爱情的虚妄光芒会令人对所爱之人的正面品质进行夸大和理想化，爱情也会产生隧道视野效应，让人只看到对方好的品质而自动过滤不好的品质。这种虚妄光芒和隧道视野效应尤其常见于躁狂症患者的思维中。痴情期所爱之人的光辉形象与幻想破灭时带来的严重负面感受形成了鲜明对比。凯伦最痴迷于泰德的时候，她在泰德身上只能看到自己寻求的东西，即便她的朋友暗示她说泰德身上还有一些令人担心的缺点也无济于事。而在他们的关系出现问题后，她又走极端地只看到他身上的谨小慎微和迂腐。

社会心理学家斯坦顿·皮尔（Stanton Peele）曾将痴情比作一种上瘾的现象。[1] 两者的相似性进一步阐明了爱的本质。两者表现出的"快感"，即令人痴迷而陶醉、给人带来强烈幸福感的情绪，印证了爱与上瘾之间存在着惊人的相似之处。而当"兴奋剂"（毒品或心爱之人）撤掉时，人们表现出的悲伤和内心空虚症状也非常相似。另外，两者均存在迫切需要来上"一剂"、保持"快感"的情况。比如，在两人交往的初期阶段，泰德感到自己与凯伦共处时有"飞天"之感，两人分别时则如同"坠地"，他简直无法忍受这种分开的感觉，迫不及待再度相聚。

正如我们所见，许多处于热恋中的人会沉醉于共处的快乐之中，意识不到快感的源泉，即对方的品质可能只是假象。即使他们坦承自己并没有客观地审视对方，比如会对双方在性格、智商或爱好上面的差异避而不谈，他们似乎不会关注或重视这些潜在的干扰因素。处于痴情状态时，凯伦从未想过，泰德如此注重学业成功以及礼仪得体，终会让她有被评判和被控制之感。痴情恋人会沉浸于幻想中，认为自己会和所爱的人永远徜徉在幸福之海，根本无法意识到这或许只是一种妄想。

尽管如此，痴情的重要作用也不容小觑：它给恋人施加了一种强大的羁绊，激励双方对确立的关系保持忠诚。他们所做出的海誓山盟往往在婚后的几年内便"哑然失声"，但毕竟表达了他们对永结同心的期待。双方在一起时可以相互倾诉自己的快乐与苦恼，这种共处的满足感强烈地激励着两人建立一种伴侣关系并永远幸福快乐。

另外，两人对性满足充满期待，这点成为彼此相伴一生并可能生儿育女的主要动力。有时，性吸引力会成为建立两人关系的最初羁绊，后来才逐渐发展为更加成熟的痴情。这种性吸引力的持久性往往会在婚后逐渐衰弱。例如，在恋爱期间，马乔丽曾一度痴迷于肯恩的阳刚之气——他的强健体魄、运动能力和威严气场。她总是对做爱急不可待。而在数年之后，肯恩的阳刚之气依旧，但马乔丽已经不再"性致满满"。在马乔丽看来，肯恩的阳刚之气代表他的主导权和不解风情，而她对此感到反感不已。

## 痴情"程序"

　　触发痴情发生的因素是因人而异的，取决于个人的心理需求、偏好以及品位。因此，一个人可能会认同传统的吸引力标准以及漂亮标准，另一个人则只对某一类型的体魄或特定的外貌着迷。

　　外表的吸引力固然是一种非常强大的刺激因素，但绝非唯一的刺激因素。一些人会被举止优雅、谈吐不凡以及风趣幽默等社交或人格特征打动；也有些人会受到可靠、真诚、富有同情心等优良品质的吸引；还有些人会倾心于对方的善良、力量或魄力。

　　尽管每个人的品位各有不同，对痴情的本质却有着惊人的共识。恋人在自己心中的形象可谓是风向标。虽然爱情更加激荡人心，但真正引导个人情感的却是对伴侣的看法。

　　痴心恋人看对方的视角是一种理想化、一味正面的视角，与爱情发生变故时一味负面的视角类似。正面视角下，所爱之人的形象被理想化，凸显优点而屏蔽掉缺点。有时，对方的魅力之处会进一步蔓延，直至充满整个视角。这种视角从某种意义上说会让人变得"封闭"，眼里容不下任何令人不快的元素。

　　在热恋期内，对方令人不愉快的行为也会朝正面转化。马乔丽在与肯恩吵架后会想："他生我的气证明他爱我。"她发现她对肯恩没有任何负面看法。而在结婚之后，由于情感发生了改变，她发现肯恩同样的大发脾气已让她变得不可容忍。

　　即使对方的缺点开始显露，也不改变对其的理想化看法，这是痴情"程序"的一个特征。因此，一个年轻男人在经历了长期的恋爱阶段，迷恋过各种类型的女孩之后，会发现陷入爱河之后，自己无法修正关于对方的不真实形象。这种正面形象一旦发挥作用，便会控制他的态度和情感，即使他能理智认识对方存在诸多不良特征并且关系也不会长久，也不会改变这种正面形象。

这种痴情"程序"似乎专门防止或至少淡化我们对恋人的负面评价。它的作用是通过全力关注恋人的正面形象、对恋人的美好回忆和期望，推动亲密关系的发展。这种"程序"会积极阻止当事人将关注点转向对方的不良品质或可能对双方关系造成长期有害影响的方面。深受痴情折磨的人有时会意识到自己过多地将所倾心的对象理想化，意识到这种激情的依恋并不适当，长期发展下去会酿成灾难性后果。然而，他们发现自己很难重视这种认识。现实的考虑无法渗透到他们的痴情"胶囊"中去。

当已婚人士给予配偶之外的其他人强烈却不恰当的关注时，他们可能已经走到了危害甚至破坏正常婚姻关系的境地。怀着对其他人的满腔激情，他们似乎无力去关注自己的痴情可能带来的灾难性后果——婚姻破裂。此时，他们即使希望"关掉"这种痴情模式也已经无能为力了！然而，与"心上人"分开久了，他们通常发现这种痴情会逐渐消退。

## "开关"（启动器）

为了进一步了解是什么力量在驱使着夫妻两人走到爱的尽头，有必要研究一下是什么力量让他们最初走到了一起。

让人产生兴奋感和亲密欲望的特征取决于象征带来的影响。象征会传递一些意义，这些意义超出了事物或情境的字面定义。从某种意义上说，"象征"这个词包含一种高度个人化含义，其可对他人产生潜移默化的影响。

对凯伦来说，泰德的为人稳重不仅象征着一种安全感，还象征着她会被高大的"父亲般形象"所关爱。对泰德来说，凯伦的活泼性格象征着她可以给他带来乐趣与愉悦，而这些正是他在孩童时期所缺乏的。

启动痴情"程序"的象征物往往由当事人的文化潮流决定。特定年龄群体所表现出的具体诉求也可反映在其相对应的象征物中。因此，在青少年这个高度关注同辈接纳，同时深受社会期许质疑困扰的群体中，我们能够看到为何他们崇尚通过个人吸引力、运动能力或魅力而受到他人欢迎。要赢得符合社会期许的人士的青睐这一想法令青少年斗志高昂，甚至持续一生。

当然，其他品质也可能具有象征意味，在适当的环境中也会令人产生痴情。有人憧憬另一半可以凭借权力、威望或财富帮助自己提升社会地位并对此兴奋不已，从某种意义上说，这些品质是带有自恋性的。这种吸引力未必像人们猜测的那般精于算计、冷酷无情。通过伴侣关系扩大自己的活动领域，即便有假手于人之嫌，单说这一光辉前景已经令人垂涎，也使另一半显得非常有魅力。

比如，一位女士对自己的未婚夫做了如下描述："他才华横溢。他将扬名世界。在我的辅助下，他将获得巨大的成功。他是个不凡之辈。"数年之后，当她过高的梦想落空时，她意识到曾经的自我误导多么离谱，把他的野心误认为是能力，把他的花言巧语误认为才华横溢。在这种情况下,她那受人崇拜、受人赞美的愿望也以对自己未婚夫的评价日渐降低而告终。

夫妻之间通常会将痴情早期阶段的极度兴奋感和满足感作为衡量激情退却后的婚姻阶段幸福度的标准。婚后的身心伤痛、相互争吵以及琐碎的挫败感与热恋期间的欢欣鼓舞形成了鲜明的对比。许多人不愿意也无法释怀他们对婚姻的早期印象,而这种早期印象导致了双方后期对彼此以及对夫妻关系的幻灭。当然,我们也认识一些夫妻,他们在婚后数年仍能体会到亲密关系的魔力。他们的幻想似乎一一成真,但这种案例毕竟占少数。

### 暗:幻灭

你和我,我们想拥有一切

我们想拥有一切

拥有激情而无苦痛

拥有阳光而无阴雨

我们永远拥有

你和我,我们触摸天空

天际高远

但我们从不气馁

我们必定赢得那项荣誉

我应当在你的眼中看到它。

——彼得·艾伦(Peter Allen),《你和我》("You and Me")

## 失望

热恋的明灯是如何一盏盏逐渐变暗并最终熄灭的呢？是什么原因导致了夫妻反复感慨"我对婚姻很失望"？泰德和凯伦便是典型案例。要了解他们的希望幻灭，我们需要认真研究他们两人步入婚姻殿堂时携带的心理"包袱"。

他们一结婚，一些潜藏的期望便开始浮出水面。泰德默默地期望在自己情绪低落时凯伦总能给他支持；她总能做到守时；她总能按照他的指挥把事情办得井井有条、合乎逻辑；更重要的是，在他想与她联系时她总能随叫随到。他从未向凯伦明说过这些期望，因为他认为这都是些无须言明、再正常不过的事情了。

尽管凯伦经常很守时，做事井井有条、合乎逻辑，也可以随叫随到，但她偶尔也会迟到，做事有时杂乱无章、任性妄为，有时做不到随叫随到。每次凯伦达不到他的期望值时，泰德都会感到伤心，认为这是她"性格存在缺陷"的表现。在对此寻找合理解释的过程中，泰德表现得带有"受伤伴侣"的特征，他将两人之间出现的问题归咎于对方消极的、一成不变的性格。

当凯伦未能始终符合他的期望时，泰德便开始认为他最初被凯伦所吸引不过是一种错觉。凯伦可爱的优点在泰德眼里不仅失去了吸引力，事实上还成为一种缺点。在对凯伦失望之后，泰德就不再认为她性格乐观、令人愉悦，开始觉得她"性格古怪"。

泰德对凯伦态度的前后变化反映出一个令人警醒的现实。对于夫妻来说，对方的吸引力本身不足以维持稳定的婚姻关系。

泰德对凯伦的期望缺乏灵活性，这阐明了所有亲密关系中的一个重要特征。当一个泛泛之交无法达到我们的期望值时，我们可能会感到失望，往往会降低对此人的期望，或者认为不值得再保持这种关系而与之一刀两断。在这种关系中，我们的期望值会根据新的体验而做出相应调整——产生的失望越多，对对方的期望值就越低。

然而，在婚姻关系或者其他一些固定伴侣关系中，彼此间的反应往往与以上说法不同；对对方感到失望未必会造成对对方期望值降低。在许多情况下，丈夫和妻子要么无法放弃最初的期望，要么不甘心如此。比如泰德说："我做好准备时凯伦也应如此，她无权让我一直等着她……我有充分理由相信妻子会按我的要求去做，因为我也总是如她所愿。"

相比无婚姻约束的男女关系，婚姻关系中的期望通常不易变通。造成这种缺乏变通的部分原因是，当夫妻双方做出一生的承诺时，其承受的风险也相应比普通关系要高得多。婚姻意味着要将个人的幸福（即使不是个人的一生幸福）托付给对方。于是，夫妻双方便将严格的规定强加于两人的关系之上，以确保自己不遭遇虐待或背叛之苦。另外，有约束的男女关系更有可能以一系列象征意义（如"爱"或"不爱"，"安全"或"不安全"等）为中心，而这些象征意义本身是僵化不变的。

在婚姻中，这种期望的一个独特方面是将"小过失"解读为两人关系的"全面失败"。受到伤害的一方会将这些小过失看作对方不在乎自己的有力证据。比如，凯伦期望泰德能够无条件地接纳她，一如热恋时期那样。在泰德变得爱挑剔时，她便认为泰德不在乎自己了。

## 背弃诺言

热恋期间的信誓旦旦在婚后有时无法兑现，还会促成"幻灭期"。证明对方不关心自己时，便会拿这些背弃的诺言说事。一位年轻的英国内科医生知道未婚妻特别喜欢戏剧，便带她前往伦敦的剧院区。他指着一排剧院跑马灯说："看到那些图片了吗？今后我会带你看遍上面宣传的所有剧目。"然而在结婚之后，他再也没有提到过这家剧院。对妻子来说，这位内科医生表现出的漠视代表了他的背叛——象征着他不再关注自己。

另有一位女士，她的未婚夫陪她去了好几家旅行社，两人安排了一场场国外探险之旅。而在结婚之后，男方失去了外出旅行的兴趣。妻子认为是丈夫误导了自己，对他的"不诚实"耿耿于怀。

尽管有些承诺未曾言明，但在热恋期它们显得很含蓄，而让热恋从一开始就具有误导性。在热恋期，恋爱双方都会注意自己的言行，努力表现出自己易于亲近、关怀对方且充满魅力，目的就是要促成两人的关系。他们俨然变成了高效的"推销员"，努力通过自己的言行提升吸引力——于是让对方形成一些不切实际的期望，憧憬着他们婚后的表现。

痴情会加重欺骗，尽管这种欺骗并非出自主观意愿。它会让双方的兴趣甚至身份认同逐步融合，从而达到喜好相同的地步。两人似乎具有众多共同兴趣和可分享的东西，但其中大多数终会逐渐变少。有一位妻子曾经评论道："在结婚之前，我愿意一跪一拜地讨他高兴。而现在，我甚至没兴趣到隔壁房间找他。"

另一项导致婚姻失败的因素是双方的权利意识。泰德认为，凯伦是他的妻子，他有权对凯伦寄予某些期望；他抱怨说，凯伦在不断侵犯他作为丈夫所应享有的权利。这种权利意识令他感到沮丧，感觉自己遭到了背叛。

由于泰德认为自己的权利不断被践踏，他对凯伦的印象也发生了变化。表面看来，凯伦忽视了泰德认为自己应有的权利，她看似不解风情，考虑不周且自私自利。但是泰德忽略了一个事实，他所谓的权利实际上只是他对凯伦提出的权利要求，而凯伦对他也同样具有权利要求。

无论是夫妻之间还是恋人之间，在相处时都会对自己的付出期待一定的"回报"。比如，其中一方可能希望对方完全接纳自己，理解自己，与自己分享愉悦经历，情绪低落时可以获得对方的支持，遇到麻烦时可以得到对方的帮助。作为回报，这一方也愿意为对方做出牺牲，给对方提供同样的支持。而对方可能期望获得更加实际的好处：能有人提供足够的收入，达到较高的生活水平，能有人共同抚养孩子，能在夫妻性生活方面积极主动，能安排一些社交及娱乐活动。

这些期望构成了一份隐性的合同——"婚姻契约"，这是一种少有人直接言明的约定。然而，当其中一方有意或无意地违反了这一契约时，另一方原本满怀期望，当下却会深感失望，认为对方背叛了自己。"守约"被看作一种关怀与信任的象征，但这种遵守在很大程度上依赖于其中一方能否感受到对方的期望，是否具有足够的动力和技巧去予以满足，比如向对方表示出关心和同情的技巧，倾听、询问对方问题的技巧，以及向对方做出解释的技巧等。

## 大反转

处于痴情中时，人往往会无中生有或夸大地解读出对方各种优良品质。乐观的新娘将她的丈夫想象得体贴周到又善解人意；丈夫则期望自己的妻子有责任心且通情达理。在成功的婚姻中，夫妻双方的确可以随着婚姻关系以及各自心智的成熟而不断发展这些优良品质。但在结婚的头几年中，这些优良品质还未形成稳定模式，或者尚未成形。

下列品质是人们希望具备的。

| | |
|---|---|
| 善解人意 | 尊重对方 |
| 有公正心 | 有同情心 |
| 仁慈善良 | 通情达理 |
| 关心体贴 | 有责任心 |
| 慷慨大方 | |

在经历了一次次的失望之后，如果人们意识到伴侣不再保持这些优良品质的内在标准（比如不再主动帮助自己，不再对自己表示理解和同情），伴侣以及整个婚姻在他们心目中的形象就会逐渐颠覆。比如，由于泰德"意识"到凯伦不再关心体贴，他不禁会想："她让我失望了，我不能指望她做任何事情，不能信任她，因为她靠

不住。"同样，凯伦也逐渐认为泰德是一个"独断专行的人"，她的情绪在绝望与愠怒之间波动。

随着这种幻灭感的不断延续，一次次失望似乎足以让他们理直气壮地给对方贴上负面的标签。如果有一次丈夫未对妻子表现出关心体贴，他便是"不善解人意"的丈夫；如果有一次在丈夫期望善意的时候妻子没有满足，妻子便是"不近人情"。如果妻子费尽一生心血，尽职尽责地操持着各项个人事务和事业，而自己的新婚丈夫却每到周日（他的唯一休息日）就去打高尔夫球，妻子对此也会感到身心无力。她会得出这样的结论：丈夫自私自利，缺乏体贴心和公正心。

同样，当妻子告知丈夫她不想再替他打印商业报告，丈夫会对此大发脾气。他会认为妻子缺乏同情心且不近人情。他原本相信妻子会与自己共同承担创造家庭收入的责任，而妻子拒绝帮他打印报告则表明她背弃了自己对她的信任。

在以上的各个案例中，具体事件的象征意义已超出了其实际意义，进而引发了遭受背弃和拒绝的情绪。正是一方没有采取特定的行为模式，让另一方渴望得到爱与奉献的心深受打击。伴侣会将对方的行为归咎于一些"不良品性"。另外，感到失望的一方认为对方会"恶习难改"。

于是，缺失的优点被解读为截然相反的一面——缺点。

| | |
|---|---|
| 不善解人意 | 粗暴无礼 |
| 无公正心 | 无同情心 |

不近人情　　　　　　不可理喻
不关心体贴　　　　　无责任心
自私自利

在现实中，人并非绝对的非此即彼。如果有些人未尽心尽责，也并不表示他们毫不负责；他们或许是因性格上大大咧咧，或者是因办事不严谨，又或者是因做事心不在焉等。人一般并不是非黑即白，而是表现为程度不等的"灰色"。

这种走极端的贴标签方式与后几章中将探讨的"非此即彼""全或无"的思维方式有异曲同工之处。这种贴标签方式通常与处于痴情早期阶段时表现出的理想化一样不切实际。

某一次失落的真正原因往往是善意解读，而非恶意解读。比如，马乔丽由于总是事先答应却常常迟到，因而时常被她的朋友们以及她的丈夫指责是无责任心又自私自利的人。她自身存在的问题是做事过于尽心尽责，而不是没有责任心。她不喜欢拒绝别人的请求，因此总是做一些超出自己可支配时间的事情。

马乔丽做事认真，希望尽可能做到最好，因此完成手头工作后很难及时赶赴下一件应承之事，答应她丈夫的事情也同样如此。正是因为她想尽力满足肯恩和其他人的要求，才会忽略自己根本无法事事兑现承诺。而对于肯恩和其他人来说，马乔丽的迟到掩盖了她做事尽心尽责的优点。在他们眼中，马乔丽完全是另一番面目——一个"无责任心的人"。马乔丽之所以身处如此境地，部分原因是人们往往只偏执地抓住最初的解读，而不顾其他更加善意的解读。

## 做出全面判断

非此即彼的极端思维在夫妻关系中很普遍，但与我们在大多数其他人际关系中采取的思维方式有所不同。在非亲密关系中，我们所做的判断大多会更加温和、更加全面。尽心投入一段关系时，我们似乎就会陷入更加原始、非此即彼的思维当中。泰德的例子可以说明这一过程。他以极端的眼光看待凯伦，以他个人的理念解读她的行为，并对她做出负面评判。

然而，紧张的关系未必如讨论中的那般前景堪忧。所谓的缺点并非铁板一块，也不是丝毫不能改变的固定品质。泰德与凯伦，以及肯恩与马乔丽都通过婚姻咨询做到了理性看待彼此，并学会更好地满足对方的期望。

如果夫妻双方可以提高他们的沟通技巧，比如更有耐心地倾听对方、更有效地表达自己的意愿、以合作的精神判定并应对两人之间存在的问题等，那么他们之间的关系便会有重大改善。掌握这些基本技巧能让夫妻双方变得更善解人意、相互体贴、有责任心、通情达理，总之会更加"品德高尚"。当然，上述目标的实现需要更多的投入与实践。

然而，这不过是让婚姻往更好、更幸福的方向发展的第一步。仅仅学会新的沟通方式可能并不总能奏效，夫妻双方还要改变许多固执的负面认识。"她只关注自己而不在乎我的需求""他总是我行我素，从不如我所愿做事"，诸如此类的言论从一定程度上反映出说话者以自我为中心的倾向。

泰德的观念中暗含这样一种固定逻辑:"如果凯伦能准时,她就是有责任心的,如果她迟到,那她就是没有责任心的",这种逻辑可以折射出他以自我为中心的态度。由于他以"非此即彼"的眼光看待对方,因此他的认识变得绝对、僵化:优点和缺点、好和坏只能二选一。泰德这种逻辑导致的结果是,凯伦准时时,一切显得无关紧要,迟到时则得出"她从不守时"的结论。她的任何过失都是对泰德规则的违反,并统一概括为"从不"的绝对化结论。

为了带来有效的改变,夫妻双方应明确地说明哪类行为代表着关心体贴,哪类行为代表着善良,而哪类行为代表着有责任心。肯恩需要向马乔丽说明,如果她事前打电话说会晚下班回家,那就表示她体贴到位。马乔丽需要让肯恩记住,他主动帮忙打扫房间就表示出一种合作精神。即便对方的表现如上所述,也未必保证他们会真心秉持体贴与合作的态度,但这种表现本身是态度形成的开端。

鼓励与表现出欣赏的态度有助于改善两人关系。如果丈夫向妻子表明他是多么欣赏对方的表现,妻子将更有可能主动重复这些行为。每当一方的表现令另一方满意并得到褒奖时,延续之前表现的动力将会大增。如此延续将在一方的心目中形成一种新的观念:"为伴侣去做这些事情既可以令他满意又可以得到嘉奖。"经常向伴侣表达欣赏和赞美的做法可以克服自我中心意识,同样也不会再无视对方的需求。

自我中心的态度是在人的成长早期形成的,会让人在培养独立性、实现目标过程中不考虑其他人的需求。在婚姻生活中,这种不加约束的自主性会伤害到对方的感情,引起对方的不满情绪。但夫妻双方可通过良好的沟通与鼓励来帮助彼此，学会灵活改变做事方式，使自己的兴趣与对方的兴趣相融合。当新的行为方式获得成功时，他们便会开始改变以自我为中心的做事方式。

这种可以体现关爱的行动其实有很多种，但它们分属众多不同的类别，具体情况详列于本书第12章。这些行动可以表现出你对伴侣的关爱、接纳、理解、支持与善于体察之心。你或许现在就想去参照一下这份清单，以确定自己和伴侣在哪些方面还做得不足，并立即采取行动去弥补不足。

LOVE IS NEVER ENOUGH

# 思维方式冲突

夫妻之间的差异可能源自他们看待自己以及对方的方式不同。我们在前面已经了解到泰德与凯伦之间的差异。泰德是一个古典主义者，他非常重视生活中的秩序和预见性，凯伦则是一个浪漫主义者，她追求新奇和刺激。

这种思维方式上的不同会令一些看似微不足道的小事逼得夫妻关系出现隔阂。一对打算结婚的情侣在经历了如下事件之后来咨询我，而如下事件只是两人之间长期不和事件的一件。他们在我的办公室中复述了这段争吵的对话，我们不妨看一下。

劳拉：你今晚会待在家里吗？我感觉我得了流感。

弗雷德：我已经答应要去拜访乔（一位同事）。

劳拉：［如果这点小忙他都不肯帮我，我如何能在遇到大问题时指望他？］你总是不愿意待在家里。我很少求你办事的。

弗雷德：［如果她因为这点小事就坚持让我待在家里，那发生大事时会出现什么情况——比如说当我们有孩子时她会如何要求我？她真的是太蛮横无理了。如果每次都做出让步，我会感到窒息。] 对不起，我真的必须去。

劳拉：[ 我无法指望他。我会在时机成熟时终止这段关系，去寻找我可以依赖的人。] 你想去就去吧。我会找别人来陪我。

由于人们的工作背景不同（比如劳拉是一所私立走读学校的美术老师，而弗雷德是一名程序员），他们看待同一种情况的方式截然不同，而且各自的视角会将对方的观点完全屏蔽掉。双方都无视了另一方赋予眼下情况的意义，因此倾向于负面解读另一方的行为，倘若他们更加相互理解，便不会如此。由于弗雷德未意识到劳拉对被抛弃的担忧，所以他认为劳拉既任性又控制欲十足；而劳拉没有认识到自己"侵犯"对方自由的行为让弗雷德觉得受到了威胁，因而认为他既自私又不善解人意。

另外，他们都深信自己解读得合情合理，道理显而易见，而另一方却表现得蛮横无理。劳拉认为，如果弗雷德不能满足自己小小的请求，那么在出现严重情况时就无法指望他帮忙，她认为自己的这一逻辑无懈可击。弗雷德认为，人人都看得出来，如果自己被迫去满足小小的请求，就意味着自己今后将被置于婚姻的禁锢之中而束手束脚。

他们原本可以倾听和了解对方心声，从而得到正确的反馈，然而自己关闭了心门。因此，他们都在徒劳地抨击对方，强迫对方接受自己的思想观念。双方都认为另一方有错——刻薄、自私又品行恶劣，因而两人的关系无法继续维持下去。

两人不断攻击对方，只能加深彼此的逆反心理，强化负面认识的同时走向极端。双方的立场终将彻底两极分化，固化自己的自我中心意识。双方均认定对方"无可救药"且"难以容忍"，并预见继续保持婚姻关系的悲惨下场。

可以看出，劳拉和弗雷德的反应之所以如此强烈，是有其深层原因的：他们的矛盾恰巧击中了双方的弱点。劳拉注重人际关系，她通过社交互动获得满足感和安全感，因而弗雷德的离家让她感觉受到威胁。弗雷德更加自主，因而更加看重个人的自由、来去自如和自我满足。在他看来，劳拉黏人的性格让他不太自在。对于劳拉来说，弗雷德表现出的独立代表着她将遭到遗弃；而对于弗雷德来说，劳拉的依赖代表着他将受到束缚。

由于性格方面的差异（劳拉爱交际且依赖性强，弗雷德喜欢无拘无束），他们无法以同样的眼光看待问题，因此这种冲突在所难免。另外，由于各人的观察视角相对固定，所以双方都无法理解对方对当前情况的解读。

已婚人士经常会说："我就是不能理解我的丈夫（妻子）。"一般而言，无论是丈夫的视角还是妻子的视角，貌似都各有道理。如果不理解这种视角上的差异，夫妻双方在冲突中往往会对对方产生敌意。他们无法意识到双方只是在以不同的方式看待同样的情境，也无法意识到对方并非不怀好意。

研究表明，劳拉和弗雷德所经历的这种性格冲突并不罕见。例如，哈佛大学的心理学家卡罗尔·吉利根（Carol Gilligan）已证明，[1]

妻子往往更多关注人际关系（社会依赖性格），丈夫则更具独立性。尽管这样，与性格差异相关的认识也可以随时调整，尽量减少婚姻中产生的摩擦。至少夫妻双方可以充分考虑彼此的性格差异，避免造成不必要的威胁。

性格不合的问题可通过马乔丽与肯恩之间的冲突加以说明。作为曾经的大学校花，马乔丽却没有足够的信心独立应对一些事情。但她在努力证明自己是一个"女强人"，能够独立自强。她常认为其他人比自己更自信，不免感到自惭形秽。肯恩曾是一名校篮球明星，他的个性与马乔丽恰恰相反，具有较强的自信心和独立性。他认为包括马乔丽在内的其他人相对弱势，需要他的关照。

如下的对话背景是，马乔丽想要在墙上挂一幅画，但自己在墙上钉钉子有点吃力。

肯恩：[她遇到了麻烦，我最好帮她一下。] 让我来帮你。

马乔丽：[他对我的能力没有信心。] 不需要，我完全可以自己做到（带着怒气）。

肯恩：你怎么了？我只是想帮一下忙。

马乔丽：你总是这样，你觉得我一无是处。

肯恩：你连一颗钉子都敲不正（笑着说道）。

马乔丽：你又来了——总是贬低我。

肯恩：我只是想帮你一下。

对肯恩的帮忙，两人有着完全不同的解读。马乔丽挂画的目的是要证明自己也能完成一些体力活；事实上，她是在努力证明自己的能力和独立，以此得到肯恩的夸奖，而肯恩的帮忙让她不禁感到自己的无能。在看待肯恩不相信马乔丽的动手能力上，尽管双方都没有错，但肯恩认为自己是出于好心，体谅对方，马乔丽却将肯恩的主动帮忙视作一种多管闲事、施恩于人的姿态。肯恩原本出于帮忙的无心之举却伤害了两人的感情，形成了敌对情绪。

双方都认为对方怀有恶意，进一步加深了他们的烦恼。马乔丽认为肯恩是在干预并控制自己，肯恩则认为马乔丽不懂得感激且态度傲慢（在过去，她总是依赖于他，而他也很乐于伸出援手，彰显自己能力过人）。

这种给对方贴负面标签的做法在婚姻当中非常普遍。马里兰大学心理学家诺曼·爱泼斯坦（Norman Epstein）和他的同事开展的一项研究表明，在误解产生时，关系紧张的夫妻更有可能将负面的动机归咎于对方，而关系正常的夫妻一般不会这样。[2]

## 开放视角与封闭视角

我们观察问题的视角是由多个因素组成的，既包括特定情境的细节，又包括我们赋予情境的意义。从更广泛的意义上来讲，我们的视角是由认识和经历共同塑造而成。因此，肯恩认为马乔丽需要帮助的看法源自他自己的认识，并基于马乔丽缺乏动手能力的过往经历。马乔丽对肯恩看法源于他总是霸道严厉，爱干预别人，爱瞧不起人，对别人指手画脚。矛盾的是，肯恩吸引她的地方恰恰包括他强大的自信和保护欲，这让她更有安全感。然而，她总是隐隐感到自己能力不足，每当她想坚持自己的看法时，这种感觉就会成为她的痛处。尽管双方均出于好意，但他们观点的不一致最终导致了不和。

在正常的交流中，个体的观察视角是完全"开放的"。人们会形成对他人的整体印象，而这种印象会随着掌握的信息增多而转变。他们对另一半的印象综合了对方性格中好的方面以及不好的方面。当对方发生改变时，对对方的开放视角也会随之改变，但视角的变化立足于对另一半动机的合理鉴别，而非自己的先入之见。

马乔丽对肯恩的封闭视角仅仅基于她想要独立的强烈欲望，无视了对方的实际动机。肯恩眼下对马乔丽的视角是基于他先前对她的看法。在他以往的印象中，马乔丽是一个喜欢依赖别人的美丽女人。然而，肯恩没有看到马乔丽日渐形成的独立能力。倘若双方都能够以开放的视角看待对方，那么马乔丽原本可以认识到肯恩当时只是想出手帮忙，而肯恩原本可以体会到马乔丽想独立自强的渴望。

无论是封闭视角还是自我中心视角，都是较为主观的界定；人们看待事件的唯一依据是他们与事件之间的关系。他们对某一事件的印象仅仅基于事件对个人的意义，而完全不去理会事件对其他人的意义。只有当人们从其他人的视角审视某一事件时，才会发现自己已陷入自身思想观念的泥淖中。

比如，在上述的挂画事件中，肯恩认为自己体贴助人。但实际上，他的行为完全是出于自己对"什么有利于妻子"的设想，而没有考虑马乔丽对此的感受。同样，马乔丽仅仅从她个人的视角出发解读肯恩的帮助。她觉得肯恩有意干预自己，并非出于好意。他们两人都封闭了自己的视角。两人的下一步是给对方贴上"不怀好意"的标签：肯恩出手干预不是出于好意，马乔丽不知感恩、不识好歹。

当两人从封闭的、以自我为中心的视角看待问题时，冲突便不可避免。尽管肯恩无意去伤害自己的妻子，而是真心想要出手帮助，以自我为中心的视角妨碍了他看清马乔丽的真正意愿。他的视角是以自身（提供帮助）的意愿为中心，罔顾对方（希望提高独立性）的意愿。同样，马乔丽的视角也以自己的意愿为中心，因此她一味地认为肯恩在干预自己的意愿，而不是在表达希望提供帮助的意愿。

婚姻关系中发生的矛盾会助长并夸大这种以自我为中心的视角。当伴侣感受到威胁时，出于防范的心理，会采取封闭的视角。当两人透过以自我为中心的视角观察对方时，他们必定会出现步调不一致的情况。对于两人之间不和的解读，会受到利益冲突、彼此动机的误读以及敌对情绪的影响。当夫妻矛盾是由视角封闭造成时，双方只能够看到对方的不良品质，并妄下定论，对方的不良品质将会造成"灾难性后果"。在本书第9章我们将看到，双方冲突产生的敌意本身是超越最初冲突的问题所在。

导致差异升级为严重冲突的诱因是对对方表现的不良解读。这些负面解读往往会导致敌意的产生，而敌意又会相应产生一些更加负面的意义，最终另一方被负面定性为"泼妇"或"恶霸"。由于采取了封闭的视角，夫妻双方无法相互信任甚至不能认可对方关于现状的看法。记住一点，人们不会自愿采取一种封闭的视角。然而，一旦锁定封闭视角，他们的思想和行动便会受其左右。

采取开放视角的人能够接纳对方的思想观念，透过对方的视角来观察现实，因而更容易产生认同。例如，许多父母会以开放的态度来接受孩子的看法，了解孩子的意愿，体会孩子的感受。但即使"开明的父母"有时也会转而采用封闭的视角，将孩子看成是压在自己身上的"负担"，或者认为他们是"坏孩子"。

父母彼此之间的同理心可能要比对孩子的少一些，因为他们认为对方已是"成年人"（也就是说，对方不会做出孩子气的不成熟回应）。矛盾的是，夫妻的愿望、情感和期望大多都是从孩提时代延续下来的，需要受到孩提时代应有的那般理解。

## 视角框定

- "他希望看到我受苦。"
- "她喜欢操控别人。"
- "他是个独断专行的人。"
- "她很狡诈。"

尽管在有些情况下，上述指责确有其事，但它们未必意味着另一半真的非常刻薄、喜欢利用别人、盛气凌人或不诚实。然而，通过接触一些对爱情深感失望的伴侣，我发现这些指责通常是建立在笼统而概括的结论基础之上。伴侣双方之所以得出了这些结论，是因为他们在婚姻中受到了伤害。

受到伤害的一方往往会指责对方，并将一些不良品性强加到对方身上。在一次次出现让伴侣觉得非常痛苦的事情之后，指责会逐渐变为"从不""总是"等绝对化的想法。夫妻不会将这些不愉快的冲突看作临时性的，而是认为它们像人性那样长期稳定。这种想法无论是公开表达还是暗藏于内心，都会演化成对另一方的思维定势。

如果一而再再而三地重复进行这种以偏概全，个体对"冒犯者"的负面看法会被固化。此时此刻，夫妻双方会从原本忙完一天后归心似箭，期盼见到对方，变为带着恐惧或厌恶去面对未来。曾经让你充满爱意、感觉迷人的人，如今却变得如此可憎、丑陋。曾经带来激动与愉悦的容貌，如今只能带来厌恶和痛苦。

这种消极、带有偏见且僵化的心理图景，决定了夫妻双方注意到或忽略掉的内容。从本质上讲，冒犯的一方会被"框定"为带有偏见的消极形象，这种形象会突出其消极特征而忽略积极特征。一旦一方的形象被框定，那么他（她）的一举一动就几乎都会在框定的视角下接受审视。中性的行为也会被认为是消极的，那么消极行为只会更糟，而积极行为甚至会被认为是消极的或干脆抹杀。比如，如果丈夫体贴周到，妻子会想："他安的什么心？伪君子吗？"如果妻子对自己温柔体贴，丈夫会想："她在演戏——她并非真心如此。"

夫妻施加给对方的框定形象会通过证据的积累而不断强化，那些与形象不相符的情况则被快速遗忘。由于这种框定视角只接纳与之一致的信息，因此随着时间的推移会变得越来越令人信服，直到最后本人信以为真。最终，当被冒犯的一方向朋友述说从框定视角观察而来的累累证据时，精选出来的资料似乎说服力十足，连毫无利害关系的第三方也会对这种形象的真实性深信不疑。

在弗雷德拒绝待在家里时，劳拉眼中的弗雷德变成了一个不善解人意的人。于是她断定弗雷德无视她的需求，有朝一日也会对孩子们漠不关心；并认为他成为不了支持妻子的丈夫和关爱孩子的父亲。她的头脑中已形成了丈夫自私自利、毫无责任心的思维定势——这种思维方式并非仅限于这一次，而是会一直持续。

在此之后，劳拉一直以同样的负面视角看待弗雷德，不管他到底做了什么。事实上，当一些事件发生时，即使与先前的某一次创伤性事件相去甚远，她仍会回想起一大堆以往的固有印象和往事。每每在脑海中"看"到自己的创伤性画面时，她不免怒气更盛。针对这对夫妻的婚姻咨询，我采取了"视角重构"的形式。在咨询过程中，劳拉和弗雷德询问了他们形成负面视角的基础，并选取一种更加善意的解读去解释各自的表现（见第13章）。

## 性格冲突

长期不和的夫妻之间时有摩擦，而这种摩擦有时不能仅仅以观察视角的差异或视角框定上的差异解释。在这种情况下，我们有必要寻找更加长久性的品质，即夫妻双方的性格特征。性格冲突的原因多种多样，但共性在于都是由性格差异决定的观察视角的不同。具有浪漫型性格的人会透过玫瑰色眼镜观察生活，性格悲观者则透过深色眼镜去观察。喜欢自主的人会将别人的出手帮助视作令人难堪或剥夺自信的行为，依赖性强的人则将其看作对方的示爱表现。前者认为两人分开意味着个人自由，后者则认为无异于抛弃。

泰德和凯伦展示了两种易于产生冲突的性格倾向。凯伦属于自主的浪漫派，性格自立且乐于独立办事。泰德却属于孤独的古典派，缺乏独立且渴望陪伴。由于依赖性强，泰德希望凯伦始终陪伴在自己身边，他有意无意之间总是担心凯伦会抛弃他。

在两人产生矛盾期间，泰德没有意识到凯伦的性格，也可说是她的个性，就是喜欢来去自如，凭一时心血来潮行事，不愿意受到约束。泰德总感觉有点孤独寂寞，因而非常重视两人相互陪伴。凯伦却不喜欢受到牵制，她有自己的一套追求自由、机动和独立的做事原则。她不在乎做事是否高效、准时或事先做好准备。

有一次凯伦让泰德苦等了半个小时，泰德一直担惊受怕，担心凯伦遭遇不测。当她最终到场时，尽管她满怀喜悦地出现在他的面前，泰德仍因苦等半小时而对凯伦大发雷霆。他担心凯伦遭遇了意外，这种担忧助长了他的恼怒。"她可能遭遇不测"的想法让他胆战心惊，激发了他长期的孤独恐惧。因此，在见到凯伦时，他并没有松了一口气，反而因对方令自己提心吊胆而发怒了。

泰德将凯伦违反"守时"约定的行为解读为："她毫不在乎。她根本不关心我的意愿。"于是他独自生闷气，希望借此将自己生气的信息传达给凯伦。然而，泰德的生闷气和回避并未对凯伦造成太多影响，因为她相对比较自立，能够轻松应对这种遭到疏离和孤立的情况。事实上，她直接疏远了泰德，不再像往常一样支持他，这种做法让泰德进一步感受到了威胁。泰德的敌意更甚，他认为凯伦

"剥夺"了他做丈夫的权利。他将她的做法称作"没有责任心",并告诫自己"我不能指望她"。

泰德努力确保对方能持续满足自己寻求依靠的愿望,他的方式是设法对凯伦施加控制。但是,凯伦渴求能够摆脱泰德对自己的约束和控制。为了保证自己的自由,凯伦尽可能挫败泰德控制自己的企图。当她感觉到泰德的要求令她窒息时,她进一步疏离了泰德,增加了泰德的被遗弃感。泰德变得愈发绝望无助,于是对凯伦心存责备并发起口头攻击,而这样做愈发刺激凯伦疏远他。

凯伦和泰德的案例展示了不同的性格是如何在起初实现双方互补,但最终由于不同的个人原则和态度而发生冲突的。比如,凯伦的一个原则是"如果泰德真的关心我,他会鼓励我自立自强",泰德的原则是"如果凯伦真的关心我,她会希望和我更加亲近"。但是,这种原则上的差异未必会妨碍两人保持和谐的关系。我们所认识的人当中,有些即使性格不合但仍能够和睦相处。只有当双方顽固坚持自己的看法,无视甚至拒绝接受对方的看法时,才会发生真正冲突。

泰德和凯伦之间到底出现了什么问题呢?正如第 2 章所提到的,泰德着迷于凯伦无拘无束的态度和生活情趣,她身上的特质恰好与他孩童时代压抑、迂腐的家庭环境截然不同。而凯伦被泰德的睿智、能说会道、解决问题的有条不紊以及在政治、历史等方面渊博的知识所吸引。更重要的是,泰德诚实可靠且有责任心,这一点让她倍感安心。泰德集中了以上诸多优点,让他与凯伦的父亲形成了鲜明的对比。

曾经和谐的伴侣身上所具备的迷人特征真实而宝贵,足以让他们重归于好。如果他们能够消除彼此的误解,即使像泰德和凯伦这样斗气的夫妻也能够冰释前嫌。但如果两人的性格不能很好地融合,单靠这些迷人的特征并不足以维系婚姻关系,这就是夫妻尽管看似相互吸引且"表面一切正常",但最终无法维持稳定关系的真正原因。他们各自的性格在很大程度上影响着他们寄予对方的期望、他们的人生观以及回应对方的方式。随着源自"迷人"特征的最初满足感逐渐褪去,两人性格上的差异开始愈发凸显出来。他们的观点开始出现不一致,最终被自己对另一半行为的负面解读所扭曲。

当泰德和凯伦感到挫败时,他们各自对导致互相指责的矛盾做出了自己的解读。两人的共识在逐渐消失,所以无法欣赏对方身上正面的特性。泰德仍是一个健谈的人,但凯伦已不再欣赏他这一点了。凯伦一如既往的活泼开朗,但泰德已不再觉得有趣了。他们只能以偏见的负面眼光看待彼此:凯伦看似越来越轻浮而不易接近,泰德则越来越沉闷而令人生畏。

一旦人们陷入这种框定思维,"脱框而出"需要做大量的工作。他们相互冲突的性格和相处态度必须被改变。后面几章将探讨实现转变的具体方式。在本章,我们可以列举出像泰德和凯伦一样关系紧张时应采取的几个步骤。

1. 双方首先需要意识到两人之间的摩擦多半来自视角差异造成的误解,而不是由对方的刻薄与自私造成。

2. 双方必须意识到这样的事实——对方的某些品性并不"坏",

只是因与自己品性不和而令人气恼。

3. 重要的一点是要认识到，观察视角存在差异时，孰是孰非不好说。

4. 夫妻双方需要重新框定彼此的视角，剔除人为添加的负面特征，以更大的善意客观地看待对方。

夫妻两人的性格会随着时间逐渐发生改变。随着其中一方能够更加宽容另一方的品性，夫妻双方会意外地发现他们之间的隔阂在逐渐消除。事实上，他们的性格在慢慢适应对方，因而减少了摩擦和误解。

# 第4章
LOVE IS NEVER ENOUGH

## 破坏规则

西比尔和马克斯已结婚数年，过着幸福的婚姻生活。在此期间，西比尔工作，马克斯在医学院进修。两人有了孩子之后，西比尔放弃了她教师的工作，开始专心照顾孩子和丈夫。马克斯是一个前途无量的医学研究者，经常出远门，但他自认为是一个尽职尽责的丈夫和父亲。有一次，马克斯参加了一场医学大会，远在异地的他给妻子打电话，却引发了影响两人婚姻关系的重要事件。

马克斯：[听到我现在一切进展顺利，见到了许多人并学到了许多东西之后，西比尔一定很高兴。]我在这边很开心。你现在怎么样？

西比尔：[他在外面潇洒，我却要在家照顾两个生病的孩子。]琼和弗雷迪都生病了。

马克斯：[噢，不，她要给我增加心理负担了。]他们怎么了？

西比尔：[他会有实际反应吗？会展现自己的责任感吗？]

他们长水痘了，正在发高烧。

马克斯：[水痘一般不严重。她正在小题大做。]你不必太担心，他们会好起来的。

西比尔：[他为什么不主动提出回家来？]好吧。

马克斯：[我希望她能够安心。]我明天再打电话。

西比尔：[每次我需要他时，他总是不在身边。]你一定要打！[语气中带着讽刺]

马克斯和西比尔面对的是同一种情况，但看待问题的方式截然不同，于是以迥异的视角评价对方以及对方的行动。这种视角的差异常见于紧张的婚姻关系中，并且往往会酿成更加严重的后果。

马克斯并不认为孩子们得了重病，所以当下没有重视。他知道，如果西比尔真的需要他，他会"飞奔回来"的。然而在马克斯的意识中，他刻意无视了西比尔当时听起来十分忧心的事实。他认为西比尔反应过度，试图安慰她一切都会好起来。无论如何，他不想受制于她的"忧心忡忡"。

西比尔认为马克斯不是一个尽职尽责的丈夫。她承担起所有的家庭重任，而马克斯只是"搭顺风车"。如下清单总结了他们之间态度的差异。

| 西比尔的态度 | 马克斯的态度 |
| --- | --- |
| 1. 马克斯应该主动提出回家 | 1. 西比尔并不真正需要我，因此没必要主动提出回家 |

(续)

| 西比尔的态度 | 马克斯的态度 |
| --- | --- |
| 2. 我应该没必要自己开口 | 2. 我又不是她肚子里的蛔虫。如果她真需要我在家陪伴,应该主动说出来 |
| 3. 他应该知道我现在需要他。他可以为我做出这种牺牲 | 3. 她有些反应过激。她完全有能力处理这种状况,不需要我做出牺牲 |
| 4. 他自私自利且没有责任心。他将自身的事业进步放在了首要位置 | 4. 她对我提出过分要求,控制欲太强。她在嫉妒我的事业,看到我在这边很开心,她就受不了 |

在与其他人打交道时,西比尔和马克斯都得到了"好人"的评价。在社交关系中,他们在别人看来是一对幸福的夫妻,然而两人的婚姻已经陷入僵局,这从他们之间的对话已经可以看出。他们交流时,对大部分内容(也是核心的部分)保持缄默:西比尔希望马克斯主动提出回家,马克斯则尽量回避亲口说出回家。正是由于两人不吐露自己的心思,才会指责对方。在西比尔的心目中,马克斯变得自私自利,缺乏责任心;而对于马克斯来说,西比尔要求苛刻,心怀嫉妒。

但经过进一步的分析,我们发现两人的交流中存在着更深层次的情绪因素。尽管西比尔真的担心生病的孩子,但她当时并未感到完全无助。她真正需要的是马克斯向她传递一个信号,表明他很关心自己的处境,并有足够的责任心愿意尽一份力。她承认,让马克斯立即回家牺牲太大,若非要事,她根本不会考虑这种可能性。但西比尔希望(也可以说是期望)马克斯主动提出立即回家。他愿意做出这种牺牲表明他关心家人、有担当,能把家庭摆在首位。如果他真的主动提出,她或许会放过他,让他不用回家。在这种语境下,他不主动提出回家变成了负面的象征意义，表明他不关心家人，没有担当。

马克斯片面地从实际需要的角度看待家里遇到的困难。他忽视了不主动提出回家带来的负面象征意义。他唯一的想法是：西比尔当时有能力独自应对而不需要他的帮助，所以没有必要立即回家。由于他只考虑了实际因素而没有考虑这种表达方式带给西比尔的负面象征意义（她在担心孩子并希望丈夫能够在场），因而造成了自己与妻子关系的疏离。

## 设定期望

马克斯与西比尔的矛盾源头可以追溯到更早的时候。在恋爱期间，马克斯正在就读医学院，西比尔是一名教师。他们的恋爱是一段浪漫的经历，两人有对未来辉煌、无忧无虑生活的憧憬。

西比尔将自己与马克斯以及他的事业绑定，每当马克斯的同事称他为"年轻才子"时，她也会欣喜不已。马克斯对自己在西比尔心目中的完美形象心满意足，憧憬着两人幸福美好的未来：自己成为成功的医学研究者，西比尔在需要时提供帮助和支持。

西比尔心怀一系列的期望，它们后来才显现出来。比如，她希望放弃自己的事业，以共同组建一个家庭。在怀了第一胎之后，她期盼着实现"幸福家庭"的梦想，马克斯也应全身心投入家庭。

随着时间的推移，当发现马克斯与她想象中的角色不相符时，西比尔不禁感到伤心和失望。此时此刻，她才第一次意识到自己的另外一些隐含期望。

- 马克斯总会把我和孩子们放在首位。
- 我不必亲口向他寻求帮助。
- 他对我的需求了如指掌。
- 他愿意做出牺牲。

相对而言,马克斯对西比尔也寄予了期望。

- 西比尔会尊重、认同我的事业,并与我一同分担。
- 她会尽职尽责地照看孩子,料理家务。

换句话说,马克斯期望双方既能相互陪伴,又能相互扶持。西比尔"主内",而他"主外"。他们相互支持,但分工明确:西比尔好好料理家务,而他挣钱养家。西比尔则期望,既然她放弃了自己的事业,马克斯会在家全身心陪伴她,而不是偶尔才承担起丈夫和父亲的责任。

与其他发生矛盾的夫妻一样,针对西比尔与马克斯的婚姻咨询需要聚焦于双方期望和观点的不同。双方应尊重彼此的合理忧虑,又必须确定一个可接受的方案去履行共同的职责,特别是照看孩子。西比尔应更加坦率地表达出对马克斯的期望,马克斯则需更加体察西比尔的担忧和愿望。

## 制定规则

妻子想要抽空和丈夫聊会儿天,却可能不得不忍受他周末花大把时间在电视上看足球赛,或者下班后与朋友们小酌几杯,又或者晚上在办公室研读打印的资料。丈夫可能要适应妻子"性趣"不高的情况，或者适应她不认同自己的工作、体育运动以及在政治方面的兴趣等情况。以上几个方面的失望通常会令夫妻降低对另一方的期望。当婚姻的现实让他们调整了自己的梦想，他们通常会学着接受现状，尽管可能会偶感失落。

然而，有时夫妻的期望（希望与梦想）不仅不会降低，反而有所升高。希望另一半将家庭放在第一位的愿望会升级为一种要求。"将"的字眼改成"应该"："他（她）应该把家庭放在第一位。"原来的愿望变成了绝对规则。夫妻在自己的愿望未实现时会感到悲伤，自己的规则被打破时则容易心怀怒气。

我们如果想对马克斯与西比尔的矛盾做出公正的评判，对此下定一个绝对的结论似乎并非易事。马克斯是否应该立即回家，或至少主动提出立即回家？西比尔希望马克斯立即回家正确吗？一个简单的结论是，这样做既不全对也不全错。但是，这种结论会忽略掉两人之间真正的矛盾。两人的矛盾焦点要比"马克斯是否回家"这个问题更加宽泛和复杂。他们心中真正在乎的问题是"西比尔会不会支持我的工作""马克斯会不会支持我的家庭事务"。

当我们忽视婚姻冲突中许多抽象的问题时，可能会"误入歧途"，一心想着给问题寻找过于简单化的解决方案。"马克斯是否回家"这个具体问题之所以重要，很大程度上是由于它代表着更宽泛的原则：在西比尔希望获得他的支持时，马克斯的做与不做具有象征性意义。

本书第2章将夫妻双方认可但往往意识不到的一些宽泛原则称作"优点"。这些优点与公正、关爱、体贴、有责任心、尊重等品质相关。因此，简单的言行却包含了宽泛、抽象的原则。西比尔认为，如果马克斯主动提出回家，就意味着他关爱体贴自己、有责任心、处事公允；如果他不主动提出，则意味着他不关爱体贴自己、没有责任心、处事不公允。在西比尔看来，马克斯要做的选择早已自有决定。

一般而言，在一些重要原则被违反前，制订规则的需求并不明显。例如，有关雇用惯例和选举权的法律都是在违反不歧视原则之后才通过的。同样，只有在发生了一连串事件，夫妻双方在一些重要原则上产生冲突之后，他们才会萌发制订规则的念头。泰德对凯伦的迟到屡屡感到失望之后，头脑中便形成了针对她迟到的规则。从此以后，凯伦一不守时，泰德就会套用他的规则，并认为自己理应对她的"不良行为"表示愤怒并予以惩罚。

这些规则的问题在于没有考虑对方的需求和愿望。事实上，一旦坦诚言明（这种情况寥寥无几），这些规则会显得任性专横，甚至在对方看来不可理喻。在紧张的婚姻关系中，愤怒情绪大多归因于破坏规则，而非其中一方真正做了坏事。

为某一言行赋予个人期望的意义，并评判它的"合法性"时，我们会采用一些"固定程式"作为评判标准，而上述规则正是基于这些"固定程式"制订出来的。这些"固定程式"包括：

▶ 如果对方关心我，我烦心时他会主动帮助我。

▶ 如果对方尊重我，他就不会让我一个人去干脏活累活。

▶ 如果对方体谅我，他会主动去做我希望的事。

当一方的言行踩中"固定程式"的"雷区",另一方会对此感到不快。比如,劳拉和西比尔都对丈夫没有满足自己的请求感到失望。她们当时在潜意识中借用了上述第 3 条程式:"如果对方真正关心我,他(她)会去做我希望的事。"如果对方没有满足自己的愿望,便意味着他不关心自己。这种意义对这两位妻子而言是毁灭性的打击。在此后的生活中,她们暗自决意制订这样的规则:"丈夫一定要满足我的需求。如果不能满足,我便会离他而去。"

从上面"固定程式"中可以得出的规则包括:

▶ 我烦心时对方应该帮助我。

▶ 对方应与我共同承担家务。

▶ 对方应主动去做我希望的事。

这些规则可以保护夫妻一方免于伤心或失望。因此,当马克斯违反了西比尔的规则,未能满足她的需求时,西比尔会感到非常生气而非失望痛苦,于是她希望惩罚一下马克斯,或者直接离开他。

## 套用规则

从某种意义上说,这些规则对夫妻双方的约束堪比纳税义务。当其中一方未履行义务时,便会被视为违约者,遭受处罚在所难免,而处罚的方式通常是责骂。这样问题会自然出现,因为双方极少会明示自己的这种思维方式。这些婚姻规则是不可撤销且无商量余地的义务,对方往往根本不知道它们的存在,当然也就不曾同意接受它们。

这些规则被制订者视作权利,并且很容易演变成要求。其中一方往往会默默地要求另一方乐于帮助自己,对自己关心体贴,从未意识到对"乐于帮助"和"关心体贴"的认识因人而异。制订规则的一方会认为自己对"乐于帮助"的理解普遍适用。

西比尔认为:"众所周知,当妻子希望和丈夫商议一些事情时,丈夫应当随叫随到。"在西比尔成长的家庭中,她的母亲想要商议家事,都会给上班的父亲打电话,因此西比尔认为,在婚姻关系中妻子对丈夫寄予的这种期望是完全合情合理的。然而,马克斯却是在一个很少商议问题的家庭环境中长大。因此,每当马克斯没能与她商议她遇到的问题时,西比尔都会认为马克斯不关心自己。另外,由于西比尔的父亲一直非常宠爱她的母亲,尽量满足她的所有愿望,因此西比尔期望马克斯也能如此待她。在婚姻关系中,一方对另一方角色的期望与另一方对自己的期望不相匹配的情况并不少见。

自行假设自己的期望普遍适用会带来另外一个问题。其中一方会认为另一方应了解自己的心思,不用自己说出口。在出现问题的婚姻关系中,这种期望对方猜透自己心理的情况非常常见。比如,凯伦因泰德未能帮助她完成家务而伤心。凯伦摆放桌椅、刷洗餐具、收拾衣物时,泰德不会主动出手帮助,而是袖手旁观。尽管凯伦会想,"他应该知道我一个人负担很重",但她不会亲口要求泰德帮忙。她认为自己的"需求"显而易见,是人之常情,他只是在刻意回避,不愿意提供帮助。

一些在制订者看来是合情合理、显而易见的规则,对于另一方来说却似乎不可理喻。比如,在凯伦告诉泰德他应该"知道"要主动帮自己做家务时，泰德抱怨说："你总是希望我读懂你的心思。如果你希望我做一些事情，为什么不能直接跟我说呢？"凯伦答复："我的需求这么明显，为什么事事都要跟你明说呢？你就不能主动去做一些应该做的事情吗？"

"婚姻对错标准"中的一个重要特征是，无论有意还是无意，夫妻双方绝不应违反规则。比如，一位年轻人因未婚妻不小心将烟气吹到他的脸上而大发雷霆。他心想："她明知道我受不了烟味，应更加小心些才对。她太不体贴了，不顾及我的感受。"事实上，真正让他生气的不是烟气本身，而是未婚妻违反了他的规则。如果其他人无意间将烟气吹到他的脸上，他或许会有些生气，但不会大怒，因为对方的行为并不会违反他的规则。

在规则被破坏时，夫妻一方受到的实际损失或伤害往往并不大，与他们的愤怒反应相比更是微不足道。之所以会有如此强烈的反应，是因为这一规则对于制订者来说是神圣不可侵犯的。如果规则被破坏，他们就会认为自己会变得易受伤害，眼下微不足道的"违规"会演变成日后的大肆践踏。比如，这位不喜欢烟气的男子这样评论自己的未婚妻："如果她连'不要将烟气吹到我脸上'这么简单的规则都无法遵守，以后烦扰我的事情她都会毫无顾忌，而对我重要的事情她也会满不在乎。"

## 破坏性规则

紧张婚姻关系中的夫妻通常认为自己已经做出了最大限度的调

整；或者认为自己在满足对方需求上的付出远超回报。对方的指责或辱骂更是会不免勾起自己心中压抑的被背叛感。比如，一位妻子抱怨说："我对丈夫的好他从来只字不提。他只关注我是否犯错。"

在人们的思维中，被爱和幸福的概念往往是融合在一起的，因此人们会认为爱意的消减意味着幸福不再。比如，许多人会依照如下方式思考："如果对方全身心、无条件地爱我，我就会幸福。如果得不到全身心的爱，我肯定会不幸福。"一旦伴侣的爱意或关怀似有消减，将被爱等同于幸福的人容易陷入痛苦之中，久久不能释怀。根据他们的预测，另一半的短暂冷淡态度意味着未来会出现长期的不幸福。事实上，有些人在认为自己的爱情关系出现松动时，心绪也会相应滑向谷底。他们断定，既然现在再次被爱无望，那么他们的余生将注定不幸福。

为了避免上述遭遇，夫妻双方往往会建立起一种控制系统，以免和谐关系走向终结。这些保护性机制会以强制的形式强加给对方——使用"应该"和"不应该"等字眼，让规则制定的一方倍感安慰。这些严格的规则筑起一道高墙，防止两人的关系最终走向分裂，并且往往有利于圈住对方，限制对方随心所欲。矛盾的是，制订这些规则可能适得其反：两人关系破裂。

当一方违反了这些规则时，制订规则的另一方会感受到威胁，心怀愤懑，想要小施惩戒。不但规则被违反，而且规则的制订者也受到了侵犯。在各种亲密关系中，愤怒只会妨碍问题的有效解决。在盛怒之下，问题似乎毫无商量余地。

一些规则在对方看来任性专横、无理取闹，或者微不足道。这些规则通常涉及一些自我安慰的象征性"仪式",如守时、礼貌、送礼物等,另外还会涉及一些更细微的东西,如期望并迎合对方的意愿,"他应该知道我需要他的帮助"或"她应该知道我现在心情不好"。

夫妻倾向于因对方违反了规则而施加惩罚,即使这种违规本身并不会带来任何实际损失或痛苦。"冒犯者"会觉得恼火,因为违规不过是小事一件,而相对于造成的实际伤害,对方的强烈反应显得小题大做。另外,"冒犯者"因对方的"潜规则"倍感束缚,会因此变成被冒犯者并发起反攻,结果规则制订者本想避免痛苦反而自作自受。因此,我们看到了一种不稳定关系中存在的悖论:为了避免不幸而用心构建的规则却终究酿成不幸。

许多夫妻认为,问题本就不该发生在他们的婚姻当中。人们往往会暗自抱怨说:"如果她真的爱我,我们就不会吵架。"但当问题发生时,他们似乎会违反"夫妻不应该吵架"这一隐性规则;于是夫妻双方会对冲突的存在感到恼火。他们自创出一个固定程式——意见分歧=缺乏相互认可、尊重和爱。愤怒与指责交加会导致夫妻无心解决问题,从而最终导致敌对情绪不断升级。

## 执行规则

了解伴侣的期望,可以让你在规划、处理危机和做出决策时有一种稳定感。另外,这些共同的期望可发挥引导夫妻双方的重要功能,告知双方应为夫妻关系做出哪些贡献。

然而,隐藏期望不仅无法稳固正常的夫妻关系,还会有扰乱的效果。未言明的规则往往会以某种象征性的行为为中心，比如丈夫主动提出照顾孩子而让妻子休息一下，或者妻子做了可口的饭菜。一些象征性规则也适用于其他的家庭成员，比如有人会认为："如果你关爱我，你也会体谅我的父母和兄弟姐妹。"

即使是这些象征性规则，也未必会带来严重的问题。但一旦包裹在"硬性规则"（警告与禁止、"应该"与"不应该"）的外衣下，这些规则便更容易惹来麻烦。

"应该"和"不应该"包括几种不同的类型，而其中不乏作用明显者。一些最明显的"应该"与做好事相关，如修理洗衣机等。另一类硬性规则避免危险的发生。比如，"安全第一"规则在家庭中尤其重要；家庭成员应锁好房门、关好炉灶、安全驾驶等。

还有一些规则适用于社交场合。有损对方社会形象之事不可为，这是夫妻间的假定事实。因此，在公共场合中，夫妻双方应表现出体贴、乐于帮助对方、尊重对方，并应避免态度冷淡、唱反调和贬低。最后，一些关于家庭财产安全的规则（比如不过度消费等）对于维系家庭至关重要。

这些规则本身合情合理，但运用不当可能会引起麻烦。如果夫妻将其视为绝对规则且不可侵犯，而一旦被侵犯便认为应施以惩罚，那么发生冲突便在所难免。

比如，泰德认为凯伦"应该"认识到自己的迟到会令他气恼，所以她"应该"永远准时。泰德不说自己是在关心她的安危，反而一味指责她不守时，仿佛迟到成了弥天大罪。凯伦则觉得迟到一会儿无足轻重。她认为泰德知道他的唠叨会让她心烦，所以她按他心意做事，他心怀感激就行了，不要抓着自己忽略的小事百般指责。

"应该"不仅局限于强迫对方遵从自己的意愿。通过"应该"支配和控制对方或许是自我满足感的源泉，人们却忘了迎合对方的意愿同样如此。

## "应该"的专横

剥去人际关系中逢迎讨好的外衣，潜在的威胁将暴露无遗。人们会用甜蜜攻势达成所愿，但重拳蓄势待发。在遇到对方的反抗时，我们会坚持认为对方要遵守……，否则……。我们施加于对方的义务本身带有强烈的惩罚意味，表现为批评、威胁、发怒或生闷气等。

"应该"带有的绝对性质会给婚姻制造一些问题，原因是在现实情况中，完全服从对方的规则意味着需要抹杀掉自己的个性、目标和需求。一套严格、夸大的"应该"规则会强行压制住对方，也会让自己作茧自缚。

在所著的有关"神经质人格"系列丛书中，心理分析学家卡伦·霍尼（Karen Horney）引入了"'应该'的专横"概念。[1]她认为神经过敏的人会依据自己假想的权利提出不合理要求。这些要求表现为坚决要求别人遵从自己的规定，而不顾及他们的利益与需求。当所提要求被拒时，他们便会大发雷霆。另有一些要求是针对世界、命运或上帝的："我应该拥有幸福""生活如此艰难，这对我不公平""别人应该更加善待我"。对自己所承担的明显多于对方的困难，这些人深感愤怒而不能自拔，非但不能享受生活中的乐趣，而且会亲手将其摧毁。

这些要求会给婚姻制造麻烦。心理学家阿尔伯特·埃利斯（Albert Ellis）指出，夫妻一方不仅希望对方始终善待自己，还要求对方付诸实践。当对方不能满足自己的期望时，他们会怒火中烧，并会想："他无权这样对待我""他应更加善待我""她让我很失望"。[2]

在遭遇挫败或感到失望时，这些人会变得心烦意乱，心里会想或嘴上会说："我遭受如此的对待，实在无法忍受了。"这种反应与埃利斯所谓的"糟糕透顶"相关联："和这样一个没有情感的人结婚，实在是太糟糕了。"而与之相近的是"恶魔化"："他是一个糟糕的人——一个烂人""她很可恨——一个泼妇"。在"恶魔化"时，夫妻总是将恶魔的特征强加在对方身上，将对方看成恶毒、有控制欲、骗人的形象。这些反应带来的必然结果是"灾难性的"："不摆脱眼前的婚姻，我将窒息而死"，或者"我将永无幸福之日"。本书第8章将进一步探讨这种心境的案例与定义。

细细品味以上说法的独断绝对。对方是一个"糟糕的人"，无法补救；对方的行为不可原谅、不可饶恕，并且不可救药。挫败与失望带来的痛彻心扉让人无法容忍；这种紧张关系的未来一片黯淡，让人看不到一丝希望。

据霍尼和埃利斯所述，需求和要求可能演变成心理（认知）扭曲。比如，要求对方要始终善待自己的心态会不可避免地造成自身的失望。对方再有关爱之心也无法做到始终如一地善待自己，因此稍有闪失便会被曲解为"她总是无视我的意愿"。

## 违反规则

"应该"和"不应该"筑起了一道让夫妻一方免受伤害的高墙。如果这道墙出现任何一个漏洞,比如规则被破坏,一方会产生自己受到侵犯的反应:"挑战我的规则就是在挑战我。"

违反"应该"规则有时确实会给对方造成伤害。然而,大多数情况下,人们会将停留在潜在或臆测层面的伤害当作冒犯。我们不妨考虑一下下面几种情况。

▸ 家里来客人时,小孩在餐桌上不懂得礼节,妈妈非常生气,"很想抓住他使劲摇晃"。

▸ 丈夫说要寄信却没寄。尽管信后来寄出了,但他的妻子仍非常生气。她想:"如果当时寄信是一件要紧事怎么办?"

▸ 妻子在交通灯马上变成红灯的时候闯了过去,丈夫对此非常恼火。他想:"如果当时对面有一辆车疾驰而过,我们或许就出车祸了!"

此类反应都属于"如果……怎么办"规则的范畴。谨小慎微的人会对可能的侵犯或冒犯感到紧张,因而更容易被这些规则所左右。他们的行为模式受一系列意在降低危险的"应该"和"不应该"规则所引导。当自己所设的禁令遭到侵犯时,他们会感觉受到了威胁。因规则被违反加深的脆弱感驱使他们重拳回击冒犯者。于是,他们自认为所作所为是防止侵犯的必要之举,并对自己免受伤害感到沾沾自喜。

## 惩罚

还有一种规则被称为"双重应该"。多数人一般根本意识不到"应该"的存在,正如他们意识不到其他自然产生的想法一样。然而,如果生气时能够关注一下自己的想法,他们自然会注意到正在起作用的"应该"和"双重应该"。"双重应该"包括最初的想法,这种想法是对问题的负面评价,如"对方不应拒绝倾听我的意见"或"她不应生我的气"。由此产生第二个"应该",像是一种指示其实施报复的信息:"如果我对此不管不问,她便会侥幸不挨说。我应该冲她大吼大叫。"

马克斯是这种"双重应该"的鲜活案例。每当西比尔犯了错误时,他都会想:"她本应更加小心些才是。"(第一个"应该"。)他接下来的想法是指责她一番:"我应该告诉她,让她知道自己太粗心大意了。"(第二个"应该"。)比如,当西比尔开车转错方向或压线时,马克斯会想:"她开车开得一团糟,真是太可怕了。"他会不停地想:"我得跟她讲,她车开得不对。"

奇怪的是,尽管事实屡次证明出言训斥无济于事甚至破坏和谐,但规则制订者依旧不改。他们有过度强迫的想法,比如他们会一遍遍地重复着洗手的动作,防止被想象中的病毒感染。

如果双方能够审视自己内心惩罚对方的指令,便能够戒除不断指责批评对方以控制对方行为的恶习。然而,终止这种连锁反应的最佳时间点是人第一次感觉被冒犯时("她本不应这样做")。如果他们认定自己生气是合情合理的,连锁反应就会继续下去;然而,如果他们认定根本没有必要这样生气，就可能在当时停止这种连锁反应。但这需要快速重估当时的状况，明白报复毫无道理可言。而敌对情绪一旦形成，便很难停止相互指责的情况发生（详见第 17 章）。

## 规则的产生

婚姻中的规则从何而来？为何这些规则只有在得到完全认同后才发挥全部威力？在婚姻关系中的不同阶段，夫妻通常对伴侣的期望也有所不同。在婚姻的早期浪漫阶段，对伴侣的关注主要涉及爱与被爱的问题——这种期望会持续存在。生活无情地欺骗了恋人们，让他们深信，理想化和痴情能确保他们恩爱一世。"如果我是个好妻子或好丈夫，肯定会得到爱和幸福"等信念有时会加固这种浪漫观念。

尽管夫妻双方需要共同维护两人融洽关系的观念是老生常谈，但让人感到意外的是，真正严格遵循这一规则，或懂得如何遵循的少之又少。在婚姻的早期阶段，理想化和痴情往往会掩盖两人的分歧。随着时间的推移，夫妻双方怀揣着"问题会自行解决"的"泡沫希望"，心照不宣地回避着出现的分歧。另外，其中一方可能会无视两人之间存在分歧的事实，或者深信对方只是在编造问题，习惯性抱怨而已。当双方真心试图解决问题时，头脑中可能存储了太多对方怠慢自己、不公正对待自己的记忆，心平气和处理难题变得不再可能。

一个人对夫妻角色的理解，在某种程度上影响了他的婚姻初期的期望。他们会将各自的独特认知带到婚姻中来，而这些认知源自他们各自的家庭经历。

人们未必会在确定夫妻双方的言行规范上完全照搬自己父母的特质。比如，丈夫可能认为自己的父亲称不上"模范丈夫"，或者会去抵制自己父亲身上的"弱点"或"专横"，而设法表现出与父亲相反的性格特征。夫妻很难公开表达、讨论或约定对彼此职责的设想。另外，夫妻未说出口的对彼此职责的设想往往不符合事实。

婚姻关系中的基本契约是："我会照顾自己的丈夫（妻子），作为回报，他（她）也会满足我的基本需求。"但针对契约中的上述两个要素，夫妻双方会有不同的定义。另外，夫妻双方也可能缺少能让夫妻关系更加融洽的一个重要因素——变通。

夫妻之间规则的产生始于第一个孩子降生。[3] 一些研究表明，在第一个孩子降生后，夫妻两人均有可能出现一些抑郁和易怒的症状。夫妻双方不同的童年经历造就他们不同的子女养育方法，他们在各自所应承担的父母责任方面也存在不同期望。这些差异会引发夫妻之间的矛盾。

第一胎往往会深深影响年轻的妈妈，原因是她们承担的养育任务通常较重。在主动担当起自己职责的同时，妻子也会提高对丈夫关照妻儿的期望。如果丈夫没有做到她心目中的"应该"，妻子会变得非常气恼，甚至会产生抑郁。

而丈夫可能会想当然地认为，自己会像孩子出生前一样得到妻子的关注和支持。如果妻子的付出不如往日，丈夫会认为她在有意拒绝给他应得的关爱。

夫妻双方似乎都在按照一套类似的权利体系行事："我对家庭付出得越来越多，我有权得到与先前同样的关爱和支持。"然而，鉴于怀孕期和产后对身心的各种要求，一般情况下，新手父母通常没有多少资源可以利用和提供支持，因此都有可能产生应有权利被剥夺的感觉。孩子出生之后，原本较为稳定的夫妻关系可能会变得风雨飘摇。

## 应对规则与态度

本节引入了一项问卷，问卷中列述了塑造了夫妻双方对特定情况的反应的各种固定程式。问卷中同时列述了会对夫妻关系带来负面影响的态度。当持有此类态度或坚信此类固定程式时，他们可能会丧失维持双方和谐关系所必需的灵活性。顽固坚持此类态度会造成双方冲突，因而难以相互让步和正常地付出与索取。诺曼·爱泼斯坦（Norman Epstein）、詹姆斯·普雷策（James Pretzer）以及芭芭拉·弗莱明（Barbara Fleming）等心理学家发现，处于痛苦婚姻关系中的夫妻往往会在此类调查问卷中获得高分。[4]

大家不妨填写下列问卷。如果你在婚姻中遇到了一些具体的问题，那么你需要关注一下自己得高分的项目。这些项目可提供一些线索帮助你发现婚姻中的压力点。夫妻双方都参与本问卷会更有帮助，原因是问卷可帮助夫妻根据自己的情绪敏感点进行相互教育和自我调整。要注意，本问卷并非为了给定一个绝对的分数，让你根据分数确定夫妻关系是否存在问题。每个项目的分数仅用于帮助你确定潜在的问题。再重复一遍：高分表明接受问卷调查者可能具有产生负面效果的认识或态度。

## 对两人关系的认识

**说明：** 请在下面15项表述中选出符合自己同意或反对程度的数字（1～7），并在每项表述左边的下划线上填入相应数字。

同意：完全同意（7）很同意（6）有些同意（5）

不同意也不反对（4）

反对：有些反对（3）很反对（2）完全反对（1）

_____ 1. 如果一方对夫妻关系存有疑问，这意味着夫妻关系出现了问题。

_____ 2. 如果对方真的爱我，我们便不会有争吵。

_____ 3. 如果对方真的在乎我，他（她）便会始终爱我。

_____ 4. 如果对方在公共场合朝我发脾气或指责我，这表明他（她）不是真的爱我。

_____ 5. 对方应该知道什么对我来说很重要，不需要我来告诉他（她）。

_____ 6. 如果我真正的需求还要亲口索取，那就没意义了。

_____ 7. 如果对方真的在乎我，他（她）就应该按照我的意愿去做。

_____ 8. 良好的夫妻关系中不应出现任何问题。

_____ 9. 夫妻之间如果真的相爱，就不用花费精力经营感情。

_____ 10. 如果对方做了让我失望的事，我会认为这是因为他（她）在故意伤害我。

_____ 11. 当对方当众反对我的意见时，我会认为这表明他（她）不太在乎我。

_____ 12. 如果对方反驳我，我会认为他（她）不太尊重我。

_____ 13. 如果对方伤害我的感情，我会认为这是因为他（她）很刻薄。

_____ 14. 对方总是想按自己的方式做事。

_____ 15. 对方总是不听我要讲的话。

注：This questionnaire has been adapted in part from the Relationship Belief Inventory of Epstein, Pretzer, and Fleming.

# 第 5 章

## 沟通中的干扰

- "我丈夫像耳聋一样从不听我讲话。"
- "她老是把话题聊死。"
- "我问他一些事情时,他总是采取防备的态度。"
- "她会让任何事情都成为争论的话题。"
- "他很顽固……甚至不会理睬我要说什么。"
- "他真正的心思总是不说出口。"
- "那不是我的意思。"

上面的说法都是夫妻关系出现问题的典型表现。虽然这些说法仅仅反映出双方沟通不畅,但它们同时指出了一些深层次的问题。在沟通方面问题不大的夫妻同样会产生一些严重的误解。这些误解往往会引发沮丧和敌对情绪,从而进一步妨碍双方的沟通。在最糟糕的情况下,简单的交流也会沦为双方竞争、夺权和相互贬低的战场。这不仅无助于找出问题所在和达成谅解,还会演变为恶语伤人;于是原本的争论便会演变为争斗。

## 转弯抹角和语义模糊

每对夫妻都要面临各种大大小小的决策：家庭任务的分配、预算、社交及娱乐活动、居住地点、生育计划、子女养育等。清楚而准确的沟通有助于加快此类决策，表述模糊则会导致决策混乱。

令人担忧的是，原本能说会道的人在向伴侣传达自己想法、愿望和情感时却表现糟糕。一些人在表达自己意愿时让人难以理解。他们表述观点时语义模糊、转弯抹角且不抓重点——单纯指望对方领会他们要表达的意思。其中一方可能会在讨论时废话连篇，另一方则因少言寡语而使问题的探讨难以继续——双方都错误地认为自己在积极促成相互理解。

有时他们仿佛操着不同的语言交流；同样的措辞，发出的信息与接收的信息却截然不同。

考虑到存在上述一些错误的沟通方式，双方都会感到沮丧也就不足为奇了。由于双方都意识不到交流晦涩难懂是自己的原因，所以会相互指责对方愚钝不开窍。

比如，马乔丽希望肯恩能够带她去一家可以俯瞰海湾的热门鸡尾酒餐厅庆祝两人的结婚纪念日。她俏皮地问肯恩："肯恩，今晚想出去喝点酒吗？"疲惫不堪的肯恩并未领会到她问题中的隐含意思。于是他回答说："不，我太累了。"马乔丽大失所望。在感到伤心和失望时，马乔丽这才意识到她并没有向肯恩表达出自己的真正意愿——庆祝一下结婚纪念日。等她清楚地表达出自己的意愿后，肯恩欣然同意出去庆祝。

我们再分析一下建筑师汤姆与儿科医生萨莉之间的对话。这对恋人还没有结婚，正在忙着修缮他们的第一个住所——一幢位于城市中心造型美观的维多利亚式联排别墅。请关注一下他们各自的担忧和疑虑是如何导致双方曲解对方的意思并进而产生语义模糊和误解的。误解会不可避免地产生。在此案例中，一开始的模糊表述引发了一场关于社交决定的争吵。

萨莉：斯科茨夫妇说周四到他们家做客。

汤姆：[表现出伤心的神色]他们邀请了你？[言外之意：只邀请了你，却没邀请我？]

萨莉：[非常恼火]我不是跟你说了嘛。[他在质疑我的诚实。]

汤姆：[很伤心]他们怎么会邀请你？[言外之意：还是只邀请了你，却没邀请我。]

萨莉：[也很伤心]显然他们很喜欢我。[他认为我没那么讨人喜欢，受邀请不是靠我自己的魅力。]

汤姆：好的，去吧。我想你在他们家肯定会玩得开心。[我希望你在那里一点都不开心。]

萨莉：[充满怨恨]我会的。[由于斯科茨夫妇只邀请了我，所以他不想让我去。]

萨莉和汤姆的交谈中明显存在着某种曲解。然而，他们的问题在于措辞而非说话内容。汤姆和萨莉在表述上步调不一致,原因是他们各自出于保护自己的目的而隐瞒一些重要信息,从而导致曲解了对方的话。

首先,萨莉很高兴自己收到了斯科茨夫妇的邀请,因为她觉得自己始终生活在汤姆的阴影之下;她担心别人会一味认为汤姆更招人喜欢,而自己只是"跟屁虫"。她自知,在斯科茨夫妇向她发出邀请时,他们在同时邀请自己和汤姆。但当她将此事告诉汤姆时,她故意传达出一种模糊的信息,因为她担心汤姆会拒绝。

斯科茨夫妇的朋友主要是汤姆,但萨莉也希望被他们喜欢。萨莉担心汤姆会不满斯科茨夫妇给她发邀请而忽略他。为了防止汤姆反对自己前去,萨莉通过这种语焉不详的方式转述了上述信息,导致汤姆误解了自己的话。汤姆因为萨莉炫耀只有自己收到了斯科茨夫妇的邀请而伤心不已。于是,汤姆在询问时着重强调"邀请了你",而不是询问邀请是不是"发给我们"。汤姆强调"你",导致萨莉认为他在怀疑斯科茨夫妇足够喜欢她而邀请她。由于漏掉了斯科茨说话的要点,萨莉脱口而出"我不是跟你说了嘛"来应对这种假想中的质疑。

由于汤姆仍对自己未收到邀请耿耿于怀,他将萨莉的回应理解为对自己的嘲笑,以挖苦性的祝愿"玩得开心"给予回敬。萨莉也不甘示弱,再次戳他痛处,而没有去弄清楚汤姆是否接受邀请。

转弯抹角的明显缺点是它会造成双方的误解。比如,萨莉通常十分担心惹恼汤姆。因此,每次试探时,萨莉都会通过某种说话方式以期引出汤姆的明确答复;基于汤姆的答复,她再考虑是坚持想法还是干脆放弃。

比如，另有一次，萨莉想邀请另一对夫妻来自己家做客。她试探性地开口："不知理查德夫妇最近怎么样？"汤姆并没有听懂她的暗含意思，回答说"我不太清楚"，说完换了谈话的话题。萨莉将他的回答理解为他在暗示不想见理查德夫妇（后来才知道他实际上很乐意招待他们）。

萨莉几次迂回地提出建议但均遭到了拒绝，于是她认为"他不爱交际"并且"从来不想做我想做的事情——他只关注自己的事情。"

后来，萨莉的积怨终于爆发，她埋怨汤姆不爱社交，从来不关注她心里所想。汤姆对此感到一头雾水。当她说自己一直都在告诉他自己的想法时，汤姆非常生气地否认了她的说法，并责备她说："你从来不知道自己真正想要什么，也从不说出口。"萨莉认为他的指责不公平，因为她认为自己在提建议时一贯直截了当。但在汤姆看来，她似乎不能做出明确决定，她自己交代不清楚反而责备他，这不公平。

关系融洽的夫妻通常能够用提示和暗示进行交流，就像萨莉所使用的那样。他们可以通过夫妻间特有的语言和习语传递信息。但当两人的关系出现紧张之后，夫妻间的特有语言不再能"胜任"，还可能造成误解。

## 防卫意识

很多人像萨莉和汤姆一样，为避免被批评或被拒绝，通常会采取模棱两可的表达。他们暗揣心思（比如希望在某些方面证明自己，或者渴望不被拒绝或嘲笑），却让真正的意图含糊不清，这样可能会加深误解。这种防卫意识令传递的信息模糊不清，由此必然导致彼此的误解。

人们担心因表达观点或提出请求遭拒，不禁会提升自己的防卫意识。这种防卫意识不仅导致汤姆与萨莉彼此困惑，还加大了他们解读对方言外之意的难度。

在如下一段对话中，夫妻双方的处境发生了反转，汤姆由强势转为弱势。

汤姆：这周末去我父母家吗？

萨莉：不去了吧，我有好多事情要做。

汤姆：[ 生气 ] 你从来不想去见我妈。

在这段对话中，萨莉根据字面意思去理解汤姆的问题，认为汤姆只是在寻求一些信息而不是提出某种请求。她忽视了汤姆的真正意思："这周末我要去探望父母。"汤姆不愿意直截了当地说出自己的意愿，并在萨莉拒绝之后很气恼并指责了对方。

当然，除了含糊不清的交流方式以及防卫意识等外在表现以外，汤姆和萨莉的关系中存在着更复杂的问题。一方面，萨莉在谈及斯科茨夫妇邀请的对话中包含了她的隐藏问题：她感觉自己在社交方面不如汤姆，因而强烈希望证明她也能受汤姆朋友的欢迎。同时，她具有一定的防卫意识，因为她担心汤姆会贬低她在提升自身形象方面的努力。另一方面，汤姆将萨莉的话理解为她在（通过证明比他更受欢迎）与自己竞争，不禁要"让她摆正自己的位置"。在关于汤姆母亲的对话中，萨莉不理睬汤姆暗含的请求，以此展示自己在两人关系中的强势，这招致汤姆对她的报复。

尽管这些模式会造成两人关系的紧张，但两人羁绊中的某种力量往往足以化解这种紧张关系。汤姆和萨莉的确非常喜欢彼此陪伴；两人恋爱的前几年突出一点：快乐从交谈中来。然而，两人的交流不顺畅导致误解不断升级，反过来两人的交流也会因相互指责而陷入困境。交谈的快乐也因此变味，失去了牵绊的威力。原本比较容易解决的一些小问题，也因为其中一方在"发送信息"时采取迂回和防卫的态度，而另一方在接收信息时充耳不闻，从而成为引发矛盾的根源。

萨莉和汤姆之间存在的问题并不难解决：他们需要习惯使用清楚、直白的谈话方式。尽管这种谈话一开始是在心理疏导师在场的情况下进行的，但他们也可以自行开始这一过程。夫妻可用于改善沟通方式的指南在本书第 14～16 章中均有详述。

## 漏掉信息

良好的沟通不仅意味着将自己的想法传达给对方，还意味着正确理解对方的话语。说话时总是含糊其词、拐弯抹角的人容易令对方要么妄下定论，要么忽视自己说的话。还有些人难以理解伴侣传递的信息，从而误解了所听到的话。

心理学家帕特里夏·诺勒（Patricia Noller）的一项研究指出，婚姻调适能力好的夫妻在沟通理解方面与调适能力弱的夫妻存在巨大差异。婚姻不美满的夫妻在准确解读对方意思方面不如婚姻美满的夫妻。尤其值得注意的是，所有夫妻解读来自陌生人的信息的能力是相同的。[1]

这一研究结果表明，在婚姻之外能很好进行的沟通，在关系紧张的婚姻中有些难以进行。他们之间产生的误解往往并非源自长期缺少与他人沟通，只是因婚姻关系中的障碍而生。

## 独角戏、插话与无言倾听

由于交流双方在时机、停顿、节奏等说话方式方面存在差异，所以沟通中会出现某些问题。在语言学教授黛博拉·坦嫩（Deborah Tannen）描述的一个典型案例中，一位女士非常讨厌自己的一名男性同事，原因是在他们共同主持的一次研讨会上，他一人回答了观众提出的所有问题。她指责对方在故意压制自己，抢尽了台上的风头，不尊重自己的见解。

事实上，这种"压制"是由两人回答问题的时机差异造成。这位女士习惯上比那位男同事留出更长时间才开始回答问题。因此，当她正要回答问题时，这位男同事因时间间隔太长而焦躁和焦虑。为避免出现他所担心的令人不安的沉默以及给观众留下两人都无法回答问题的印象，他会主动发声并回答问题。而这位女同事把他的这种行为理解为带有性别歧视的压制行为。

这种在说话时机和停顿方面的差异也可能在婚姻中带来矛盾。比如，丈夫在说话时停顿了较长时间，于是妻子打断了他的谈话，因为妻子每句话之间停顿较短。于是丈夫变得非常生气，因为他当时还没有中断自己的思绪。事实上，由于妻子的打断，让他一时没有了思路。对此，他可能会责备对方："你总是打断我……你从来不想倾听我的意见。"但他没有意识到，其实对于对方打断自己的行为，完全可以找到一个更加善意的解释。

在说话间隔较短的一方讲话时也会发生类似的问题。妻子表达观点时，可能会时不时留出一些在自己看来合理的停顿给丈夫回应。然而，由于丈夫说话的间隔较长，或许没有意识到这些是插话的时机，从而断定两人的谈话变成了妻子一人的独角戏。

有些人沟通时喜欢滔滔不绝地长篇大论，但效果往往适得其反。他们要么围绕着一个主题谈论，要么向倾听者灌输大量不必要的细节，经常做不到开门见山地说完一个话题。当我向这类人点明这种交谈风格时，他们往往表现出惊讶——因为他们深信自己的交流畅通无阻。

人们对夫妻沟通中的"沉默寡言者"也会有相同的抱怨。常有妻子跟我说："我丈夫从来不认真听我所说的话"，然而她的丈夫能够逐句复述她刚说的话。事实上，她之所以有这样的认识，是因为她的丈夫在倾听时过于安静——在倾听的过程中毫无回应。他在不动声色地关注着对方的谈话，但没有给她点头、打手势、变换面部表情等反馈，也不发出"嗯嗯""呃""请讲"等表明自己在倾听的重要回应。

众多研究表明，男性和女性倾听的方式有所不同。男性一般比较少发出表示自己在倾听的声音，每次发出这些声音时，他们通常在表达"我同意你"的意思。但正如人类学家丹尼尔·马尔茨（Daniel Maltz）和露丝·伯克尔（Ruth Borker）所说，女人会将男人的这些反应理解为"我在听着"。[2] 因此，在发出这类非语言信号上，女性表现得更加慷慨，同时希望收到反馈——因为妻子会认为，尽管丈夫面无表情、小心翼翼地听她讲话，但事实上根本没有关注自己说了什么。

许多人会给这类信号附上某种象征意义，表明"我在倾听""我很欣赏你说的话"或者"我很关注你说的话"，而最终的象征意义可能是"我很在乎你"。相比之下，缺乏这些信号则会传达一些负面的象征意义："我不尊重你"或者"我不在乎你"。

夫妻双方往往意识不到他们对话中这一微妙层面所发挥的威力。但这个方面通过暗含接受、尊重对方以及喜爱，或拒绝、不尊重对方以及敌对等意义，"装点"了他们之间的交流，即使是看似无关紧要的交流。

如果夫妻双方敏锐觉察到这些隐含的意义，失望感就会大大消减。比如，不相匹配的谈话方式可通过共同制订一系列"谈话礼仪规则"好转。一旦确定问题所在，说话停顿时间较长的一方会逐渐懂得如何不因对方打断自己而生气，也会自主训练在遭到打断之后如何重拾思路。同样，打断说话的一方也会逐渐学习判断迫切的评论或发言是否应成为突然插话打断对方的合理原因，还是只能表明自己耐心不足。说话过多的一方可以训练自己说话更简洁，少言寡语的一方则可以训练自己变得开朗健谈。听话时反应冷淡的一方可以在对方说话时多发出一些信号证明自己认真听讲；而另一方也应意识到，对方的沉默未必表明对自己漠不关心。

## 聋点和盲点

如果一方并未在头脑中记下对方通过言语、手势等方式传达的真正意思，他们的交流中就会出现明显的聋点和盲点。这种沟通上的失败会带来相互的抱怨，比如"你不了解我真正需要什么，也不了解我对你有什么要求""你根本不懂我"。存在聋点的夫妻经常连做简单的决定都会遇到困难。尽管双方抱有合作的态度，但由于缺乏有意义的信息交流，他们在一些重要问题（比如职责的划分以及子女的抚养等问题）上很难达成一致意见。

尽管一方的聋点或盲点可能是由自身感觉迟钝造成的，但其原因也往往可以归结为过分敏感和防卫心强。人们可能会屏蔽掉自己不想听到的信息，因为此类信息会指向自己的脆弱点。显然，一些善意的交谈也可能会危及双方的自尊。为了防止自尊心受伤，或遭到对方拒绝，他们会建立起强大的防卫心，而防卫心会妨碍他们看到真正的问题所在。比如，萨莉长期以来有自卑感，而汤姆有敏感的自尊心，这些妨碍了他们之间的沟通与理解。

有时一方完全看不到自己的性格给对方造成的影响。比如，我们可以看一下下面这对夫妻。哈维是一名精明干练、有进取心的律师，但他不知如何将自己的那一套对抗性战术限定在法庭上，反而处处压制妻子史黛丝。史黛丝是一个空巢期的家庭主妇，她结婚后又重新回归学校完成自己的学士学位。在各种社交场合下，哈维屡屡嘲笑史黛丝说的话；两人独处时，他可能会对史黛丝的抱怨不理不睬。史黛丝无法将自己因此而产生的情绪低落告诉给哈维。她偶尔表达自己的情感，哈维也会无视她的抱怨，给她贴上"过度敏感"的标签。另有几次，哈维将史黛丝称作"神经质"并建议她去寻求一些专业的治疗。哈维对自己给妻子带来的痛苦毫不在意。

在两人结婚25年之后，史黛丝终于向哈维摊牌，她无法继续与哈维生活下去，打算和他离婚。史黛丝的举动令哈维震惊不已。哈维没有意识到这些年来，她面对自己的羞辱，承受了多大的痛苦。史黛丝解释说，她之所以这么多年来一直和哈维保持婚姻关系，是因为在等孩子们长大成人，能够更容易承受父母离异的痛苦。既然孩子们现已长大，她不愿意再继续与他生活下去了。

可惜他们没能早点寻求夫妻关系方面的咨询服务，也没有去查阅有关夫妻之间误解及沟通不畅的书籍。他们最终都再婚了。他们的第二段婚姻比较成功，哈维对妻子非常细心，而史黛丝也敢于向丈夫说出自己不喜欢的事情。两人都从上一段婚姻中接受了教训。

## 步调不一致

黛博拉·坦嫩描述了如下案例：桑迪抱怨说马特根本不听她讲话。他问了她一个问题，但还没等她回答，又问了另一个问题——一会儿又开始自问自答。在两人与马特的朋友相处时，其他人说话语速太快，桑迪根本插不上嘴。随后，马特埋怨桑迪一声不吭，但桑迪自己清楚，她在与自己的朋友们相处时不会这样。马特认为桑迪的安静表明她不喜欢他的朋友。但桑迪之所以与他们在一起时感到不自在，是因为她认为马特的朋友没有关注自己，她根本没法融入他们的对话当中。以上是谈话方式差异导致误解、气愤和指责的一个典型案例。[3]

这种误解是如何发生的呢？马特朋友采用的礼仪规则不同于桑迪和她朋友所用的规则。马特的朋友十分健谈，一会儿多人同时说话，一会儿一个人说话，而且他们经常打断彼此的谈话。桑迪和她的朋友则认为这种谈话方式非常粗鲁。她们的礼貌规则要求她们采用相互独立的交流方式，彼此互不压服。正是由于谈话风格的差异，让马特错认为桑迪的安静表明她不喜欢自己的朋友。而在桑迪看来，他们"将我排除在谈话之外"的做法意味着他们认为她对这些话题无话可说。

## 提问用法

提问似乎是开启一段谈话的常见方式。提问的目的不仅是要获取信息，还要获得支持、发现别人的需求、协商以及做出决定。但是，提问可能会带来误解和烦恼。提问显然大有助益，但被提问的一方可能会将提问理解为对自己能力、知识、诚信的质疑。由于我们希望交谈能够凭借自己的力量进行下去，所以问的问题太多、问的问题不恰当等都会给对方传达一种缺乏自信的信息，至少表明缺乏亲和力。

比如,当萨莉向汤姆提问时,汤姆立刻发怒,认为她在挑战自己的诚信,质疑他的能力,或者怀疑他的意图。有些人把提问视作威胁。他们认为提问是一种探查,穿透他们的防线去发现其弱点(类似于牙医用探针探测蛀牙)。事实上,一些夫妻过于深入地试探对方,因为这样可以满足他们自己的情感需求。

比如,曾有一位女士告诉我:"我喜欢看透别人的内心,琢磨他们的心思。我想了解他们的一切。"但当她将此法用在自己的丈夫身上时,她的丈夫认为这是一种无情的拷问,对此非常恼火。

在交谈时,如果一方一直拐弯抹角,另一方可能会选择向对方提问。比如,当偏理性的泰德不太清楚凯伦说话的用意时,他往往会迫使凯伦明确表态。凯伦则会回应说:"你怎么老是盘问我?你总是让我非常被动。"当然,泰德也会因凯伦的抱怨而伤心,因为他只是想弄清楚凯伦说话的意图和意愿,凯伦则认为自己受到了对方的质问。泰德自身的问题是他想彻底搞清楚事情的真相,凯伦的问题在于她总是担心受到对方的施压和控制。

"为什么"的问题可能会产生某种特别的麻烦:这类问题会令人产生防备心。尽管提问者心怀善意,真心希望获得一些信息,但一开口便是"为什么",容易让对方联想到父母责备性地问:"你为什么这么晚才回家"或"你为什么还在看电视"。另外,"为什么"的问题有时会隐含一种不信任甚至怀疑。比如,当马乔丽问肯恩为什么要换烧水壶时,肯恩认为马乔丽不信任他的决策能力——而事实上马乔丽仅是想搞清楚他为什么做这样的决定。

其实，有很多种提问方式可以避免"为什么"字眼，现举两例如下所示。

- "你买了一台新的烧水壶，能否说一下你做这一决定的原因？"
- "你按时回家应该没有问题吧？"

夫妻提问方式的差异可追溯到从小的教养。在一些家庭中，父母会不断要求孩子做出解释，而要解释与给解释似乎成了第二天性。而在另外一些家庭中，要解释与给解释极为少见。在第一类家庭中，一方可能会经常提问，而另一方如果成长在一个少言寡语家庭中，就会不习惯被问问题，也不习惯回答问题。这类人会将对方的问题看作对自己的质疑，或者是对自己隐私的侵犯。

但少提问同样存在危险。从来不向对方提问的夫妻可能会依直觉行事，而直觉在多数情况下不免错判。另外，夫妻两人可能会将对方的沉默寡言理解为对自己不感兴趣。

交谈风格有一点十分重要，它是由后天习得的，假如妨碍有效沟通，可以摈弃。许多人深信自己的交谈风格是自然形成的，但最终发现可以抛掉旧风格，换成更适合自己的风格。

## 性别差异

丹尼尔·马尔茨和露丝·伯克尔汇总的一些调查结果阐明了造成夫妻间存在沟通问题的原因。一种原因是男性与女性往往具有不同的交谈风格。尽管某个人的交谈风格可能会与其配偶基本相同，但多数情况下是风格迥异的，妻子会采取一种由文化确定的"女性化"的交谈风格，丈夫则会采取一种"男性化"的交谈风格。[4]

从性格方面讲，女性在提问上会表现出更强烈的倾向。观察男女交谈可以发现一种问答模式，其中大部分问题是由女性提出。一些研究者认为女性提问的偏好表明，她们在保持人与人之间日常互动方面比较投入。提问表明她们承担了促进并维持顺畅交谈的责任。这种交谈手段也许表明她们人际交往中会更积极参与。[5]

与女性相比，男性较少提问个人问题。他们往往觉得："如果她想告诉我一些事情，不需要我主动提问，她也会告诉我。"而女性可能会想："如果我不主动提问，他会认为我不关心。"对于男性来说，提问代表着主动干预，是对隐私的侵犯；而对女性来说，提问代表着关系亲近，是一种关爱的表达。

女性会以多说话的方式鼓励对方做出回应。正如前面所提到的，她们更有可能用"嗯嗯"等表示在倾听的信号表示自己在关注对方的谈话。男性通常只有在同意妻子的观点时才会做出这样的回应，而妻子的这种回应只是用来表示她在倾听。因此，丈夫可能会将妻子的倾听信号理解为她同意自己的观点。但事后当他发现妻子根本不同意自己的观点时，会感觉自己上了当。他没有意识到妻子仅仅表示她对自己的话感兴趣，以及"保持谈话的良好气氛"。另外，妻子或许会感到自己被忽视因而情绪低落，原因是丈夫一声不吭，这让她解读为丈夫对自己说的话毫无兴趣。

男性更倾向于在整个交谈的过程中不时做出评论，而不是一直等到对方讲完之后再做评论。在讲话被打断或无法让对方对自己的谈话做出回应时，女性似乎会更感困扰，更倾向于做出"默默的抗议"。这种差异是造成许多妻子会抱怨说"我丈夫总是打断我"或者"他从来不倾听我的谈话"的真正原因。此外，女性还会更常用"你"和"我们"等称呼，表示承认另一交谈者的存在。这种交谈风格能够加深夫妻同心。

借助以上调查结果，夫妻可以留意一下丈夫的谈话习惯。首先，正如前面所指出的，男性更有可能打断对方（无论是男性还是女性）的谈话。其次，他们不太可能对对方的意见做出回应；往往不给予任何回应或认可，直到对方说完后才迟迟回应，或者表现出兴致缺缺的样子。再次，他们更有可能对对方的陈述提出质疑或异议，这是丈夫似乎总是爱争辩不休的真正原因。最后，男性更爱发表一些事实或观点。有些妻子对"带权威的口吻"深感厌恶，却没有认识到丈夫的发言或许是男性化风格的体现，而不是一种居高临下。

鉴于男性与女性之间交谈风格的反差，产生冲突的条件已成熟。比如，妻子容易认为丈夫冷漠、有控制欲或反应迟钝，然而丈夫对任何人说话一贯如此，并非针对她。妻子做出的"他从来不倾听我的观点"或"我的任何观点他都不赞同"等判断，反映出的往往是丈夫的说话习惯，而不是对妻子漠不关心或心怀敌意。一旦了解了男性与女性之间的确存在一些差异，且这些差异不是由不诚实、缺乏尊重或缺乏兴趣等造成的，将有助于夫妻双方留意对方的谈话风格，不冒犯对方，并能避免产生误解。

尽管沟通风格存在着上述差异，但毫无疑问夫妻双方可学会通过接受对方的沟通风格来改善亲密关系。鉴于丈夫的说话风格带有重要的象征意义，如果他在倾听妻子讲话时表现得更加积极，少插话或少与妻子争论，便能促进沟通。这也会帮助他更加关注交谈的实质，并认识到表示认真倾听的信号（比如积极的倾听信号或手势）的效果往往不逊色于言辞本身。最后，丈夫必须意识到自己的教条式说话会令对话终止。

## 谈话风格差异的解读

尽管人们容易将谈话风格的差异归因于两性之间权力关系的不均衡，或者两人性格迥异，但其实还有其他解释。大量证据证明这样一种观点：男性和女性在谈话风格上表现得好似来自两种不同的亚文化。马尔茨和伯克尔指出，男性和女性在对和谐交谈观念、交谈的规则以及理解对方语意等方面存在着非常具体的差异。这种社会学方法将交谈中存在的问题理解为来自人们在说话和听话方式上的差异，或者来自他们倾听对方的方式。

## 性别差异的根源

### 女孩世界

马尔茨和伯克尔指出，与男孩之间的友谊相比，女孩之间的友谊在很大程度上是建立在交谈之上的。全面的观察显示，女孩会学着支持别人，让别人开口说话，认同"与其他女孩交谈是维持平等、亲密关系的一种方式"的观点。因此，交谈是女孩之间联系的桥梁和凝聚力。

女孩的友谊关系始于交谈，终于交谈。好朋友彼此分享秘密，而秘密产生羁绊。女孩在谈论爱、恨、焦虑、忧伤等情感时远比男孩放得开。

女孩还要学会在批评其他女孩，与她们争辩问题时，不被认为是"专横"或"刻薄"的表现。她们不像男孩那样喜好发号施令，因为这种行为有悖于她们秉持的平等观念。女孩朋友圈内的联盟瞬息万变，因而女孩们特别注重解读其他女孩的心思。因此，女孩们逐渐熟稔如何臆测动机、察言观色以及解读言外之意。

## 男孩世界

男孩倾向于活跃在组织严密的大型群体中，此类群体非常重视地位和主导权。主导权较低的男孩相应处于群体中较低的地位，并对此感到低人一等。与女孩世界相比，男孩的社交世界通常包含展现自己主导权，努力吸引众人关注。他们的交谈中充斥着诸如"起床""给我拿过来"等命令语，以及"你是个笨蛋"等讥讽言辞。他们还喜欢威胁别人和自夸，比如"如果你不闭嘴，我就狠狠揍你一顿"等。另外，他们通常比女孩更加好辩。

女孩以言辞构建沟通桥梁，而男孩更经常将语言用作彰显主导权的武器或手段。群体中最具威势的男孩未必是外表最有气势者，而是最善言辞者。搬弄是非的男孩经常会遭到嘲讽、质疑和冷言冷语。男孩习惯以贬低的言语和话术"降伏"另一个男孩。

鉴于男孩和女孩在谈话风格上的巨大差异，一个男孩与一个女孩交往（而非与另一个男孩或一群男孩交往）时会产生摩擦便不足为奇了。男孩交谈离不开宣示主导权和竞争力，女孩则寻求亲近和平等。

《家庭圈》（Family Circle）杂志的一项民意测验得出了一些颇有启发性的结果：受访者表示，女性更愿意与其他女性而非男性谈论她们的生活细节。[6]事实上，69%的受访者表示，心情不好时会向自己的女性朋友倾诉，而很少会向自己的丈夫或男朋友倾诉。

## 有关性别差异的小结

男性和女性在谈话风格方面的主要差异似乎来自他们不同的亚文化之间的差异，可总结如下。

- ▶ 女性似乎愿意将提问作为维持对话的一种方式，男性则将提问视作寻求信息。
- ▶ 女性倾向于在谈话对象的说话内容与言外之意之间搭建"桥梁"。
- ▶ 男性通常不遵循这一规则，并经常忽略谈话对象先前提出的评论。
- ▶ 女性似乎会将对方的强势解读为破坏两人关系的攻击行为。男性似乎会将这种强势解读为一种单纯的谈话形式。
- ▶ 女性更可能与别人分享自己的情感和秘密。男性喜欢谈论体育、政治等一些不太亲密的话题。

▶ 女性喜欢与别人谈论问题，分享自己的经历，给予安慰。而男性喜欢倾听女性（以及其他男性）谈论一些寻求明确解决方案而非仅仅是诉苦的问题。

## 不同的谈话含义

谈话意义的变化会使夫妻双方对谈话抱有截然不同的期待。女性往往希望伴侣好似新交的升级版闺密。丈夫倾诉秘密时，她会觉得暖心，乐意成为丈夫的知己，而丈夫隐藏自己的情感时，她会心生不安。

尽管许多丈夫达不到妻子心目中的亲密标准，但事实上他们仍大有可能向妻子倾诉。在我问这些夫妻"你往往会向谁倾诉"时，丈夫们通常会回答说"我的妻子"，妻子们则回答说"我的闺密"。

论及夫妻间的冲突，同样存在性别差异的问题。比如，许多女性采取的态度是"只要我们能谈论婚姻，它就没有问题"；而许多丈夫的观点是"一直挂在嘴边的婚姻有问题"。

谈论问题会令一些人（尤其是丈夫）愈发心烦意乱；他们更倾向于找到一个快速可行的解决方案。但许多人（尤其是妻子）希望能够彻底地讨论一下问题，认为这是一种获得共鸣、亲密感和理解的途径。

人们在回应对方问题的方式上也存在着性别差异。比如，妻子会向丈夫倾诉某一问题，希望获得他的理解和同情。然而，丈夫往往没能给予妻子安慰。相反，他可能摆出"公事公办"的架势，试图为妻子提供切合实际解决方案；指出她可能有歪曲或误解情况的地方；表明她可能反应过度了；建议她将来如何避免这些问题。

  在这些情况下，妻子会感到伤心或者受到轻视。令她气恼的是，丈夫没有意识到她完全知道如何去应对当前情况，只是单纯希望得到他的理解，或者告诉自己他的类似经历。假如丈夫质疑她对当前困境的解读，她会将丈夫的这种反应理解为对自己的批评，暗含自己有问题。相反，她希望丈夫以某种方式向她传达一种信息：她的反应既不奇怪也没毛病。

  夫妻在把握对方叙事要点上也存在偏差。比如，我的一位做律师的朋友，他的妻子在一所美术馆工作，这位朋友抱怨说妻子总是想告诉他一些"关于谁对谁说了些什么的琐碎细节"，而他更想听听关于她经手的美术作品种类、她对这些作品的评价，以及采购策略等具体的业务细节。他希望听到事实陈述，觉得妻子与同事的对话无关紧要。然而对他的妻子来说，自己与美术馆同事的互动构成了她工作的主线。美术作品本身仅占她工作精力的一小部分。她的关注焦点是工作中的人际关系，而她的丈夫却认为这些微不足道，所以习惯对她不理不睬。她之后感到很伤心，因为丈夫仿佛在告诉她，她说的话毫无营养，她的工作岗位无关痛痒，甚至连她也无足轻重。

  谈论自己的工作、政治话题以及体育新闻是丈夫的几大乐事。而每次他一谈论这些话题时，妻子不由觉得他在向自己说教，显示优越感。事实上，我在听到他说话的语气时，能明显感觉到其中的傲慢意味，而他自己浑然不知。（许多丈夫都明显持有这种性别优越感，在妻子开启自己的事业时，这种性别优越感会逐步加深。）在如此形势之下，丈夫需要加强自我意识，认识到向妻子讲述自己工作见闻的重要性。同时，他需要调整一下自己盛气凌人、发号施令的作风，不再评价妻子智力不如自己。

夫妻双方不妨参考以下所列清单，初步判定夫妻间交谈是否存在障碍，结果或许大有助益。在理想的情况下，夫妻双方均应填写清单并比较各自的得分。第一份清单涉及影响思想和信息交流的谈话及倾听方式。第二份清单涉及阻碍正常交流的心理障碍。如果填写完下列清单后想要了解改善交流现状的具体指导方案，你可以直接跳到第14～16章，这三章包含一些解决问题的具体办法。

## 交流方式存在的问题

以下是会引发交流问题行为的清单。请在左面一栏给对方针对自己的行为打分。请使用如下数字表示行为出现的频率：

（0）从不　　（1）极少　　（2）有时　　（3）经常　　（4）一直

请在中间一栏给问题影响自己的程度打分：

（0）毫无影响　　（1）轻微影响　　（2）中度影响　　（3）严重影响

请在右面一栏给自己针对对方的行为打分。伴侣也应完成这份问卷。

|  | 沟通方式 | | |
| --- | --- | --- | --- |
|  | 伴侣对你 | 影响程度 | 你对伴侣 |
| 1. 不愿倾听 | | | |
| 2. 说话太多 | | | |
| 3. 不太说话 | | | |
| 4. 中途打断 | | | |
| 5. 含糊不清 | | | |

(续)

| | 沟通方式 | | |
|---|---|---|---|
| | 伴侣对你 | 影响程度 | 你对伴侣 |
| 6. 从来不开门见山 | | | |
| 7. 不点头或表示同意 | | | |
| 8. 不发出表示倾听的信号（如"嗯嗯"等） | | | |
| 9. 不给对方说话的机会 | | | |
| 10. 不想讨论敏感性话题 | | | |
| 11. 谈论过多敏感性话题 | | | |
| 12. 提太多问题 | | | |
| 13. 不太提问题 | | | |
| 14. 让对方闭嘴 | | | |
| 15. 在生气时主动退出 | | | |

注：本问卷不划定绝对的分数用于表示大家需要注意一下自己的沟通问题。不过，如果你意识到沟通方面出现了问题，它有助于夫妻找出问题的所在并着手改善。请记住，你对伴侣行为的解读可能出错或夸大。

## 沟通中存在的心理问题

**请认真阅读以下表述，并在每项表述左边的下划线上填入表明自己出现相应感受频率的数字（0～4）。伴侣也应完成这份问卷。**

_____ 1. 我在和伴侣谈论自己的问题时会感到拘谨。

_____ 2. 向伴侣倾诉情感对我来说很难。

_____ 3. 我不敢向伴侣提自己的要求。

_____ 4. 我不相信伴侣说的话。

_____ 5. 我担心我要说的话会让伴侣生气。

_____ 6. 伴侣不会把我关心的事情放在心里。

_____ 7. 伴侣以居高临下的态度和我说话。

_____ 8. 伴侣不想倾听我的需求和感受。

_____ 9. 我担心如果向伴侣倾诉情感时,我会情绪失控。

_____ 10. 我担心如果敞开心扉向伴侣倾诉,对方以后会利用这些信息对付我。

_____ 11. 如果我真情流露,我担心以后会后悔说过的话。

注:此清单可帮助重点关注妨碍有效交流的特定心理问题及人际关系问题。后面几章会探讨一些无意识的想法带来的负面影响,并就交流中使用的具体训练技巧提出相应的建议。大家可以从中获得一些线索,帮助自己克服这些障碍。

LOVE IS NEVER ENOUGH

# 夫妻关系的破裂

## 婚姻契约的威胁

为何原本相互关爱的夫妻会爆发激烈的论战呢？在热恋期，双方各自的以自我为中心的本性消逝于彼此的牵挂和认同中。爱情的耀眼光芒融化了双方在性情、兴趣和目标方面的各种分歧，促生出以对方为先、感同身受的情感。

在此期间，夫妻双方一心只想取悦对方。两人悲欢与共，同"甘"共"苦"。为了讨好对方，他们千方百计站在对方的角度。

对一些人来说，自我奉献和牺牲自身利益赢得的回报无疑可以令他们摆脱孤独。对另一些人来说，亲密分享带来的纯粹快乐最为重要，仿佛为归属感和亲密关系付出再高代价也不为过。

由于热恋期内双方的自身利益是紧密相连的，所以他们很少感受到自身利益的牺牲。满足对方各种愿望又让他们收获满满。取悦对方获得的满足感直接加深了双方的感情，而回味对方的快乐又间接巩固了感情。随着感情的不断加深，收起自私自利的动力变得愈发强烈。恋爱中的女性是没有私心的，而且完全出于自愿而非受迫；痴情的男性会为自己的恋人做出牺牲，并以此为乐。

## 从如胶似漆走向分崩离析

奉献式爱情接下来会怎样呢？多种因素都可导致婚后的两人感情变味。有了婚姻作为保障，单身时感到孤独的人不再把这种亲密关系当作消除孤独的良药。夫妻双方会发现各自的需求得不到满足；他们可能决定通过满足自身的需求来改善现状，即便自己的需求与伴侣的需求相反。随着自我奉献带来的满足感逐渐消逝，夫妻双方越来越受到"应该"的驱使去行事，而非出于取悦对方的自愿。一旦夫妻双方感觉自己是被迫优先考虑对方意愿的，双方亲密关系中必要的让步就会成为负担。

当夫妻开始表达自己的意愿和利益冲突时，分歧在所难免。每一方都会将对方的意愿看作其自我中心复燃的表现。双方会逐渐认为对方（而非自己）自私自利、顽固不化和小肚鸡肠。

当然，这种结果不会降临到每一桩婚姻当中。事实上，许多夫妻发现他们的自我中心会随时间逐渐消减并演变为互惠、分享和关爱。但我所治疗的痛苦的夫妻，持续显示出从利他向利己转变。

婚姻关系中的自我中心有一个重要方面，体现为双方看待相同情境时表现出的真正差异。无论何种话题，他们都会透过自己专门的"眼镜"筛选视角，经常造成观点对立。由于人们倾向于将自己的观点视为事实，所以不同的解读在他们看来似乎是不切实际的。

持有不同观点的妻子会被丈夫视作"与我作对的"或者"任性妄为的"。当丈夫持有不同观点时,妻子会认为他"愚蠢"或"幼稚"。

当夫妻一方逼迫另一方接受对某一重要问题(如抚养孩子和家庭财政)的"错误"观点时,这种行为就构成了挑战,双方因此在孰是孰非、以谁的现实看法为准以及谁更有发言权等问题上发生冲突。面对这种挑战,一些人会脱口而出羞辱的话语——"你都不知道自己在说什么"或"你在胡说八道"。另一些人固执己见,拒绝听取对方的意见。正如第14、15章所述,你可以采用一些特殊的技巧来解决这些看法上的分歧,让亲密关系重归于好。

## 自利偏差

一个更加隐蔽的问题是"自利偏差"。人们潜意识中会倾向于在最有利的条件下或者以符合自身利益的方式解读事件。[1]这种自利偏差深深蒙蔽了他们的认知,令他们自以为是地美化了自己在别人眼中甚至在自己眼中的形象。因此,当夫妻争论谁是更称职的配偶或父母、谁为婚姻做的贡献更大、谁做了更大的牺牲等问题时,他们会以能够增加自尊、证明自己道德水平高于对方的方式描述自己在家庭中发挥的作用。

自利偏差拉大了夫妻之间相互理解的距离。此过程中存在着实质上的自欺欺人,需要个人竭尽全力正视自己,剥去伪装,还原别人眼中的自己。在特定情境下,我们为满足自身利益会不自知地选择和拼凑"事实",要认识其中奥妙绝非易事。

随着夫妻双方在观点上的差异变得明显，一方的形象开始扭曲，变成一副仇敌的可怕模样，威慑力十足。于是，即使小小的分歧也会升级为一场争斗。双方会通过一些想法或说辞来诋毁对方，比如"你反驳我就是为了贬低我""你知道啥"或"你真是愚蠢至极"。他们并没有意识到，自己的观点与对方一样存在偏见，自己似乎同样愚笨，同样自私自利。自我中心加上偏狭，容易酿成伤感情的争论不休，而且似乎无解。

　　由于婚姻的结合极具感情色彩，相对于建立其他基本关系（比如生意伙伴关系或亲密友谊），夫妻双方践行婚姻契约目标的难度要大得多。夫妻双方起初一般着迷于对方的一系列特点，如外表、品性、个人魅力、幽默感以及同情心等，而不顾对方以后在两人关系中表现好坏。尽管这些个人特点会进一步巩固两人之间的情感纽带，却与夫妻共同决策、照料婚后生活的日常琐事关系甚微。即使魅力非凡的配偶，也可能欠缺履行婚姻义务所需的技巧。维系婚姻运转至关重要的技巧包括确定问题所在、协商、分配责任等，它们往往与夫妻间最初的相互吸引毫无关系。

　　正常婚姻关系随着必要技巧和恰当态度的缺失而变得脆弱。如果能够完成婚姻中的各项实际目标（如满足日常的生活需求、维持正常的家务、管理家庭财政、抚养孩子等），并且能同时完成各项情感目标（如享受休闲时间、有正常的性生活、能够分享各自的经历等），婚姻关系势必很稳定。所有目标都要求双方有合作精神，能共同规划与决策，合理劳动分工并保证有效持续性。

　　当夫妻二人不擅长以上技巧，又不甚了解相处之道时，他们就有可能出现家庭政策与执行方面的分歧。如果分歧产生的背后充满自我中心、自利偏差以及各不相让,势必形成冲突和敌对。

## 制定标准与评判对方

即使夫妻双方诚心携手合作,对彼此的评判也往往比对生活中其他工作关系中的人更加严苛。考虑到婚姻让人毫无顾虑地放下拘束、自暴弱点,这种严于律人的倾向就显得讽刺意味十足。这些严格的期待通常隐藏在"你应该知道""这很明显"等表述当中。另外,这些隐含的标准其实要求甚高,可以体现在如下发生在罗伯特与他的妻子雪莉之间的一段对话中。罗伯特刚刚给几把椅子刷了漆,而这项家务是雪莉交代给他的。他把油漆刷子直接泡在松节油里面而没有立即清洗干净,惹得雪莉大为恼火。雪莉白天要在日托中心照看小孩忙活一整天,身为银行信贷员的罗伯特本来就比雪莉赚得多,表现出不尊重妻子工作或不屑于帮衬做家务时,容易令雪莉变得心思敏感。

雪莉:你的活儿没有做完。

罗伯特:我给你做得够好了,我给其他人做事也是这样的。

雪莉:[非常生气]但我毕竟不是"其他人"。

倘若是一个油漆工这么浸泡刷子,雪莉或许不会发火,但她认为罗伯特不把刷子清洗干净表明他并没尽心尽责。真正让雪莉感到恼火的不是罗伯特的具体做法,而是他所作所为的象征意义。由于夫妻会将象征意义加诸日常中的过失（比如迟到等），一方会对另一方的迟到"胡思乱想"——"她可能出了什么事"或"如果他真的在乎我的感受，就不会迟到"。这种担心和自我怀疑通常会潜藏在一些"小题大做"的反应背后。

不成文的婚姻契约中包含心照不宣的条款，细细研读一番，你或许能领悟象征意义所带来的影响。与其他众多工作或组织机构中的隐含契约一样，婚姻契约存在关于目标性质以及目标实现程序（如制定政策、分配任务等）的默示协议。婚姻契约除了含糊定义了执行指令的规则和条款外，还包含一套关于夫妻关系属性（如爱、关心、付出、忠诚等）的承诺和期望。婚姻契约实际内容复杂化的原因，是夫妻评判双方的日常表现会依据能否满足契约中情感条款的价值观和期望（"自身利益永远为先"），而不是依据能否达成实际结果。因此，若是油漆工粗心，可能会被说成"疏忽"，而换成夫妻一方，反倒会被指责"不公"或"严重过失"。

重申一遍，许多夫妻会依据自己赋予的象征意义评判对方的行为，而无视行为的实际重要性。因此，我们会听到以下说法，"每个人都有事情要做——如果我丈夫做不好自己的事情，那是因为他在试图逃脱责任"，或者"如果我妻子未尽到自己的职责，那就表明她不在乎我"。

正因为夫妻双方将对方的行为赋予个人意义，所以他们可以容忍旁人的过失，而对彼此的过失往往少了几分宽容。他们可以接受服务人员或同事犯错，却将配偶的过失理解为婚姻关系出现问题的表现。

以婚姻标准评判过失引发出一系列猜忌：他做事有责任心吗？她真的尽力了吗？他有资格这么做吗？如果他做事出现纰漏，那他就是糟糕的人。如果她没有尽力，那就是她的不对。比如，如果丈夫发现妻子遗漏了重要细节，他便会摆出义愤填膺的架势。如果妻子怀疑丈夫在逃避责任，她就会满腔愤怒。

多数夫妻并不能意识到自己是依据道德标准评判对方的。有趣的是，双方父母的评判方式会在潜移默化中影响孩子；夫妻双方也将犯错的配偶看作"糟糕的人"，这与父母看待他们的方式如出一辙，他们也会仿效父母的做法，惩罚对方。

## 无孔不入的象征意义

象征意义、完美主义以及道德评判加剧了夫妻间因沟通不畅、隐含的期望带来的问题。最终，原本在其他关系中可以轻松解决的问题，在婚姻关系中却受到了情感上的阻碍，导致实际问题得不到解决。滋生冲突的根源引发夫妻彼此恼火、相互指责："她不愿意听听我的说法——只是一味地坚持要我按她的方式去做。如果我不听从她，她就会不停地唠叨。"

夫妻每天相处的一举一动会产生各种寓意，潜藏在表面的现实之下。比如，丈夫做家务的好坏由妻子评判，而评判的标准不仅限于家务完成的质量，还有在妻子看来，透过家务丈夫表现出的对她的态度和感情。比如，雪莉在一次夫妻问题咨询中表示自己对罗伯特大为不满。

雪莉：[带着讽刺地说] 罗伯特从来不好好管事。请了人修补房顶，我让他趁人还没走时赶快回家检查一下。他就是不管。他总是这么信任别人。

阿伦（咨询师）：你让他回家但他不回，你当时是怎么想的？

雪莉：他真的不在乎我。他如果在乎我，就会按我说的管一下事情。

罗伯特：她总是烦我，让我做事情。我得按照自己的方式去做。她如果信任我，就不会一直烦我。

雪莉：如果你真的在乎我，就会按我说的去做。

事实上，罗伯特信任那几位修屋顶的工人，但是根据以往的经验，雪莉有理由相信，如果不监工，他们可能会马虎了事。

当夫妻双方赋予同一件事不同的甚至是高度个人化的意义时，就可能产生"象征冲突"。在雪莉看来，如果罗伯特答应按她说的去做，意味着他真的在乎她的感受。但在罗伯特看来，如果雪莉一直对修屋顶的工人的事唠叨不休，意味着雪莉对他缺乏信任，一定要干涉自己的工作。雪莉将服从视作一种正面的象征。但罗伯特的负面回应令她感到无助，产生了一种被抛弃的感觉，而他进一步指责"唠叨不休"，只能加剧她的消极情绪。对于罗伯特来说，按照自己的方式行事而不受外界干扰是一种正面的象征，而被迫违背自己的合理判断是一种负面的象征。当雪莉"干预"罗伯特时，他不仅感受到了妻子的不信任，还感受到了她的控制欲。

雪莉和罗伯特这类人认为，对方特定的行为或者不作为代表着特定的含义，他们带着这种固定思维步入婚姻殿堂，而这种固定思维令他们夸大了特定行为的含意。比如罗伯特和雪莉二人，当一种行为对双方具有相反的象征意义时，冲突可能随之产生。而一旦这种冲突屡屡发生，将削弱两人之间的亲密关系，妨碍他们正常相处。

在这种冲突中，如果双方能够在心平气和时客观分析彼此的感受以及对对方行为的解读，就仍有望找到解决之法。当他们能站在对方的视角看问题时（偶尔会深感意外），象征意义导致的冒犯和拒绝就会被化解，今后再有分歧也能更从容地和解。

倘若雪莉和罗伯特能够设身处地看待两人争论，便能制定出一套行之有效的原则：罗伯特同意在开始一个项目之前对所涉及的方面进行解释，并回答雪莉在此过程中提出的所有问题；雪莉同意提出问题并告知罗伯特该项目的进展情况，但不发号施令。（关于夫妻如何共同解决冲突的更多信息，详见第15、16章。）

## 对家庭角色的不同期望

许多婚姻中分歧的焦点在夫妻对各自的家庭角色有不同期望——作为一名妻子、母亲，作为一名丈夫、父亲分别意味着什么。在家庭收支、子女抚养、社交娱乐活动以及家务分工等方面，夫妻经常各执己见。

双方带着诸多对实际问题和情感问题的预设步入婚姻。这些期望通常形成于早年，受童年经历影响。比如，丈夫会效仿自己的父亲，并期望妻子扮演自己母亲一样的角色。如果丈夫不喜欢自己父母的所作所为，他会试图表现得不同于父亲，或者期望妻子与母亲不同。

在婚姻关系早期，对各种现实问题的期望往往隐藏在爱的光环、对长久幸福的憧憬、兴奋感以及浪漫的梦想背后。结果，夫妻两人从不会坐下处理实际问题，最终以失望收场。两人期望的真正差异大多会在此时浮出水面。

## 冲突的方方面面

在诸多方面，再恩爱的夫妻都有可能出现危及婚姻关系的分歧。接下来选取了几个要求双方携手规划、制定方案及做决定等的常见方面，借此弄清沟通不畅、期望僵化以及无孔不入象征意义是怎样共同作用于干扰婚姻关系的。

要想找出婚姻关系中的症结所在，不妨参考一下本章结尾所列的"夫妻关系问题"清单，可能会有所帮助。清单中包含的各项内容可帮助你们关注一些能够补救的具体问题，而不是一味纠结于含糊的概括，如"我们就是没法好好相处""我们从来没有一起做决定"，或"我们有无法调和的分歧"。

### 共处时光的质量

尽管夫妻常抱怨两人聚少离多，但我经常发现问题更多地出在两人如何共度时光上。虽然激烈的争执会损害亲密关系，但更具破坏性的是在吃饭、聚会或上床时不肯花心思取悦对方。

哈莉特和莱恩是一对夫妻，他们从未开诚布公地讨论过彼此对婚姻的期望；因此，他们没能在陪伴、性生活、社交活动等重要问题上达成一致意见。一旦发生矛盾，两人都会通过埋头工作的方式去回应对方——莱恩是一名整形外科医生，哈莉特是一名平面设计师，还兼任中学美术老师。在婚后的头几年中，他们育有一女，这个阶段两人似乎更有共识。但后来女儿离家上大学，他们之间的关系开始出现裂缝。在第一次感情咨询中，两人重点关注了如下的问题：

莱恩：哈莉特从来不考虑我的感受。她下午上美术课，总是来不及准备好晚餐。她的社交计划中从来没有我朋友的席位。她只邀请自己的朋友，顺便说一下，她的朋友无聊透顶。另外，她从来不想过性生活。

莱恩有自己的一个框架，并试图让哈莉特融入其中。尤其值得一提的是，他曾预先规定妻子应该履行如下的职责。

- 按时为他做好晚餐。
- 为他安排一些娱乐性社交活动。
- 他需要时，配合他过性生活。

现在听一下另一方的说法。

哈莉特：莱恩老是要求按他的方式行事。他知道美术课对我来说很重要，所以我有课时，他本可以等我回家再做饭，或者邀请我出去用餐……在性生活方面他极尽古板。他以为只要钩钩小手指，我就得屁颠屁颠地跑过去。在吃晚饭时他开口宣布，"我们今晚过性生活"，说完继续埋头看报纸。而我喜欢有一些浪漫情调，比如点上蜡烛、播放音乐之类……我请人到家做客，但他对她们百般不满。他之所以生气，是因为她们是我的朋友，但他自己没有朋友。于是我就再也没请人到家做过客。

哈莉特认为丈夫应履行如下几种职责。

▶ 要与她交流，不要一味埋头阅读《华尔街日报》。
▶ 要鼓励她，关心她的课程——比如在她上完课的晚上带她出去用餐。
▶ 考虑她的社交需求。

尽管哈莉特和莱恩正在考虑分居，但他们并未想清楚真正的不满所在；他们从未明确表达过彼此的期望。他们认为两人的婚姻已经不可调和，而这其实是不善表达意愿，以及对彼此抱怨时表达出的愿望缺乏后续行动共同导致的。

如果哈莉特能够对莱恩在早餐时只顾读报而不和她交流的习惯跟他摊牌，两人的矛盾或许会得到缓解。另外，如果她让莱恩了解到她喜欢更具情调式的做爱，他或许会照做。莱恩方面他本可以明确说出自己在社交生活方面的意愿，而不是一味批评指责。

他们之间的问题由来已久，需要专业人士的帮助才能解决。在我的帮助下，他们开始可以站在对方的角度看待问题。为了更有生活的情调，莱恩也同意不在早餐时间看报，他们还安排了在家或去餐厅共进晚餐。此外，他们还合力准备了一份双方想招待的客人名单。虽然这些变化并没让关系变得完美，但的确使他们的关系更融洽。

## 合作分工

许多婚姻会在哪一方应该承担何种家庭义务上矛盾重重，由此陷入夫妻关系的泥淖。随着传统夫妻职责的界限模糊，在确定各自责任上可借鉴的先例越来越少。从传统意义上讲，丈夫的职责是养家糊口，而妻子负责照料家务，照看孩子。当夫妻都要工作时，妻子通常承担了双重责任——上班和家务事。目前流行夫妻分担家务和挣钱，大大强化了夫妻之间的联系，但双方也因此可能因为职责模糊而发生冲突。

在理想的情况下，夫妻分工有助于确保工作顺利完成。但意识不到这个目标的夫妻容易纠结于彼此出多少力。比起公正、平等和互惠等抽象原则，完成工作反倒成了次要的。即使目标实现，夫妻双方仍有可能翻脸，指责对方出力少于自己，都认为对方违反了婚姻契约。

产生上述摩擦的主要根源之一是公平原则。比如，矛盾的双方认为各自做的事情超出了职责范围：他们会在谁去购物、谁刷碗、谁哄孩子睡觉等问题上争论不休。隐藏在这种争吵背后的是加深矛盾的各种态度、担忧和恐惧。

以玛丽安为例，她认为自己在戴维的控制之下默默忍受了多年。在他们婚姻的早期阶段，她完全承担起抚养孩子和料理家务的责任，戴维也在事务所不断精进自己的律师业务，升到了事务所的资深合伙人。然而，玛丽安对于丈夫事业的成功，与其说是自豪，不如说是不安。她感到自己很失败，设想戴维同样如此看待她——至少在一定程度上是这样，因为她母亲就是这么看待她的婚姻的。她相信，在他自称的"庄主"角色中，他有权任意摆布她，而她别无选择，只能服从他的意愿以免惹他发怒。如此一来，玛丽安始终要保证在晚饭时间准备好丈夫想吃的饭菜，丈夫回家后哄好孩子，邀请参与二人社交活动的人是丈夫喜欢的。这种服从的背后潜藏着她深深的恐惧：如果她惹丈夫不高兴，他就会离她而去，留她承担养活自己和孩子的重任。尽管这种恐惧纯属杞人忧天，但她却深信不疑。

等到最小的孩子上了学，玛丽安终于实现了长久以来的愿望——回归校园并取得学位，然后找一份带薪工作。当她开始有了薪水之后，她开始重新审视自己与戴维的关系。她下定决心不再任由丈夫对自己颐指气使。戴维必须同意改变一下他在家庭中的角色，并承担起一部分家务。

结果，戴维没怎么抗拒就接受了自己的新角色。然而，玛丽安却不信任丈夫表面上的顺从，时刻关注丈夫偷懒或作弊的一举一动。她先前对被丈夫支配的感觉被一种"被利用"的感觉所取代——害怕他又会以某种方式不公平地利用她。

她高度警惕着戴维的"作弊行为"，最终令他很不悦。有一天他们举办了一次很大的聚会，结束之后玛丽安让戴维收好草坪上的家具，将客厅和餐室打扫干净，而她自己需要外出一下。戴维答应了。玛丽安返回家中时却发现戴维找了两个孩子帮忙，于是非常生气。

她原以为，戴维答应了就会自己做而不是分给别人。然后她还发现，尽管两个孩子表面上打扫了房间、摆好了家具，但没用吸尘器清理地板，也没有给家具除尘。玛丽安非常恼火；在她看来，这种"疏忽"表明戴维在试图"推卸责任"。于是两人激烈争论着戴维所谓的打扫房子是否可以请孩子帮忙，是否包括用吸尘器清洁地板和给家具除尘。

尽管"清扫"等字眼往往难以定义，但此案例中的真正问题，是玛丽安长久以来对婚后初期受到的不公正待遇心怀怨恨，以及下定决心"不再被占便宜"。对过去的伤害耿耿于怀，对现状又心思敏感，一步步侵蚀着夫妻关系，职责分工反倒显得无关紧要了。玛丽安没有将家务分工看作共同努力，反而当作防止戴维操控她和逃避责任的方式。

在此类案例中，可以利用一些实际的解决方案处理职责分配的问题。心理疏导可以帮助玛丽安不再固执于自己所谓的公正公平，在夫妻关系上更懂变通——从以"我"为中心的思维转向以"我们"为中心的思维。玛丽安必须以新的眼光审视戴维，也就是正视当下的他，不纠结于陈年往事。同时，戴维必须表明诚意，努力承担自己的职责、避免逃避责任。

## 抚养子女

夫妻在抚养孩子上的态度大多形成于早年，参考了自己儿童期的待遇。有些人会以父母为榜样，还有些人会直接摈弃父母的做法。无论采取何种方式，他们都受到了自己成长阶段中正面或负面影响。

弗兰克从父母那里继承了一家社区药店，与妻子玛丽配合默契，将药店经营得很好，但两人在管教十几岁的儿子斯坦上却出现了诸多分歧。玛丽觉得斯坦懒惰、任性且缺乏责任感。她认为斯坦的朋友带坏了他，她不喜欢这些朋友的着装方式以及对待上学的懒散态度。她深信斯坦"潜力巨大"，应该加倍努力学习。斯坦对母亲的苦口婆心以及让他努力学习、结交其他朋友的要求无动于衷。为此，两人经常吵架。

弗兰克对斯坦持有不同的看法。他赞赏斯坦的随性、随和、乐天派以及友善。弗兰克认为斯坦的朋友喜欢玩乐，具有"青春只一度，及时行乐"的态度。不同于玛丽的一味管教，弗兰克赞同放养式教育。他主要担心的是斯坦在社交场合中比较害羞，在成年人面前，尤其在老师面前显得拘谨。

斯坦的父母在管教他的态度上存在分歧，在看待他的行为上也截然不同。这种对子女行为看法上的分歧往往会酿成矛盾。玛丽指责弗兰克无视儿子的问题，称他"甩手掌柜式"父亲。而弗兰克认为玛丽忽视了斯坦的许多优良品质，并且过于独裁。这两个家长在子女教育的问题上走进了死胡同，他们对彼此的看法也变得愈加负面。玛丽认为弗兰克疏于管教且不负责任，弗兰克则认为玛丽专横霸道。

为了解玛丽与弗兰克的僵局，我们必须进一步研究两人的担忧。玛丽的症结在于内心的恐惧，担心她儿子会遇到大麻烦。虽然她没有完全意识到这种恐惧，但她忍不住这样对待自己的儿子，为的是防止所担心的危险降临。斯坦对她的做法不理不睬，加深了玛丽对他的负面看法——不仅柔弱、任性，而且固执、叛逆。在受挫之后，玛丽变得非常生气，对斯坦也更加严格。她千方百计强迫斯坦配合自己，却适得其反——加剧了斯坦的反抗。

原本用心良苦的父母，在纠正孩子身上的问题时用力过猛，反倒容易前功尽弃。我们可以看到玛丽和斯坦的连锁反应：从内心的恐惧到过度管教，再到失望与愤怒。但如何从一开始解释这种恐惧呢？

为了解玛丽的反应，我们需要挖掘一下她的成长史。玛丽的父母脾气随和，任由玛丽逃避学习。玛丽的高中学习成绩不太理想，所以未能升学。她经常反思，如果当时父母能够给她更多压力，她的学习成绩可能会好一些。更糟糕的是，她弟弟在青春期屡屡出现法律问题，先是多次收到交通罚单，随后因持有大量大麻被捕。她责备父母纵容弟弟制造了一系列麻烦，怪他们管教不严。尽管玛丽的弟弟最终走上正途，但每次玛丽去看望弟弟时，总会想起这些陈年家丑。每当这个时候，她总担心斯坦会落得同样的下场，于是决心对他采取严厉的措施。

弗兰克来自不同的家庭背景。他的父母对他管教甚严，因此他坚信，父母严厉的管教促成了他在面对权威时表现出压抑与焦虑。弗兰克年轻时就下定决心，如果他有了儿子，他会以不同的方式对待他；他希望自己的儿子能够自由自在、无拘无束，并决定最好再"尽可能给他更多的空间"。弗兰克主要担心，玛丽过于严厉会逼得儿子步他后尘。

由此可见这对父母的心路历程，从担忧（源自儿童时期的经历）到采取措施减少担忧，最后再到因受挫而愤怒。他们对斯坦的看法受各自的担心影响。玛丽认为斯坦软弱而叛逆；弗兰克认为斯坦软弱而拘束。出于内心的担忧，两人分别秉持权威式和放任式的教子之道。双方因看待孩子的意见不合而怒目相向，由此消极地看待彼此，进一步加剧了在斯坦问题上的分歧。

父母烦恼的另一个常见因素是隐藏的怀疑。比如，妻子会怀疑自己是否是一个好母亲。这种自我怀疑令她产生了自己不是称职母亲的认知。在这种情况下，一旦孩子有行为不当之处，母亲就会产生易怒的过度反应。

隐藏在孩子不良行为和母亲过度反应之间的是另一个因素——自动化思维："他的不良行为是我的错。我没有当好他的妈妈。"在自我怀疑的驱使下，她想自我证明是一个好母亲。她给孩子制定规则是为了提升自己的"好"形象，消除"坏"形象。

在孩子未能遵守规则时，她再次感受到自我怀疑的侵袭，并通过小施惩戒的方式迫使孩子改好。此时，如果丈夫责备她太苛刻，她对"坏母亲"形象的担忧不禁会再度产生，而为了消除这种担忧，她可能会对丈夫实施言行的攻击。

引发相互敌对的经常是父母的担忧，他们担心溺爱或忽视孩子，担心对孩子造成无法弥补的伤害，另外，他们还怀疑自己为人父母是否称职。因此，忧心忡忡的父母如能透过自身的愤怒看到内心的担忧或怀疑，那真是太难能可贵了。揭开内心的担忧会令人稍感解脱；另外，与伴侣探讨担忧有助于评估担忧背后是否另有原因。如有原因，一方可以在伴侣的帮助下，同心协力，采取建设性的行动。

## 性关系

尽管性结合有时被吹捧为婚姻的巅峰,但它常常在泪水中"化为乌有",或在怒发冲冠间"支离破碎"。比如,妻子可能因未能满足丈夫的欲望而感到沮丧。她可能担心自己想要的性生活频率无法取悦丈夫,并可能认为(有时丈夫加深了这种认识)自己性机能不全。同样,丈夫可能担心自己的性能力低于一般水平,妻子会因此轻视他的男子气概。这种担心会导致性功能障碍。

性关系中的问题通常集中于性生活频率、时间以及性爱质量。而以上三者均带有象征意义,并反过来受象征意义影响。夫妻之间经常在性爱的频率以及性爱的时间上产生分歧,这二者具有强烈的象征意义。对丈夫来说,"我想什么时候做爱就什么时候做爱"可能代表着妻子爱着自己,而对妻子来说,"丈夫想做爱时就要配合他"或许代表着丈夫支配或利用着她。当一方索取的频率超过另一方的意愿时,不禁令人想起先前探讨夫妻日常交流时提到的苛刻期望及权利意识。夫妻一方(比如莱恩)可能认为他有权随时要求发生性关系,而他的妻子(哈莉特)则期望丈夫事先表现出温情与柔情。

性爱中经常牵扯着傲慢。妻子对自己女性气质的认知,丈夫对自己男性气质的看法,二者往往受对方的反应牵连。一位妻子常常因自己的示爱屡遭丈夫冷落而伤心不已。她一向以自己的性魅力为傲,而丈夫的冷淡态度在她看来是一种侮辱。一个妻子"性致缺缺",做爱时毫无反应,丈夫对此愤怒不已。对他来说,妻子的这种行为表明他"不是真正的男人"。

额外的意义解读起到双刃剑的作用。亲密之感、全身心包容以及共享鱼水之欢令夫妻兴奋不已；而随着爱意、亲密感和包容的减弱，激情也会逐渐衰退。如果性欲消减伴随着性表现的下降，那么这种象征性信息会被解读为丧失亲密感和爱意，从而形成一种恶性循环：失去亲密感导致性魅力和性满意度降低，而这种降低也进一步破坏亲密关系。

第 18 章将探讨如何应对性生活不和谐的问题。不过，目前夫妻可以思考一下，在两人对性爱的频率、时间或性爱质量感到失望时，是否给对方贴上了"性欲过盛""性冷淡""不体贴""漠不关心"等夸大的标签。当冲突归于平静之后，夫妻双方不妨评价一下这些标签的正确性，同时审视一下"她把性爱当作武器""他一门心思都扑到性爱上"等想法的真实性。

## 预算问题

家庭预算是一个需要夫妻双方同心协力的方面，因为两人在稳定家庭财政上有着共同利益。大家不妨设想一下，由于家庭预算需要夫妻双方协力配合，汇集两人的资源以供基本生活所需，共同分享劳动果实，所以家庭预算或许可以拉近夫妻的关系。但在此需要提醒的是，将夫妻凝聚在一起的力量往往也能将他们拆散。

我在研究夫妻的花钱方式时，常常会在其中感受到双方的权利意识，对公平、控制和竞争的关注，以及其他破坏两人共同活动的象征意义。许多夫妻花费大量时间制定详细的家庭预算，到头来却发现伴侣开始了疯狂的购物！另一方自然是一脸的惊愕和愤怒。当一方（通常是挣钱的主力）试图通过零用钱分配控制另一方时，容易引发这种常见的争执事件；而另一方会通过过度消费的方式反抗对方的控制。

若夫妻双方都没有经济头脑，会出现另一种问题。管理家庭财政如同经营一家小企业，合伙人需要共同预测可支出收入。他们需要一一列出生活必需品支出，并协商决定允许的额外经费（如休闲娱乐、度假等）以及其他额外津贴。

遗憾的是，一方的疯狂消费常常演变成一场相互报复的争斗，最终令预算化为泡影。哈莉特报名参加了价格不菲的系列艺术课程，于是莱恩报复性地订购了一箱窖藏十年的苏格兰威士忌。

夫妻双方需要认识到自己究竟是如何利用预算和开支限制对方、挑衅对方并惩罚对方的。要弄清隐藏在家庭财政权力斗争（罪与罚）背后的意义，他们需要运用一系列技巧，后面几章对此做了详述。

## 姻亲问题

若夫妻一方对原生家庭过于全情投入，可能会造成婚姻关系紧张，另一方会因一方对自己父母或兄弟姐妹的过分关注而心怀不满。曾有一对夫妻前来向我寻求咨询服务。丈夫的父母住所离他们只有几千米远，而妻子的父母每年大半时间都住在佛罗里达的公寓。正是由于这个原因，两人的关系逐渐恶化。妻子海伦做了如下描述。

> 他似乎认为太阳每天都围着他的家人转。他坚持每周日都去他

父母家，却从不问我愿不愿意去。他自认为我愿意去。到他父母家后，他就对我不理不睬，好像我只是一件家具而已。如果我说了什么，他就会瞪着我，好像我在胡扯似的。如果我说不想去他父母家，他就会大发雷霆。

听了海伦和丈夫赫伯特的叙述，我不禁怀疑两人讲的到底是不是同一件事。赫伯特对两人之间的争论给出了截然不同的描述。

海伦从来不愿意去看望我的父母。她怨恨我母亲，每次都要我推她一把她才去。到了我父母家后，她尽挑刻薄的话说。于是，我慢慢学会不去理睬她的话。我处处将海伦放在第一位。我只是想偶尔看看我的父母而已。

这对夫妻都存在隧道视野。两个人都没有站在对方的角度看问题。在做决定上，赫伯特的错误在于，他单方面决定去不去看望他的父母，而海伦错在主观臆测，认为丈夫坚持要看望他的父母，表示她没有他们重要。在意识到海伦的抵触情绪并非出于"泼妇脾性"后，赫伯特高兴了很多。

当然，父母确实可能会给已婚子女带来麻烦。与已婚子女一样，他们也会受到不公正感、以偏概全以及象征性思维的困扰。例如，卡尔年迈的母亲喜欢定期去看望他和盖尔，但她到访时夫妻两人通常都在上班。这时，夫妻中的一人要马上回家给她开门并好生安顿，这件事对卡尔的母亲具有重要的象征意义。尽管从现实角度讲，她自己进屋原本也是一件易事，但由于象征意义，她将"得自己进屋"解读为"没人在乎她"，而这种抱怨让卡尔和盖尔既内疚又生气。

象征的隐藏威力由此可见一斑：当一个人仓促得出极具个人感情色彩、以偏概全的结论时，表明此人极其重视的象征性期望遭到了破坏。

卡尔母亲的问题确实制造了卡尔与盖尔之间的矛盾：应该由谁回家给她开门呢？卡尔坚持认为应该是盖尔，因为她的日程安排更容易调整。盖尔坚称应该是卡尔，因为那是他的母亲。

从个人观点来看，两人都没有错；但作为夫妻，仅以个人观点处事势必无助于问题的解决。为了夫妻和谐，两人都需要关照彼此的想法。所以，最终决定可以结合双方共同的看法，以此权衡特定行动的优缺点，因为夫妻的一举一动往往影响的是整体而非个人。盖尔是一名房地产经纪人，她比较容易抽时间回家几分钟，而卡尔是一家大型医学实验室的实验员，很难有空闲时间。既然盖尔更容易抽开身，让她回家不失为这种情况的解决办法之一。但是，偶尔也不妨让卡尔跑一趟。

一旦夫妻双方因此类问题产生摩擦，由此带来的个人牺牲和麻烦远好过烦恼和关系受损。

下面的清单详细列述了夫妻间需要协调的一些重要领域。如果你们在如下领域存在问题，此清单可帮助你们找到具体的分歧点和弱点，从而让你们能够将一般抱怨转化为可解决的具体问题。你们还可以将此清单作为评分卡，记录两人关系的改善情况。

## 夫妻关系问题

请在左面一栏按照发生频率按以下各项打分。

（0）从不　　（1）极少　　（2）有时　　（3）经常　　（4）一直

请在右面一栏给自己认为存在问题的项目打钩。

### 做决定

在需要探讨问题或者做决定时：

|  |  | 存在问题 |
|---|---|---|
| _____ 1. | 我们意见不一致。 |  |
| _____ 2. | 伴侣很生气。 |  |
| _____ 3. | 我很生气。 |  |
| _____ 4. | 我做出了让步。 |  |
| _____ 5. | 伴侣做出了让步。 |  |
| _____ 6. | 我们互不让步。 |  |
| _____ 7. | 我做决定。 |  |
| _____ 8. | 伴侣做决定。 |  |
| _____ 9. | 我回避做决定。 |  |
| _____ 10. | 我感到受伤。 |  |
| _____ 11. | 伴侣感到受伤。 |  |
| _____ 12. | 我们因一些小事争吵。 |  |

### 家庭财政

|  |  | 存在问题 |
|---|---|---|
| _____ 1. | 伴侣花钱过度。 |  |
| _____ 2. | 伴侣不怎么花钱。 |  |
| _____ 3. | 伴侣舍不得我花钱。 |  |

（续）

|  |  | 存在问题 |
|---|---|---|
| ____ 4. | 我们不规划每月开支。 |  |
| ____ 5. | 我们没有约定要省钱。 |  |
| ____ 6. | 我们不清楚钱花在什么地方了。 |  |
| ____ 7. | 伴侣隐瞒债务和钱的去向。 |  |
| ____ 8. | 我们没有约定花钱重点。 |  |
| ____ 9. | 我们花钱不计后果。 |  |

**性关系**

|  |  | 存在问题 |
|---|---|---|
| ____ 1. | 伴侣比我性欲强。 |  |
| ____ 2. | 伴侣比我性欲弱。 |  |
| ____ 3. | 我觉得难以和伴侣谈论性的话题。 |  |
| ____ 4. | 我们之间的性关系不和谐。 |  |
| ____ 5. | 我不愿意表现得充满爱意，因为伴侣会自作多情。 |  |
| ____ 6. | 我们的性爱偏好不同。 |  |
| ____ 7. | 伴侣用性爱来控制或惩罚我。 |  |
| ____ 8. | 伴侣性欲太强。 |  |
| ____ 9. | 伴侣对我的性欲不敏感。 |  |
| ____ 10. | 我们在避孕方面意见不统一。 |  |

**娱乐休闲活动**

|  |  | 存在问题 |
|---|---|---|
| ____ 1. | 我们很少共度休闲时光。 |  |
| ____ 2. | 伴侣在自己的休闲娱乐活动上花了太多的时间。 |  |
| ____ 3. | 伴侣没有时间和精力参与休闲活动。 |  |
| ____ 4. | 伴侣不喜欢和我一起参与娱乐活动。 |  |
| ____ 5. | 我感觉被迫做一些自己不愿做的事情。 |  |

(续)

|  |  | 存在问题 |
|---|---|---|
| ____ 6. | 我们喜欢的活动不一样。 |  |
| ____ 7. | 伴侣缺少娱乐兴趣或业余爱好。 |  |
| ____ 8. | 我们的共处娱乐时光与独处娱乐时光不均衡。 |  |
| ____ 9. | 伴侣在工作与娱乐上找不到平衡。 |  |
| ____ 10. | 我们对什么是快乐时光的看法不一致。 |  |

LOVE IS NEVER ENOUGH

## 未说出口的想法：风暴中心

- 一个妻子看到自己的丈夫提前下班回家非常生气。在丈夫热情地和她打招呼时,她却怒视丈夫。
- 当妻子告诉丈夫她已将他逾期未还的书还回了图书馆时,丈夫非常恼火。
- 当丈夫在朋友面前夸赞妻子如何做得一手好菜时,妻子却对丈夫大发雷霆。

在以上各个情况中,夫妻一方的正面表现却招致另一方的不快,究竟是何原因?发怒的一方对自己的反应也感到莫名其妙,而另一方更是一头雾水——他们本以为会得到对方的赞赏,结果却换来批评。原先生气的夫妻接受了认知疗法后,知道了如何去解读事件中的象征意义。细细回忆一下,他们都可以回想起自己当时对对方的善意举动的想法。但这些想法在脑海中一闪而过,当时未接受过训练的他们,根本无法及时察觉。

- 丈夫早下班回家时妻子会想:"他为什么要回家这么早?难道

他想监视我吗?"

- 妻子将书归还图书馆时丈夫会想:"她是在令我难堪。她想证明她处理事情比我周到。"
- 在丈夫夸耀妻子有一手好厨艺时妻子会想:"他为什么要炫耀我的厨艺?朋友们一定会觉得他是有意为我讨夸呢。"

当我们开始监控这些转瞬即逝的想法时,原本令人迷惑不解的反应就会变得清晰起来。一旦能够捕捉到自己的自动化思维(内心的独白),便能更深入理解自己是如何反应的,以及为何会做出过度反应。

乍看之下,导致我们做出愤怒、焦虑、伤心等反应的直接原因是对方的行为。我们会说(或至少会想),"是你惹我生气的"或"是你让我心烦的",但这些说法并不完全准确。唯一有道理的地方是,如果对方不那么做,我们也就不会产生特定的情绪(愤怒、焦虑、伤心等)。但对对方行为的回应具体取决于我们的解读。我们的情绪反应来源于我们自己的解读,而不是这种行为本身。

如果我们不先解读所发生的事情,就容易犯糊涂。比如,举拳这一举动在不同的情况下会有不同的解读:意味着威胁、号召团结或成功。我们解读这一举动的方式,会赋予它或恰当或不当的意义。然而,由于偏见、心不在焉、疲劳等因素会影响解读,我们很容易误解对方的意图,做出不恰当的,甚至是破坏性的回应。这些误解在一些亲密的关系中尤为普遍。

然而,如果注意自己的自动化思维,我们可以及时发现自己的一些错误解读。一旦我们做好了认识这些想法的思想准备，便可以正视它们，并在意识到它们不是真实情况时及时纠正。

由于不自觉地贴标签的行为是瞬间完成的，所以妻子或许只意识到丈夫惹自己生气，产生的或许只是一种稍纵即逝的厌烦印象。随后的批评倒不是因为丈夫确实"触怒"到她，而是她对此事的反应——她想要回击的意愿胜过了回击的理由。要搞清"触怒"的真正意义，她需要查明自己当时的自动化解读。

要了解导致自己生气的原因，只要捕捉到自动化思维，往往一切就清楚了，因为自动化思维反映了事件对自己的真正意义。比如，第7章列出了一系列自动化思维，其共性是一方感到在某些方面受到了不公正对待。

- 丈夫明显的查岗行为令家庭主妇感到压抑。
- 在还书事件中，丈夫因妻子令自己难堪而觉得委屈。
- 妻子认为丈夫夸赞她的厨艺是在贬低自己其他方面的能力，因而非常生气。

在对这些夫妻进行心理治疗的过程中，我们偶尔会发现，相对明显的自动化思维并不能还原事情的全貌：引发愤怒另有他因，即上文所说的"隐忧"，而其中通常会涉及一种引发焦虑或伤心等痛苦感觉的威胁。

随着一股挥之不去的、怀有敌意的想法来袭，原先深藏内心的想法，连同随之而来的伤心或焦虑等感受，迅速被取而代之。在前面的各项例子中，一方的气愤念头（"难道他想监视我吗"）取代了原先焦虑的想法（"他肯定会因为屋里一团糟而责备我"）。我将这种未说出口的想法称作"威胁想法"，它潜藏于每一个一闪而过且充斥着愤怒的念头背后。在未经过自我训练的情况下，人们往往会忽视这个想法，但它恰恰是放下愤怒的关键。

- 第一位妻子的受威胁想法是："他看到我今天还没有做家务，肯定会责备我。"
- 丈夫的受威胁想法是："她不相信我，所以她自己亲自去还书。"
- 第二位妻子最初的受威胁想法是："朋友们会认为我丈夫觉得我除了厨艺好以外一无是处。"

现实情况与第二层思维（愤怒）和第一层思维（威胁）的关系总结如下。

| 引发愤怒的现实情况 | 第二层明显的自动化思维（愤怒） | 第一层微妙的自动化思维（恐惧） |
|---|---|---|
| 丈夫提早下班回家 | 难道他想监视我吗 | 他肯定会因为屋里一团糟而责备我 |
| 妻子去图书馆还书 | 她是在令我难堪 | 她不相信我 |
| 丈夫夸赞妻子的厨艺 | 他是在替我讨夸 | 朋友们会认为我唯一拿得出手的只有厨艺 |

上述现实情况存在一个共性：这些丈夫和妻子深信，一旦某些弱点（不论是真实的还是幻想的）曝光，自己的公众形象将会受到威胁；这些假想的威胁让他们感到痛苦，因而产生受到委屈的想法，迫切想要惩罚对方。

借助"填空"法，你通常可以判定自动化思维：留意当下的愤怒，然后回想从事情发生到发怒之间自己想了些什么就像电视上球赛的镜头即时重播功能一样。

自动化思维可能以文字、图像或两者兼有的形式呈现。在等待凯伦时，泰德不自觉地想，"她可能出事了"，头脑中浮现出她在车祸中丧生的画面。凯伦知道自己已经迟到后，想象泰德气得满脸通红，瞪大双眼，冲着她吼叫。

自动化思维类似于弗洛伊德所说的"前意识"思维。阿尔伯特·艾利斯称之为"内言"。自动化思维是一种处在意识边缘的短暂冲动。它来势迅猛，促使人行动起来，但它稍纵即逝，又让人难以捉摸。人们一旦怒火燃起并准备回击，那股煽动情绪的短暂自动化思维便会被抛到脑后，满脑子只想着回击。

自动化思维的内容通常具有浓缩性，因此，"他想让我在众人面前出丑"等想法可能会被浓缩为一种简约的表达式："想让我在……出丑"。然而，人一旦捕捉到自己的自动化思维，就能重新组织整个句子，而这些自动化思维构成了一段又一段内心独白。

马丁是一个身材魁梧、充满自信的人（他大学期间曾是足球明星）。他非常容易被妻子以及同事的怠慢惹恼，也很难理解和控制自己突如其来的愤怒。有一次，他莫名地突然发火，但后来几次，他能够捕捉到自己愤怒背后的想法：表明他已经学会了"填空"法。每次马丁莫名其妙感到生气时，都通过回想捕捉到了当时的自动化思维。

有一次，他和妻子梅勒妮争论要给两个上大学的孩子多大经济支持，在争吵过后，他主动向妻子示好，妻子却毫无反应，于是他开始大发雷霆。他当时的自动化（第一层）思维是"她在和我冷战"。想到这里，他伤心了一会儿，随后解读了妻子的动机："她是在惩罚我"（第二层思维）。把这种怀有敌意的动机加在妻子身上后，他不禁暗自恼怒。

还有一次，梅勒妮出门前没有留字条。马丁先是伤心，继而愤怒，想要埋怨她。他当时痛苦的自动化思维是"她不在乎我"，但马上被"她不体谅人"的想法取代，于是他心生怒气。

另有一次，马丁正和一群朋友们谈话，梅勒妮突然打断了马丁，马丁立时就生气了。他当时第一层痛苦的自动化思维是"她认为我的话没有营养"，而他的第二层愤怒的自动化思维是"她总是要让我闭嘴。她想要当众令我难堪"。

在以上各例中，他妻子的行为与他情绪爆发之间有一系列想法的干预。然而，马丁在认清自己的第一层自动化思维和第二层自动化思维之后，真正明白了自己生气的原因。在婚姻关系中存在误解时，做到这一点尤为重要，因为想法错误或不恰当时，需要被及时纠正；而当想法得到纠正之后，由此引发的怒气便会消散。

当然，由于自动化思维来势迅猛，所以缺少心理准备的话可能无法捕捉到它们。你在认准了自动化思维后，乍看会觉得它们似乎颇有道理。只有在开始审视证据之后，才能判断出它们是小题大做、有失偏颇甚至大错特错，还是合情合理、符合事实。在多数情况下，人们一开始会假定自己瞬间的想法是正当合理的，因而不愿意自我质疑。但随着怒气渐消，多了一丝理解后，深思熟虑过的他们会意识到自己的自动化思维具有误导性。

幸运的是，马丁决定去找梅勒妮核实自己的自动化思维。他所了解的情况令他顿时醒悟。

- 他发现，妻子之所以对他的主动示好毫无反应（他所谓的"冷战"），是因为她当时哽咽得说不出话。
- 他发现，妻子的第二次"触怒"：忘记留字条其实情有可原：她的赴约时间已晚，只能仓促离家。
- 他发现，梅勒妮打断他的谈话是为了换一个话题，而不是为了让他闭嘴——他无意中谈到了一个敏感话题，让一个在场的朋友不高兴了。

借助这种附加信息，马丁每次都能认识到自己的愤怒毫无道理，完全是建立在误解之上。然而，如果他没有先认出自己的自动化思维，就无法意识到自己的错误。即使马丁知晓自己在当时情况下发火是不恰当的，他也只会对此表示道歉，而无法了解自己发火的真正原因——他自己那一瞬间的感受和想法。如果马丁无法认准自己的自动化思维，在将来遇到类似情况时，他仍容易被不理智的愤怒情绪左右。

夫妻在交流时，几乎都会产生自动化思维，继而影响他们说话的内容和方式。即便未表达出来，自动化思维仍会影响到说话语气、面部表情以及姿态。大家思考一下下面的对话及伴随的内心独白。

|  | 自动化思维 | 语言表达 | 非语言表达 |
|---|---|---|---|
| 马丁 | 她太纵容孩子了。他们搅得我心烦 | 亲爱的，你不觉得孩子们可以安静一些吗 | 尖锐的语调 |
| 梅勒妮 | 他又来了，总是抱怨这抱怨那的（感到生气） | 孩子们玩得正开心呢。反正他们快要上床睡觉了 | 紧绷的面部肌肉 |

(续)

| | 自动化思维 | 语言表达 | 非语言表达 |
|---|---|---|---|
| 马丁 | 她什么事情都跟我唱反调。我最好自己动手（感到生气） | 要我现在送他们上床睡觉吗 | 提高嗓门，握紧拳头 |
| 梅勒妮 | 他快发疯了。他会伤害到孩子们。我最好做出让步（感到受挫） | 不用，我马上让他们去睡觉 | 全身无力 |

在本例中，夫妻双方看似在礼貌地交谈，但内心的想法表明两人之间其实存在摩擦。梅勒妮正确解读出了马丁生气的信号，并最终决定安抚他。相比言辞，姿态、面部表情和语气等非语言信号更能准确反映出他们的自动化思维。自动化思维能够反映出信息的"隐性内容"，即深藏内心的想法，而实际言辞只是"显性内容"。比如，尽管梅勒妮善用措辞，但她会下意识地想到马丁对她的批评，之后感到恐惧，再之后是屈服，这种思想变化反映在她的感受和肌张力（从绷紧到无力）上。

## 暗自怀疑

另一次，马丁和梅勒妮正在交谈，梅勒妮突然转变话题，马丁因此感到生气。但他发现自己陷入了一连串自动化思维中，比如"她总是这样对我。我这次不能放过她。她无权这样对待我"。

相比梅勒妮实际的"触怒"，马丁的生气显得有些过激。经过回想，马丁意识到了先于批评想法出现的（第一层）自动化思维："她对我说的话不感兴趣。她感觉我很无聊。"同时，马丁明确了在产生这种想法之后随即出现的情绪：伤心，而非愤怒。他的批评（第二层）想法紧随而来，并抹去了伤心的情绪；马丁仍心存不满，他会继续因为梅勒妮所谓的"冒犯举动"责怪她。

马丁曾怀疑自己表达能力不足；梅勒妮表面上的冷漠和对他所说的话不耐烦，触动了马丁的那一丝质疑。他痛苦地体会到了自己无聊和不善社交，然而，他的这种思绪快速消退，转而聚焦于妻子的"冒犯行为"。

夫妻之间如果能不再纠结于另一半的"不公正"或"不正当"，转而关注一开始掩藏的伤心感受，将可以减轻大多数的过度反应。他们可能会意识到，自己的愤怒不是因为对方的不当行为，而是因为自己的敏感。他们会因此少一点冲动，多一点有益的回应，而不是一味地责怪。

另有一个常见的情形能够解释痛苦如何引发愤怒，它的起因是夫妻一方怀疑自己的能力。以麦克和苏的故事为例。他们是一对善良的年轻夫妻，两人的成长背景不同——麦克出生于爱尔兰工薪阶层家庭，男性都是高中学历的警察和消防员，而苏出生于清教徒家庭，家人都是大学毕业生，这种成长背景的差异导致两人经常发生矛盾。

麦克与苏发生争执，苏对他颐指气使，并"吓唬"他。他一开始一心想着自己的自卑和弱点。当他转而责备苏时，他的悲伤也相应地转为气愤。

| 自动化思维 | 感受 |
| --- | --- |
| 1. 我为什么是这样一个怂包呢？总是让她占据上风。她的话总是比我多，还威胁我说，如果我开口说话，她就会离我而去 | 悲伤 |
| 2. 她就是个泼妇 | 愤怒 |

有时，人的内心深藏着内疚感，而催生这种感受的往往是自责。让我们再看一下当苏指责麦克对孩子过于严厉时，麦克的心理活动是怎样的。

| 自动化思维 | 感受 |
| --- | --- |
| 1. 她或许是对的，我可能对孩子们太严厉了 | 内疚 |
| 2. 她为什么总是让我心里不舒服？她总是挑我的刺 | 悲伤 |
| 3. 她正在破坏我和孩子的关系 | 愤怒 |

另一种深藏内心的常见想法可以激起愤怒，它的显性表现形式是对另一半的指责："你没有责任心。你不在乎我。"尽管这类想法针对的是另一半，但在此之前的想法往往针对的是自己。后者一般属于"自责"或"杞人忧天"的想法。

例如，辛迪和恋人杰夫去参加一个社交聚会。在聚会上，她对杰夫越来越生气，连她自己都感到莫名其妙，后来她还当众指责杰夫。以下的心理活动说明了她一开始的自责（"是我不够好吗"）是如何产生痛苦的，又是如何将痛苦转移为对杰夫的责怪和愤怒。

| 自动化思维 | 感受 |
| --- | --- |
| 1. 没有人注意到我。是我不够好吗？我为什么不能像杰夫那样受欢迎？他和每个人都相处得很愉快 | 悲伤 |
| 2. 没有人对我感兴趣 | 悲伤加深 |
| 3. 他应该关注我 | 愤怒 |
| 4. 他从来不关注我 | 愤怒加深 |

辛迪根本注意不到一开始的自动化思维。她短暂地悲伤了一会儿，愤怒涌上心头后挥之不去。对杰夫的强烈愤怒和敌意，掩盖了她一开始的"心灵创伤"。后来与杰夫的争执也没有消减她的愤怒，

让她不再指责杰夫，因为这没有触及她内心痛苦的根源："没有人对我感兴趣"。

经过练习"填空"法，认出内心深藏的想法会变得更容易。够警觉的话，你还应能够找准批评想法出现前的悲伤想法。本书第13章将更充分地探讨发现自动化思维的方法。另外，我会教你如何纠正这些想法，从而缓解或消除随之而来的悲伤及愤怒情绪。

## 对自己以及配偶产生怀疑的根源

人们内心的怀疑，一部分源自父母曾讲述的规则（"应该"和"不应该"），一部分源自对父母相处方式的记忆。他们将记忆中的父母视作榜样，期望自己以及配偶都能够效仿。

如果另一半没能效仿父母，他们会感到失望、痛心以及气愤。如果他们自己没能达到父母的标准，心中便会充满自我怀疑以及负罪感。以一对很年轻就结婚的夫妻为例，他们难以摆脱父母树立的榜样影响。比如，温迪采纳了自己母亲的建议——"妻子的职责是照顾好丈夫"。这种传统模式影响了她与丈夫哈尔的相处方式。温迪没能遵守这项规则时，就会感到自己不称职，自责不已。

哈尔的父母却有着不同的态度。他的父亲强调完美主义，因此哈尔形成了"我总是做不好事情"的信念。另外，哈尔的母亲喜欢贬低男人，这进一步加深了哈尔的不安全感："男人什么事情都做不好，弱小无能。"一旦出现问题，这些信念会给哈尔带来严重的自我怀疑。

两人争吵是迟早的事。一次,温迪注意到哈尔工作了一天后满脸倦容。

温迪:(如果我照顾不好他,我就很失败。)亲爱的,你工作太辛苦了。

哈尔:(我不称职,不够关心她,所以她在抱怨。)你从不会肯定我。我什么都做不好。我总是什么都做不好。你总是对我不满意。[神色和语气透着沮丧]

温迪:(或许我做错什么事情了。或许我不应该和他搭话。我应该安慰一下他。)你应该看到自己好的方面。你做到了养家糊口。你还一直忙里忙外。你做得很好。你一直都是一个好丈夫。

哈尔:(她在讽刺我。)你为什么要嘲笑我!

温迪:(他在冲我发脾气。他根本就是无理取闹。他可能是疯了。于是主动退缩并开始呜咽。)

哈尔:(感到很内疚。我搞砸了。)哎呀,你怎么又哭了!

温迪:(感到很内疚。是我错了。我不应该烦他,我也在尽量不去烦他。我感觉自己很失败。)

一方面,温迪认为自己破坏了母亲的"别让丈夫心烦"的建议,心中满是懊悔和担忧。另一方面,哈尔一心想要以父亲的完美主义标准要求自己,妻子的不安让他觉得自己很失败。

## 暗含的"应该"规则

人们很少直接说出"(你)应该……",但它往往会反映在自动化思维中。人们真正说出口的是"应该……"的结果——抱怨、训斥与责备。不妨看一下在马克与萨拉的一次争吵中,这种心理机制是如何运作的。

马克下班回到家,迎来的是萨拉接二连三的抱怨,说她当天上班多么辛苦。马克心情不错,当天他给就职的广播电台接了一份新的广告业务,一心想着将这个好消息告诉萨拉。他内心期待着"在我把这个好消息告诉萨拉时,她会很高兴"。然而,萨拉的老板在与客户打交道时犯了错,却将问题怪在她身上,她当时正被自己的烦心事所困扰。

| | 内心想法 | 语言表达 |
| --- | --- | --- |
| 萨拉 | (我本就不应该有此麻烦的。马克应该听我倾诉,同情我的遭遇。) | 今天的工作糟透了 |
| 马克 | (我不应该承担萨拉的心理负担。她无权将负担强加在我身上。萨拉应该在我回家时高高兴兴的。她总是毁掉我一天的好心情。) | 我们就不能谈些别的事情吗 |
| 萨拉 | (我在情绪低落时应该能够和我的丈夫谈心。他应该对我表示支持。) | 你从来不想倾听我的麻烦。你只喜欢告诉我你的麻烦 |
| 马克 | (我不应该忍受她对我的指责。) | 你所做的都是些怨妇般的哀叹。如果你不能应付自己的工作,为什么不干脆辞职呢 |
| 萨拉 | (他无权生我的气并指责我。) | 你总是在我遇到问题的时候贬低我。你总是以自我为中心,不愿意倾听别人说的话 |
| 马克 | (她无权攻击我。我无法忍受她这样做。) | 你再这样暴躁,我就走了。[于是就出门了] |

上述左边一栏的"应该"和"权利"并未被说出口,而是自动化思维,是头脑中出现的攻击信号。从头脑中闪现出另一半负面形象的一瞬间,攻击就已经开始。这促使萨拉和马克说出他们认为问题的原因,也就是对方的行为。被冒犯的一方对自己心中对方的形象感到愤怒,但攻击的却是现实中的人。

萨拉的攻击是对马克的一种惩罚,在她的设想中,马克不愿倾听是一种不支持她的过错,但她攻击的对象其实是马克的负面形象。然而,因此感受到痛苦的却是那个只想改变一下话题的"现实中"的马克。马克根本不知道萨拉为什么攻击他,萨拉也不知道马克到底在烦什么;但是,马克一反击,加深了他在萨拉心中没有同情心、以自我为中心的形象。

萨拉和马克坚信,他们隐含的需求(马克:"倾听我的好消息";萨拉:"倾听我的坏消息")既明显又合理。因此,他们认为对方漠视自己的需求(实际演变为交流后的敌视)毫无道理。但他们没有意识到的是,自己隐含的需求其实是自己坚持认为需要对方满足的隐形要求,但两人都未亲口说出。一旦这些要求遭到了"无理"拒绝,两人便会在头脑中想象对方的负面形象,并筛选似乎可以印证负面形象的负面证据。下一章将探讨各种扭曲的思维,比如以偏概全、负面归因、"灾难化"等。

即使夫妻双方原本一片好意,但想法闷在心头却可能毁掉这片好意,进而产生令双方生气的误解。许多夫妻之所以产生矛盾,是因为自己隐含的期望受挫。他们未意识到问题的真正根源,故而将自己的不适归咎于对方的负面品质,而不是未能如自己所愿。内心的失望会让他们对对方产生一些负面的想法（比如，"她要破坏我的好心情""他应该支持一下我"），不禁产生责骂对方的冲动。一方的攻击会引起另一方的反击，从而加深了一方在另一方心目中的负面形象。

如果马克和萨拉退一步想问题，意识到两人之间"步调不一致"，他们便有可能避免进一步的冲突，并一如既往地给予对方支持。通过自我应对内心的失望，他们原本可以先后告诉对方自己的好消息和坏消息。马克本可以听完萨拉的倾诉，而不是刻意转变话题。萨拉本可以克制一下责骂马克的冲动，而马克可以重新审视一下反击的想法。如果在上述几个关键时刻及时干预，便能掐灭恶性连锁反应的苗头。然而，事实上他们任由自身的"应该……"规则和"权利遭到侵犯"的委屈感"煽风点火"。

马克和萨拉在朋友眼中既善良又富有同情心。每当朋友想要分享自己成功的喜悦或麻烦的困扰时，马克和萨拉都显得非常宽容、变通和耐心，而一到他们彼此互动时，这些优点就大打折扣。夫妻两人认为，只要自己想倾诉，对方就理所应当随时倾听，完全不顾及对方当下的感受，而一旦意愿受挫，他们就容易变得固执、偏狭和焦躁。

# 第8章
## LOVE IS NEVER ENOUGH

# 内心的诡计

弗朗西斯：我忍受不了我的丈夫。我一定要和他离婚……他逼迫我按照他的意愿行事。现在他的弟弟和弟媳要到我家来做客。我还得尽心尽力招待他们。

朋友：你可以跟他说一个字——不！

弗朗西斯：我做不到……他会让我的生活很痛苦。

朋友：你刚不是说怎么都要和他离婚的吗？那还有什么可损失的呢？你说你要么彻底屈服，要么跟他离婚。难道没有其他折中的办法吗？

弗朗西斯：没有。

弗朗西斯的回答中透露出一种非此即彼的两极化思维，这在问题婚姻中屡见不鲜。上面的夫妻，丈夫是销售员，妻子是教师。自从丈夫六年内经历了两次工作调动，他们的婚姻就开始出现问题。在看待事情上，他们是一种非此即彼的眼光：不是最好，就是最坏，没有好坏参半。对待双方之间的矛盾，两人的方式出奇一致：要么轻松解决，要么无法解决。比如，即便弗朗西斯的朋友给她提出合理的解决方法，她也无力思考。

这种极端的思维方式让许多夫妻夸大其词，悲观看待彼此以及婚姻。不能准确评判婚姻中出现的问题给他们带来很多麻烦。而正是对这些看似棘手的问题放任不管，助长了他们内心的无助以及愤怒，进一步阻挠他们尽力解决问题。

乍看起来，弗朗西斯似乎在故意夸大自己的困境——或许她能从自己营造的"走投无路"中得到一丝畸形的满足感。但情况并非如此。夫妻双方掉入了思维的陷阱，表现为处理信息时思维会不自觉扭曲，不管主观上是否有意。

思维问题与智商无关。在处理家庭以外的人际关系时，或者在解决工作中的棘手问题时，有些夫妻能够表现出较高的智商水平，但在婚姻生活中，面对要求、威胁或挫折的压力，他们又会回到最原始的、错误的思维中。当然，扭曲的思维本身只会让人更加沮丧。

当身处亲密关系的人体会到愤怒、惊恐、失望等极端情绪时，他们很可能会走极端。由于我们思考问题大多数都发生在具有特定象征意义的情况下，因此回顾那些可能导致象征解释或误解的情况将会对我们有所帮助。激烈的反应来源于正常思维过程的扭曲：两极化思维、读心、以偏概全。

## 象征意义如何扭曲我们的思维

在感知生命中重要方面（如健康、安全和亲密关系）的威胁时，有些人容易犯典型的思维错误。比如，他们会对家人的小病小题大做——他们会告诉自己说，家人会病得愈发严重甚至死亡。有些人会夸大未按时支付账单的不良后果——他们担心会破产。还有些人在配偶生气时变得不安，因为他们会想象两人的关系走向终结。

由于人会赋予此类情境大量象征意义，所以他们会认为自己处在一个生死攸关的境地。这种认知助长了弗朗西斯案例中所展现的绝对思维。

让我们再回顾一下泰德坚持认为凯伦应永远守时的案例。对泰德来说，守时近似于一种信仰。虽然凯伦只让泰德多等了几分钟，但泰德仍感十分气愤。他心中隐隐产生一种被抛弃的恐惧感。凯伦的迟到加深了他的恐惧感，他担忧凯伦发生什么不测，并留他独自一人。凯伦的迟到带给了泰德另一层象征意义：未准时足见她不够在乎他的感受。于是，凯伦一出现，泰德马上发怒，怪她让自己产生无谓的担心。

凯伦无法理解泰德为何对守时如此执着。她认为他这是在限制自己的行动自由；简而言之，泰德的严苛要求对她有一种象征意义。即使凯伦决定迁就他，也难免对他心怀怨恨。泰德执着于守时所附有的意义在凯伦心头挥之不去：一个丈夫在对妻子实施不公正的控制。于是，原本对多数夫妻而言是小事一件，但由于多了一层象征意义，却被泰德和凯伦极度夸大、变相歪曲，最终变成大麻烦。

在许多情况下，夫妻中的一方出现有象征意义的反应，另一方非常容易察觉到蛛丝马迹：在特定情境下容易情绪爆发、小题大做，固执坚持自己违反正常逻辑的解读。一旦夫妻双方了解到这一点，他们就能考虑彼此的敏感点。比如，在知道泰德的担忧之后，凯伦会加倍努力做到守时，同时不再认为自己是在牺牲行动自由。

经过一定的努力，人们可以在应对夸大象征意义时做到有所觉察，从而采取相应措施避免极端反应。但要改变心理习惯，让象征性情境失去触发极端反应的威力，夫妻双方需要付出大量的时间，还需要坚持不懈的精神。

比如，泰德必须意识到，凯伦每次迟到时，他总担心她遭遇不测是不妥的。但经过理性、逻辑分析自己的担心，他成功消除了无端担心，将凯伦的迟到看作她的性格使然，而不是一种满不在乎的表现。而从凯伦的角度，她能理解争取守时并不意味着泰德限制了她的自由，或她被泰德所控制。随着泰德和凯伦能够领悟象征意义，他们的思维变得更加理性，过度反应的次数也相应减少。他们做到这点并非完全依靠自己的力量：他们经过多次心理疏导才走上了正轨。

## 扩散因素

随着婚姻中的痛苦不断累积，夫妻心中纠结的怨气开始扩散开来。原先丈夫只会对妻子的插话或指责感到生气，而现在妻子的一举一动几乎都令他恼怒甚至暴怒。在回应妻子的问候方式、饭菜样式以及社交活动上，丈夫也表现出消极负面、非黑即白的思维方式。家庭琐事、家庭财政、性生活以及休闲娱乐等家庭问题成为冲突产生的根源。以往这几方面的问题通过双方商讨即可解决，但如今经过夸大，要么引发无法解决问题的激烈争吵，要么各退一步，又或者两者兼而有之。

随着负面效应逐步扩散，夫妻双方看待彼此的视角也在发生变化。凯伦起初认为泰德关心、体贴，后来认为他刻薄、不懂得体贴；泰德起初认为凯伦性格活泼、富有爱心且通情达理，后来认为她我行我素、不理不睬。

一旦夫妻双方纠结于象征意义，便会引发一系列新的问题。两人对不美满婚姻的现状过度解读。他们会"小题大做"，夸张预测；他们会"往坏处想"，放大自己的痛苦或者无法忍受挫败感。结果，妻子一皱眉，丈夫就会想："她不尊重我——从来没有尊重过，今后也不会尊重。这令我无法容忍。"

在真正受到威胁时，调动一切思维活动的确有帮助，可以让人集中注意力，全心应对威胁。然而在通常情况下，尤其是在婚姻关系中，这种思维过程可能会引起麻烦。头脑的功能是在面对真正的危险时能够进入紧急运转状态（不妨想象一下敌后突击队，他们透过每个人的一举一动观察潜在危险的威胁）。但遗憾的是，当危险并非实实在在，而是具有象征意义时，人的头脑同样会进入紧急模式。当夫妻双方心怀怨恨时，他们开始表现得如同身处敌人地盘，他们对彼此的看法也会因此改变。

这种改变并非刻意的主观意愿行为。夫妻双方的危机感自动触发了原始的心理活动，从而表现出高度警觉、好斗的态度，而不去理会威胁是真实的还是只具有象征意义。

然而，尽管夫妻两人在思维上发生了重大转变，但他们仍能够重新调整自己的想法，宣布思想上的停战。但这需要他们先识别自己的自动化思维和认识，以确定自己认识的错误性。思想机制的运转在某种程度上就像恒温器；经过矫正后，它会趋向于回归中位。负面的偏见和一触即发的扭曲会随之逐渐消失。

## 典型认知扭曲的范例

导致婚姻关系复杂化的心理陷阱种类繁多，不胜枚举。认知扭曲往往是在瞬间不自觉产生的，而且短短时间内产量惊人。关系紧张的夫妻容易受以下扭曲的困扰。

### 1. 隧道视野

具有隧道视野的人只会看到合乎自己态度或心态的事物，对不称心的视而不见。比如，他们会抓住一个小小的细节，当作解读整个事件的依据，其他的重要细节则被删除或贬低。

比如，一对夫妻决定携12岁的女儿一起前往两人曾经度蜜月的酒店，共同庆祝结婚15周年纪念日。他们一路上交谈甚欢，但后来在转弯问题上发生了分歧。分歧又升级为全方位的争论，一方指责对方成事不足，另一方指责对方霸道专横。

尽管后半段旅程风平浪静，但回到家几天后，两人再次发生口角。夫妻双方均认为，经过"一路上的争吵"，即使是在故地体验二次蜜月的喜庆氛围里，两人也没办法好好相处了。令他们吃惊的是，女儿指出来，路上的争吵时间还不到他们共处时间的1%，吵完之后他们又和好如初了。当他们几天后吵架时回想起那次旅程，那段美好的时光竟然被他们从记忆中消除了!

关系紧张的夫妻一旦出现隧道视野，将无法看到或想起婚姻中的美好，眼中只剩下阴暗面。所以，在他们思考两人的关系时，浮现出的记忆经过了预先筛选，带有负面倾向。这种偏向的回忆极有可能产生于夫妻吵架过程中。

同样，夫妻陷入婚姻苦恼时，很难回忆起欢乐的时光，回首往事，他们只能看到一串不愉快的事情。一旦婚姻关系好转，拾起那些湮没于愤怒中的美好回忆变得较为容易。

从关系紧张的婚姻中，我有时会发现，丈夫在妻子身上看不到任何一个值得肯定的行为，而中立的旁观者却能看到她的支持、关心与热情。另外，爱抱怨的妻子会回想起丈夫无数次的指责、打击、侮辱或控制，却忘了丈夫善待她的次数。

对于一些神经敏感的人来说，认知扭曲已经融入了他们的性格，于是不论他们是否生气，批评、指责和贬低他人已是他们的惯用手段。受婚姻困扰的夫妻可能会沉迷于曲解配偶而无法自拔。婚姻中的这种隧道视野一开始只在一方生气时才会出现，但随着愤怒逐步加深，它开始变成一种常态。

### 2. 断章取义

与隧道视野相关的另一种扭曲是通过断章取义得出一种错误的解读。

比如，一个妻子向她的朋友讲述自己去医院生第四胎的经历。她讲到一件趣事，当时仿佛一切都不对劲。这件事恰巧发生在一个风雪之夜；道路被大雪封堵；他们去取车时，发现车胎瘪了；他们去打的时，出租车司机迷了路；他们最终到达医院时，所有的实习医生和住院医生都忙得不可开交，而主治产科医生也因为暴风雪而无法前往医院。这位妻子最后笑着说："尽管意外重重，但这恰恰是我最顺利的一次分娩。"

她的丈夫只关注了她讲述中的一个点，据此推断她实际上是在责怪他，因为是"他让车胎没了气"。丈夫紧紧抓住这一细节，却忽略了这件趣事的重点，并就此得出结论，这一结论引发了他对妻子的无端愤怒。

夫妻不见得一定会陷于断章取义或隧道视野的困境之中。只需稍做努力，他们就可以在关注事情上做到更加全面，不忽视婚姻中的美好一面。有一对夫妻发现，当双方开始每天将两人共度的美好时光一一记录时，他们能够追忆更多美好时光。他们每周都会回顾一下积极的事情。两人都惊讶地"发现"，他们竟然度过了如此多的欢乐时光。

### 3. 任意推断

人有时会带有过分强烈的偏见，无缘无故地做出不利的判断。比如，妻子无意间听到丈夫在隔壁屋里唱歌，于是想："他这样做就是为了刺激我。"事实上，丈夫唱歌不过是因为心情好罢了。

还有一次，她坐在餐桌旁一言不发。她丈夫想："她什么话都不说，肯定是在生我的气。"事实上，妻子平时生气时总是会毫不掩饰地让丈夫知道，她那次碰巧是在沉思。

**4. 以偏概全**

最令人讨厌，也最顽固不化的思维扭曲之一是以偏概全——"他从来不相信我是个有头脑的人""她总是贬低我"。尽管这种绝对化的表述在旁观者看来过于牵强，但对于怒火中烧的配偶来说，这些表述似乎是合情合理的，因为他们会从一件事或几件事中得出结论，认为自己的行为合乎情理（当然，恋人处在痴情期时，同样会热衷于以偏概全）。负面判断会导致不利的以偏概全。因此，偶尔下班迟回家的丈夫在妻子看来可能总是回家很晚。反过来，妻子偶尔会耽误做晚餐，他会指责她"从来没有按时准备好晚饭"。

以偏概全的现象在沮丧的夫妻间尤为普遍，他们会有"你从来不爱我""你从来不在乎我的感受""你总是对我很差"等想法。有时，负面思维会令人对婚姻产生虚无主义式结论："情况永远不会好转""婚姻已死""我们丝毫没有共同之处""我总是不快乐"。有时，负面思维会针对自己："我是个失败的家长／丈夫／妻子。"表明以偏概全的关键词主要是极端式词汇，如"从来不""总是""全部""每个""没有一个"，从上述的案例中可以看出。

若婚姻关系紧张，以偏概全、绝对化的言语将带来巨大的影响。比如，一直努力取悦妻子的丈夫出了差错，忘了做妻子让他去做的事情。于是妻子责骂他："你从来不帮我做事。"丈夫感觉受了委屈，心想："我做什么她都觉得不够好。我永远无法让她满意。"

**5. 两极化思维**

即使在婚姻关系融洽的夫妻当中，走极端的"全或无"思维也是非常普遍的。与多数认知扭曲一样，两极化的想法尽管当时令人信服，但通常会在不久之后消失，不会产生持续的负面影响。然而，深陷困扰的夫妻有着根深蒂固的非此即彼想法，他们对彼此的感受以及行为方式深受这种想法的影响。

比如，在本章开头讲述的事件中，弗朗西斯一开始传达出了她的想法——她没办法向丈夫明说他给自己强加了各种义务，于是得出她注定要成为丈夫和家庭的奴隶这一结论："我忍受不了我的丈夫。我一定要和他离婚……他逼迫我按照他的意愿行事。现在他的弟弟和弟媳要到我家来做客。我还得尽心尽力招待他们。"

于是，弗朗西斯头脑中产生了非此即彼的想法："我要么彻底屈服，要么跟他离婚。"一想到只能在这两个讨厌的选项中二选一，她不禁感到沮丧、气愤和难过：一方面，屈服会让人沮丧和气愤；另一方面，大发脾气会导致离婚。

弗朗西斯为什么不考虑第三个选项——她朋友建议的说"不"？面对压力，人在思考复杂问题时容易落入预先挖好的"陷阱"。这种"陷阱"的"解脱之法"简单明了：要么放弃挣扎要么设法爬出，要么抗争要么逃避，要么呐喊要么闭嘴。弗朗西斯受困于这几个极端选项还有另一个原因：她从来没有学着去向丈夫主张自己的权利，因此无法将拒绝丈夫作为一个可行选项。在婚姻咨询中，她需要自我肯定方面的帮助。

非此即彼选择的背后，隐藏着过分单纯的"陷阱式"思维，它将问题分为两类：事物非好即坏，非黑即白，要么可能要么不可能，要么合意要么不合意。按照这种思维模式，算不上好人的人就是坏人；如果不够开心，那就是不幸福；如果不够能干，那就是无能。完美主义包括这种类型的两极化思维方式。比如，如果一场表演是不完美的，那么它就是破绽百出的。在这种非黑即白的思维模式中，不存在中间点，即不存在灰色地带。

从某种程度上说，两极化思维是童年遗留下来的一种典型的类型思维模式。[1]这种思维似乎潜藏于类似电脑程序的思想方案之中。一旦矛盾激发，这个程序便会随之激活，并左右一方看待另一方的方式。尽管问题夫妻在思考婚姻以外的问题上仍能保持清醒的头脑，但在处理婚姻问题时，会陷入非黑即白的思维定势。他们的两极化思维导致刻板僵化，这恰恰解释了矛盾夫妻难以和解的原因：没有中间地带。

### 6. 夸大其词

夸大其词是一种思维倾向，它要么放大另一人的优良或卑劣品性，要么通过夸大某一事件后果的严重性来小题大做。

当某种威胁性情境看似失控时，往往会引发这种灾难性思维。比如，当妻子购置圣诞节礼物超出预算时，丈夫会很生气。丈夫想象妻子进行了一连串的疯狂购物，最终导致家庭破产，于是非常严肃地告诉妻子："长此下去我们只能靠救济生活了。"夫妻中一方一旦爆发强烈而失控的情绪，往往会令另一方产生灾难性思维。梅勒妮说："在马克乱发脾气时，我会感到非常恐惧——我担心他会攻击我或者攻击孩子们。"事后反思这种恐惧时，她意识到它是多么牵强：他在生活中从未打过任何人。但在梅勒妮的成长阶段，她注意到父亲在生气时往往会殴打她的母亲或兄弟姐妹。于是，她便将言语间的愤怒与实际的肢体暴力联系起来。

  灾难性思维往往很微妙，它经常潜藏在引发愤怒的内心恐惧之中。按照通常的顺序，夫妻一方先体会到关于婚姻的灾难性恐惧，然后通过精神攻击另一方来迅速转移注意力。比如，丈夫因妻子向他撒谎而感到困扰。他头脑中闪现出一个想法——"我现在再也不相信她了"，并突发一阵焦虑。紧接着，他的脑中会一直回荡一个声音："她欺骗了我，她真是一个糟糕的人！"怒火涌上他的心头，他一遍遍地思考着用不同方式去谴责她。

  这种"灾难化"思维与阿尔伯特·埃利斯所称的"糟糕化"思维存在关联。有些事件会被归为"糟糕透顶"或者"可怕至极"，但事实上它的严重性不过一般而已。丈夫可能会想："我妻子总是挑我的刺，这太糟糕了。"而妻子可能会想："丈夫总是与我意见相左，这太可怕了。"还有人可能会想："伴侣生我的气，这太糟糕了。"

  人们往往会让自己的情绪"恶化"。他们可能会想，"我无法容忍这种愤怒""我无法忍受总是心情沮丧"，或者"我无法忍受总是受辱"。埃利斯将此类反应称为"挫折耐受力低"。

### 7. 偏见解读

  对配偶行为进行不利解读是一种消极归因，它会导致婚姻中常见的一种思维问题。不自觉地假定配偶的行为隐藏着卑鄙的动机，体现出一种更为普遍的归因（不论是积极还是消极）模式；一旦获悉事因，令人感觉事情变得更加可测、可控。这种可测和可控无形中增加了人的安全感。如果知道自己要期待什么，我们便可提前做好准备，更好地去处理事情，在需要的时候还可以做好预防。

在不幸福的婚姻中，当处于苦恼中的夫妻寻找自己失望与沮丧的原因时，难免想到一些负面的，甚至是恶意的动机或讨厌的性格，也会据此解释另一半的"冒犯"行为。比如，深陷困扰的妻子会在丈夫忘记关照一些细节时责备他，并将他的小错归咎于粗心大意。苦恼的丈夫会将婚姻中的问题归咎于自己的妻子，认为是她性格中的深层缺陷造成的。妻子会想："这完全是因为他的粗心大意。"丈夫则会告诉自己："这是因为她性格有缺陷。"

几项调查研究的结果显示，在同一种情况下，比起别人，处于苦恼中的夫妻更倾向于对配偶做出负面归因。[2] 当夫妻双方一直寻找彼此的不良动机，特别是恶意时，他们的关系就出现了问题。并不是说婚姻中不会存在阴险的动机，而是说问题婚姻中的夫妻通常会更加频繁、更加不分青红皂白地归咎于对方。

### 8. 负面标签

贴负面标签源自怀有偏见的归因。比如，当妻子对丈夫的言行做出负面解读时，她可能会给他贴上一个标签。于是，某一次行为变成了"不负责任"，冒犯的一方变成了"卑鄙的家伙"或"霸凌者"。随后，遭到冒犯的妻子会针对她贴到丈夫身上的标签做出相应行动，就好像这些标签是客观事实一样（就好像称他"霸凌者"就代表他真的是霸凌者）。一旦走向极端，贴负面标签将演变成"妖魔化"。在妻子的眼中，丈夫几乎变成了头上长角的怪物。

### 9. 个人情绪化

许多人会习惯性地认为别人的行为都是在针对自己。以我诊治的一名男子为例，他总是觉得其他司机都是在捉弄自己，车速忽快忽慢，又忽而超车，这一切就是要惹恼他。他对妻子也有类似的心理反应。如果妻子比他先下班回到家，那么她就是在故意做给他看，证明她对孩子们的照顾更多。如果她回家比他晚，那么她就是在表现自己工作更努力。他根本不考虑除了和他比拼之外，别人行为中的其他原因。他的思维方式似乎遵照这样一种理念："生活就是一场我与他人之间的斗争。不论发生什么，都是别人在以某种方式针对我。"

### 10. 读心

有些夫妻坚信自己可以判断出另一半心里的想法，这种情况在前几章中已有所阐述。一旦有了这种信念，他们就会落入一个陷阱，将卑鄙的想法和动机加在对方身上。虽然有时他们的读心准确无误，但他们更容易猜错，从而影响亲密关系。

正如前文所述，思维偏差的产生，是因为夫妻一方预期另一方拥有"读心术"："我妻子应该知道我不喜欢吃贝类"，或者"我丈夫应该知道我想要他去看望我的父母"。

### 11. 主观推理

主观推理是这样一种认识：我强烈感受到了某种情绪，所以它肯定事出有因。"情绪推理"是由戴维·伯恩斯博士定义的相关概念，它指出，一个人的负面情绪是由别人造成的。比如，"如果我感到焦虑，那是因为伴侣待我刻薄。如果我感到伤心，这表示伴侣不喜欢我。"[3] 此类思维错误中的几种由过度承担责任引起的。若妻子要独自承担家庭幸福的全部责任，她可能会满腔愤怒，私下里会责怪丈夫没有达到她对他肩负家庭重担的期望。

## 认知扭曲发挥作用

以一位丈夫为例，他的内心充满敌意，为前文所述的各种思维错误制造了一片沃土。早上一醒来，他就做好准备迎接"事情出错"和"他人犯错"（负面期望）。他会对妻子做好的早饭保持警惕。他会检查咖啡的温度以确保冷热适宜；他会对麦片的口味或鸡蛋的质地提出质疑，试图找到没做好饭的证据。当妻子的表现不能达到他的标准（完美主义）时，他就会提出批评。他处处挑妻子的缺点、弱点和错误（过度警觉）。如果出现一些问题，他会将责任推给妻子（负面归因）。他会产生"她从来做不好事情"（以偏概全）的想法，并认为"这太糟糕了"（夸大其词），或者"整个婚姻将成为泡影"（灾难化）。如果妻子对别人说了一番批评的话，他会认为"她其实是在暗指我"（个人情绪化）。

丈夫晚上回到家时，他回顾的只有一天来的挫折、不顺和失望，只字不提让人高兴的事情（选择性回忆）。另外，他只关注家中一些烦人的事情，如噪音、孩子们不合文法的语言或不守规矩的行为、妻子"不完美的"家务等，对妻子带来的友善与热情却视而不见（隧道视野）。

孩子们在家吵闹时，他会想，"他们从来不知道什么时候停下来"（以偏概全），并直接将责任推给妻子。他认为"她不知道如何去管教孩子"（负面归因）。他根据妻子的性格解释婚姻中存在的所有问题："她就是太软弱无能了"（负面标签）。

这个毛病缠身的丈夫在思维上存在很多扭曲，这些扭曲会使他以敌对的态度向配偶施加痛苦。我们都曾沦为这种扭曲思维的受害者，而苦恼的夫妻尤其容易遭遇这些问题。他们的隐患一部分源于长期关系紧张的累积效应，一部分源于两人性格上的拧巴，还有一部分源于日常生活中感情摩擦和一次次协商诱发的不可避免的冲突。

心理扭曲可以被看作是对基本生存策略的误用。因此，过度警觉和隧道视野在某种紧急情况下能够派上用场，但可能会破坏正常的婚姻关系。若一件烦心事造成了实际伤害，追根溯源的做法是有用的，但也容易经过扭曲变成找碴、指责和无理取闹。如果一方每次遭遇挫折或对配偶感到失望都指责对方，而不是采取补救措施，那么夫妻之间的情感就会被腐蚀。

接下来以一对苦恼中的夫妻为例。露丝对杰里极为不满，她过度警觉，时刻关注着丈夫，观察他是否做了乃至想了一些事情来激怒她。她抓住丈夫一切代表不端的言行（断章取义）。她将这种行为解读为一种冒犯（任意推断）和一种针对她的做法（个人情绪化），表明"他故意激怒我"（读心）。她还认为"他从来做不好事情"（以偏概全），"他完全不顾及他人，是一个卑鄙的家伙"（负面归因）。在思考长远后果时，她会认为"情况会越变越糟"（灾难化），"这太糟糕了，我无法容忍这种状况"（糟糕化）。

尽管内心的诡计在控制我们的内心时显得威力巨大，但它们并非不可改变。通过正确的方法和努力，夫妻双方能够改变这些思维方式，破除它们对婚姻下的魔咒。第13章详细描述了一些方法，读者可借助这些方法摆脱认知扭曲的影响。

# 生死搏斗

不妨想象一下一对雄鹿摆好阵势准备搏斗的场景，它们狠跺鹿蹄，大声冲对方咆哮，两眼圆睁，然后迎头相撞。将这一场景与争吵中的夫妻相比较。他们紧握拳头，龇牙咧嘴，唾沫横飞，身体摆出进攻的姿势。一切准备就绪。虽然他们并未扼住对方的喉咙，但从他们的肌肉紧绷程度不难看出，他们的肢体已被全面调动了起来，似乎要开展一场生死搏斗。

虽然敌对双方并未互殴，但他们其实通过眼神、面部表情、语气以及愤怒的话语发起进攻。冷酷的目光、撇起的嘴唇和轻蔑的吼叫——这些都是保存在他们"军火库"中的武器，随时用于部署。在战斗进入白热化阶段，夫妻会像蛇那样嘶嘶作声，像狮子那样大声吼叫，像鸟儿那样尖声喊叫。

## 带刺的信息

怒瞪、低吼以及哼声是发起进攻的信号，即使对方在传达一些明显无害的言辞,或者甚至一言不发。在动物世界中,这样的信号用来警告对手要退避,或者逼迫对手投降。

威胁性语气、语速和音量堪比"锐利的刀锋",可能比口头表达的字面意思更具挑衅和伤人意味。不足为奇的是,相比说话的内容,人们往往会对说话的语气,做出更加强烈的反应。通过眼睛、面部和肢体表达出的非文字信息更加原始,通常也更加有说服力。我们不妨看一看这段夫妻之间的谈话。

汤姆:亲爱的,你会记得打电话给电工吗?

萨莉:如果你好声好气地问我,那我就会记得。

汤姆:我刚刚明明是在好声好气地问你呀!

萨莉:你让我做事情时总是发牢骚。

汤姆:如果你不想做的话,为什么不干脆地说出来!

汤姆原打算礼貌地提出请求,但他对萨莉以往的强硬态度有些反感,于是他的请求语气中带有一些责备的意味。尽管他的用词很有礼貌,但言辞中掺杂着一些透过语气传达的明显负面信息。当表达中含有这样的双重信息时,听话者可能将其中的非文字信号作为重要信息,而忽略掉言辞本身,就像萨莉回复汤姆的语气时带有责备意味那样。汤姆说话时并未意识到自己语气中有挑衅,于是把萨莉的责备理解为拒绝他的请求,然后予以回敬。倘若汤姆的言语中不带有责备的语气,萨莉或许已经同意打电话。然而,两人都陷入了责怪与反责怪的恶性循环之中，所以根本注意不到打电话给电工这一实际的问题。

在一方试图以威胁或责备的语气武装自己的请求时，可能会激起对方的火气，而起不到说服作用。因此，听到汤姆带有责备语气的请求时萨莉变得非常气恼，而汤姆将萨莉做出的回应误认为一种反抗的信号，从而产生报复心态。在两人纠缠于因相互敌对而互怼的时候，他们真正要交流的内容丢失了。利用充满敌意的信息刺激对方，迫使对方遵循双方能够相处的基本要求，这种做法有时只会让两人的关系恶化。

倘若汤姆意识到自己一闪而过的想法（在请求萨莉给电工打电话之前）会弄巧成拙，他或许能够充分地消除言语中的责备语气，让请求听起来顺耳。然而，他当时的自动化思维为两人的交锋创造了条件："她从来不管事情……她或许是在找我的茬，好让我自己去做这件事情——即使我自己没有时间去做。"汤姆预料萨莉会表示拒绝，而他恰恰以自己所担心的会遭拒的方式表达了请求。

夫妻双方往往会以助长责备、攻击或者打击对方的方式（比如，"你为什么没有给电工打电话"）向对方提出请求或提问。随着对话的推进，言语本身的辱骂意味愈发浓厚。当愤怒的争吵达到高锋时，双方会使用辱骂等一些对抗手段，有些夫妻还会诉诸终极武器——肢体暴力。夫妻双方要保持融洽的关系，就要能够将指责、威胁与真正的请求区分开。最重要的是，他们应该意识到自己说话风格的挑衅意味。

## 主动出击

有时我们会担心，如果不制止对方心理上或肢体上的冒犯，我们可能会受到伤害，于是便会主动向对方发起进攻。在这种情况下，如果我们预测到有人要发起攻击时，我们会恼怒继而先发制人，以免自己受到伤害。

例如，雪莉想跟丈夫讨论一个比较敏感的话题：学校告知她，孩子在学校遇到了麻烦。她对丈夫说："亲爱的，我很担心孩子们在学校的表现。"罗伯特却生气地回答说："你总是对孩子们担心太多。为什么不能给他们一些自由的空间？长此下去，你会让他们也变得像你一样神经兮兮的。"雪莉哭着说："我神经兮兮也是你造成的，你总是冲我大吼大叫。"

其实，罗伯特的第一反应并不是责备。他原本想："或许孩子们的表现不好。雪莉想告诉我的是我没有尽到一个父亲的职责，从而让我产生负罪感。"这一最初的想法给他带来了苦恼，于是他转而指责雪莉，以此忘却苦恼。

罗伯特主动出击呵斥雪莉，避免了暴露自己缺点而产生的痛苦。在以往的类似交流中，言谈中夹带个人情绪会妨碍双方共同处理实际问题，更不要说从根本上解决问题了。

要防止出现主动攻击的行为，我们需要清晰意识到自己头脑中产生的自动化思维，特别关注带来伤心、内疚、焦虑等情绪的自动化思维，同时制止自己反击的冲动。尽管主动出击确实可能暂时免除内心的痛苦，但随着夫妻冲突的持续发酵，加上问题悬而未决所造成的不良后果，最终只会加深自身内心的痛苦。抑制进攻行为可能需要耐心与包容，但改善夫妻关系和促进问题有效解决是最好的回报。

许多人只要一有被指责的念头，就会立即回击，而不会去认真检讨一下责备内容是否合情合理。他们会以回击来回避指责带来的痛苦。比如，一方说另一方缺乏对孩子的关心时，另一方可能会承认这种责备，进行自我检讨，并为此感到内疚。但是，如果另一方没有"消化"这种责备，不假思索地加以还击，这种责备就失去了作用。这种做法切断了两人之间的有效沟通和解决问题的渠道：若一方说得有道理，另一方根本来不及反思；若一方说得没有道理，另一方也没能加以纠正。

利用指责改变伴侣的行为或许弊大于利。在后面的几个章节中，我们会发现，夫妻其实可以学习各式各样的方法，从而防止问题发生或解决问题，而不是一味地指责、苛求，或诉诸主动出击。

## 过分举动

在宣泄敌意合乎情理时，我们可能会不禁懊恼，其实自己原本可以死磕到底，而不是单单责骂、斗嘴。婚姻吵架中的这种"总动员"远远超过了它应有的程度，使冷静的一方忍不住怀疑另一方"歇斯底里"或"不可理喻"，或者因为惶恐而主动让步。

更加严重的问题是进攻"总动员"的后果，虽然它在人类早期进化阶段或许属于正常行为，但这种行为会使人脱离约束，引发肢体暴力。几年前，我接诊了一对夫妻，他们抱怨说，尽管两人仍彼此相爱，但平时总是争吵不断。丈夫多次对妻子大打出手，妻子甚至报了警。他们描述了当时的事件经过。

两天前，盖瑞正要出门时，贝弗莉对他说："对了，我给鲍勃公司（一家私营垃圾回收公司）打了电话，他们会运走车库里的所有垃圾。"盖瑞什么也没有说，但对妻子的话越想越生气。恼怒之下的他打了妻子一巴掌。贝弗莉跑过去拿起电话准备报警，结果被盖瑞上前制止。经过一番争夺和打闹之后，他们同意前来咨询我。

根据他们最初的叙述，盖瑞的反应似乎令人费解。随着叙述内容的进一步展开，事情的来龙去脉渐渐明晰。我问盖瑞为什么要打妻子时，他说，"贝弗莉简直把我逼疯"——仿佛他的发怒是一件很明显的事情。在他看来，他打妻子全因她自讨苦吃，她不该以那种说话方式惹恼自己。盖瑞认为，如果贝弗莉惹自己生气，他打她合情合理。他的潜在假设是，尽管她的表述看似无辜，但她实际上是在表明，没法指望他清理车库中的垃圾，他甩手不管事，而她在道德上更胜一筹。

另一方，贝弗莉认为自己"只是告知他而已"，并无指责之意。在过去一段时间，她一直要求丈夫将车库清理干净。由于丈夫不管不顾，她决定自己打电话叫垃圾清洁员来清理。

为了获取真实情况的可靠数据，我决定让夫妻二人在我的办公室内再现当时的情况。我让贝弗莉交代事件背景，然后复述当时对盖瑞说的话。听到贝弗莉的表述后，盖瑞的脸涨得通红，开始变得呼吸沉重，拳头紧握。他的样子看起来好像又要打她。我趁势介入，问了他一个认知疗法方面的基本问题:"你现在头脑中在想什么?"盖瑞仍愤怒得发抖,他回答说:"她总是激怒我,让我丢脸。她明白她是在把我逼疯。她为何不直说自己的想法——她非常高尚,而我一无是处?"

我不禁猜想,盖瑞听完贝弗莉的话后,一开始的反应(第一层自动化思维)是觉得自己没有尽到做丈夫的职责,并坚信妻子也在暗示这一点。他将妻子的话视作一种羞辱。他满脑子想着妻子的"冒犯性言论",内疚的想法瞬间烟消云散。在我办公室进行场面重现的过程中,贝弗莉谨慎有度地向丈夫复述了当时的"冒犯性言论",但我怀疑她在现实生活中是以一种漫不经心或略带讽刺的口气说出这番话的。

在办公室中,贝弗莉承认她在说话时确实会带有贬低人的想法,比如"看吧,我根本指望不上你什么,什么事都要我亲自去做。"尽管当时她并没有表达出这种想法,但显然要么这种想法流露于语调口吻,要么盖瑞根据以往经验对言辞中透露出的信息异常敏感,达到读心的境界。因此,挑衅可能会隐藏在无辜信息的外表之下。那么,我们应该如何理解盖瑞反应的强度呢?从他的性格以及夫妻双方相互指责与报复的经历中,我们可以找到解释。

在两人结婚之前,盖瑞生活上能够自给自足,并自认为是个成功人士。他原先家境不好,通过自己的努力上了大学并成为一名工程师。他开了一家自己的咨询公司,并一直生意兴隆。他自视甚高,认为自己是一名成功、坚定的个人主义者。

盖瑞英俊的外表和不羁、独立的生活作风深深吸引了贝弗莉。

贝弗莉出身于一个"正派的家庭",家人注重对孩子礼节和社会适应能力的培养。由于性格比较拘谨,贝弗莉喜欢不受社会成规约束、思想独立的人,更重要的是,外表要看起来威武强大。贝弗莉欣赏事业蒸蒸日的盖瑞,把他幻想成身穿闪亮铠甲、随时护她左右的骑士。事实上,在两人的热恋期间,盖瑞的确负责包揽约会的计划。贝弗莉认为盖瑞比她优秀,于是乐于接受这种安排。盖瑞喜欢贝弗莉是因为她长得漂亮,对他依赖、崇拜。贝弗莉也非常顺从,常按照盖瑞的意愿行事。

而在两人结婚之后,贝弗莉一开始慑于盖瑞的威严,但她逐渐发现了盖瑞的缺点:他在处理家务事时总是拖拖拉拉;他无法和孩子们和睦相处。随着时间的推移,贝弗莉变得更加成熟也更加自信,不再觉得自己不如盖瑞。事实上,她时不时地证明自己绝不仅仅是一个"漂亮女人",她在许多方面要比盖瑞更加成熟,由此获得满足感。她更善于关注细节,是更称职的家长,在安排社交生活上更加自如。

另外,盖瑞曾患有短暂的轻度抑郁症,那段时间他认为自己是一个不称职的父亲和丈夫。每当这个时候,他便会承认贝弗莉对他的暗暗指责合乎道理。他会因此而心情沮丧,但不会还击。然而,当盖瑞不再抑郁时,他便拒绝"容忍她的指责",还会猛烈还击。

那么,为什么盖瑞要诉诸肢体暴力,而不是让报复行为停留在语言攻击的层面上呢?首先,他是在一个"粗暴"的环境中长大的,解决冲突的方式往往是身体对抗。另外,盖瑞将自己的父亲描述为一个具有暴力倾向的人。他父亲一生气就会打盖瑞的母亲、盖瑞以及盖瑞的兄弟姐妹。显然，盖瑞从小学会了："在你生气时，你应该让对方也不开心。"

盖瑞从小没有一个好的榜样，让他学会用非暴力的方式去解决问题。显然，盖瑞在处理日常生活中的人际关系（包括与员工和客户之间的关系）上缺乏控制力。如果员工惹怒了他，他就会把他们辞掉，但之后又想尽办法把他们招聘回来。如果他与客户在计划或费用上产生了冲突，他会中断与他们的谈判。

这种缺乏自控的性格让他收获了专横的名声；但奇怪的是，这种性格不但没有让客户望而却步，反而成了一种吸引力。他传达出一种权威的形象：超级自信、坚决果断、不容置疑。简单概括，他是个铁腕人物。

尽管威权作风让他的事业顺风顺水，但在婚姻中他却"水土不服"。起初，在贝弗莉试图与他正面对峙时，他会冲她大吼大叫；当贝弗莉开始反击时，他开始采取肢体暴力手段。最后，每当盖瑞感受到贝弗莉语气中带有嘲笑或贬低的意味时，都会忍不住发起肢体攻击。

在与这对夫妻交流的过程中，我发现自尊是最主要的问题。贝弗莉不断努力维护自己的自尊，在盖瑞试图指使她做事时绝不屈服。对盖瑞来说，贝弗莉与他作对象征着她不尊重他。毕竟，他知道正确的做法是什么——员工和客户都会听从他的意见，按他的指示做事。因此，贝弗莉的抗拒对他来说具有更深层的含义：他的优秀或许只是自己一厢情愿。这一想法让他感到痛苦，盛怒之下向妻子发起进攻，在某种程度上他是为了驱散这种想法。

经过进一步辅导，我得知在盖瑞成长过程中，他哥哥常常私下以自创的绰号"怂包"叫他，以此取笑和作弄他。尽管他事业成功，却永远无法彻底摆脱"弱者"的形象。然而在与别人打交道时，他极少会感到自己是个"软弱的人"，因为他通常是占上风的。

但与贝弗莉相处时，情况却有所不同。盖瑞觉得自己内心敏感。通过攻击贝弗莉，盖瑞试图回避因暴露弱点产生的苦恼。盖瑞认为，如果贝弗莉占了上风，就会印证他的确是一个"怂包"，而这让他痛苦不堪。事实上，当贝弗莉指责他时，他会痛苦地认为："如果她真的尊重我，就不会这样跟我说话——她也觉得我是个弱者。"

因此，从某种意义上说，这对夫妻都在试图贬低对方，从而平衡两人的关系。盖瑞希望维护自尊，而这种自尊是建立在控制他人的基础上的。他的极端想法是："如果我不占上风，那我就是个失败者。"这种想法反映出他深藏内心的恐惧感，担心自己的弱点暴露。而另一方，贝弗莉的自尊被盖瑞的傲慢伤害。她试图让盖瑞的威信扫地，以此重拾她的自尊。她内心中的担忧在于，她会因自己的举棋不定和缩手缩脚而被人支配。

因此，表面看来是家庭责任分配问题引起的矛盾，最终却变成了双方捍卫各自自尊的斗争。"谁在什么时候做了什么"这一问题也成了双方维护自己良好"自我意识"的战场。一方赢，则另一方输；一方心情好，则另一方心情糟。他们之所以对控制权你争我夺，全因一个现实的问题——捍卫自身尊严的需要。

在治疗这种病态的亲密关系时，我采用了一种双管齐下的方法。

首先，我们制定了沟通的基本原则。在生气时，贝弗莉和盖瑞必须克制不去谈论我们列出的敏感问题。其次，他们每周必须进行一次问题排除讨论（先在我的办公室进行，最后移到自己家里），过程中两人轮流提出需要解决的问题。如果一方将话题谈到了"战区"，让两人感到气愤并相互批评或攻击，那么双方需要变换到一个更加中立的话题上（供讨论的"区域"详见第17章）。如果这种方法并不奏效，两人就需要分开。如果盖瑞未能迅速冷静下来，他就需要散散步来"泻火"。

这对夫妻在构建起这种新的沟通系统之后（历经了四五次咨询），我开始和他们分别见面。我指导他们如何识别自动化思维并以理性回应进行压制（详见第13章）。比如，盖瑞学着应对以下所列的自动化思维。有一次，贝弗莉以一种明显很不友好的声音说："你还没付上月的有线电视费，他们或许会停掉服务。"盖瑞很生气，但他努力控制自己拿出笔记本和笔做了如下记录。

| 自动化思维 | 理性回应 |
| --- | --- |
| 她想令我难堪 | 1. 我确实不知道。她或许只是在试图告知我这件事<br>2. 她说的或许有些道理。我可以只关注她说话的内容，不必理会她说话的语气或她的想法<br>3. 她有自己的麻烦。我没必要发火而卷入她的麻烦 |

几周之后，盖瑞学会了捕捉他愤怒时的想法和冲动之前的想法。

| 当时的情景 | 最初想法 |
| --- | --- |
| 她责备我回家晚了。她问："你为什么回家这么晚？" | 1. 如果她认为可以那样和我说话，就说明她不在乎我。[伤心]<br>2. 她一定认为我很弱。[伤心]<br>3. 我或许很弱，否则她不会那样和我说话。[感到痛苦]<br>4. 我不能这样便宜了她。[愤怒，想要打她一顿] |

盖瑞孩童时期在与哥哥的不断争吵中形成了一种连锁反应，被贝弗莉贬低的想法引发了他那经过几十年沉淀的连锁反应。在感觉受到贝弗莉的贬低之后，盖瑞产生了"我不能这样便宜了她"的念头，并在心中涌出一股打她的冲动。幸运的是，他听从了我的指导：他努力不去理会贝弗莉问题中的消极暗示，忽略自己的自动化思维中表达出来的含义，控制住向她发起反击的冲动，只关注贝弗莉提问的内容。于是，他做到了按照字面意思听取贝弗莉的问题。无论夫妻一方的问题另包含什么内容，都不过是在寻求一些信息，大可不必对隐含的信息做出回应。当贝弗莉问道："你为什么回家这么晚？"盖瑞回答说："我被困在了办公室。"

随着他们的婚姻关系趋于稳定，至少暂时稳定后，我们能够重点关注两人各自的深层弱点。通过坦然接受童年时期的软弱和对自卑感的恐惧，盖瑞做到了深挖自己的敏感痛点。贝弗莉直面了自己的无力感，这种感觉源于童年时期受到的各种约束。经过训练，贝弗莉了解到不需要针锋相对同样可以坚持自己的意见；她能够直截了当、坚定有力或心平气和地同盖瑞说话，而不必去激怒他甚至压制他。

## 争吵的背后：基本信念

为了更充分地了解夫妻行为方式的原因，我们需要深入探究他们行为的背后意义，超越他们的自动化思维，查探他们的基本信念。基本信念一旦发挥作用，便会影响人对当下处境的解读方式，也会影响他的行为方式。有些信念是浮于表面的，所以容易察觉；有些信念深埋于纷乱的想法之中。但是，经过某种反省，我们仍能够一一觉察。

盖瑞持有如下一些基本信念，它们反映出他将别人视作敌手的思想倾向。

- 我一定要占上风，这样别人才不会发现我的弱点。
- 如果别人知道了我的弱点，就会骑在我的头上。
- 我一定要在所有情况下掌控别人。
- 一旦妻子占了一次便宜，她就不会收手了。
- 我妻子以贬低我为乐。
- 要想让她明白不能占了便宜拍拍屁股走人，唯一的方式就是教训她一顿。

贝弗莉的基本信念如下所示。

- 我过于束手束脚。
- 如果我不表达出自己的态度，说明我很无能。
- 如果我很无能，那我就什么都不是。
- 我要约束一下盖瑞，否则他就要骑在我的头上。
- 要想让他在家配合做事，唯一的方式就是证明他事情没有做好。

我们通过比较这对夫妻的态度，可以看出他们的冲突不可避免。

基本的矛盾通过他们的愤怒和敌意表现出来，而这种极具破坏性的因素需要进一步改正。

## 控制愤怒

贝弗莉和盖瑞的案例与无数的其他案例非常相似，都属于夫妻关系陷入困扰或者彻底破裂，但这些夫妻都未曾主动寻求专业的帮助。即使夫妻间并没有出现严重的问题，他们也可以牢记一些处理原则，把夫妻间激烈争执所带来的伤害降到最低。

1. 夫妻在谈论家庭管理、子女抚养等问题的方式不必太挑衅。原本直接表达自己意愿的效果会更好，他们却非要经常采用刺激、挖苦、批评等手段。

2. 夫妻往往会以自认为正确的方式说话。通常，这种说话方式养成于自己的原生家庭。令人意外的是，即使这些方式达不到预期的目的，夫妻仍会不厌其烦地使用，原因要么是他们根本不考虑其他的方式，要么是他们对这些方式的效果深信不疑。他们无视这些方式经常适得其反（造成对方的反感、敌对或报复等）的事实。

3. 尽管一些原始的愤怒与敌意等情绪可能适用于动物世界，但在人类的家庭生活中并不适用，因为家庭生活中不应存在"打打杀杀"问题。夫妻应该学会如何去控制或降低过度的敌意，而不是肆意宣泄。

4. 控制情绪的手段包括一些常识性的方法，比如控制愤怒行事、尽力将话题从"热区"移到"温带"(详见第17章)、在激烈争执时及时叫停。

5. 一旦夫妻学会识别自己的自动化思维和敌意背后的基本信念，他们就可以为找出问题的建设性解决方案扫清障碍，而不是持续反复地掩饰心理问题。

许多人认同一种观点，即表达愤怒是正确之举，但他们只是觉得可以立即消除痛苦并得到满足感："我已经发泄出来，我现在感觉好多了。"然而，他们忽略了这种做法对另一方产生的影响。当盖瑞和贝弗莉相互批评时，他们都遭受了内心的痛苦，而这种连锁反应加速升级，最终演变成肢体暴力。

敌意的宣泄不会是无目标的，它瞄准的是具体的某个人，即夫妻的一方，而被针对的人势必会做出回应。另外，判定敌意是否"成功"，愤怒言行是否"立竿见影"，你必须确定伴侣体会到了痛苦。于是，一方会不断攻击另一方，直到亲眼见到对方痛苦的反应。

如果敌意奏效，伴侣的反应如自己所愿，那么一方可能以后会继续采用这一"策略"对另一方实施惩罚或控制。但是，敌意有时会失控，造成的伤害大大超出预期。国家控制战争规模颇具难度，夫妻控制敌意同样不易。

尽管表达愤怒已经在某种程度上成为人们婚姻生活中的常态，但我发现，在大多数情况下，愤怒的弊大于利。指责、贬低和咒骂带来层层伤害，导致受害者将伴侣视作对手甚至仇敌。

值得相信的是，夫妻双方可以采取更加有效的方式解决婚姻中出现的问题,而不是一味地相互斥责。比如,像贝弗莉这样拘谨的人可以学着直截了当地表达出自己的意愿,以策略和解释代替攻击。诚然,时下流行的自我肯定和自我解放浪潮确实让许多人挣脱了约束,但也让他们在亲密关系上付出了巨大的代价。他们没有意识到,不依靠愤怒来增加自信也可以进行自我肯定。

## 压抑、愤怒与自我肯定

毋庸置疑,许多失望以及伴随而来的愤怒都源于人们难以向伴侣有效表达自己的感情。追究这个问题的原因,一部分是害怕伴侣报复以及担心伤害其感情,另一部分是无力找出失望的具体根源。然而,自我表达的难点在于配偶缺乏表述问题和进行讨论的技巧,一是提出问题,二是提供讨论分歧的平台。夫妻矛盾的具体解决方法将在本书第 15～17 章进行探讨。

压抑与难以自我肯定的问题有时非常微妙,当事人无法意识到其存在,只能察觉到轻度的抑郁、易怒、疲惫以及模糊的身体症状。正如在下面这个案例中的情况一样,精确探查困难点有时可以快速找到解决方案。

### 受到压抑的妻子

几年前,我和朋友苏珊有过一段非正式的交谈。她抱怨说自己毫无活力,提不起劲投入非常重要的艺术项目。她认为自己可能陷入了某种"艺术家障碍"。

我和她谈论了她生活的方方面面。然后,我询问起她与丈夫的关系,她一开始说的是关系不错。在褒奖丈夫时,她还补充说两人相处融洽,志趣相投,从未产生过分歧。

志趣相投的夫妻理论上可能不会产生分歧,但这种情况毕竟只是少数。对此更合理的解释是,夫妻一方(也可能是双方)对另一方的意愿百依百顺,根本意识不到自身意愿,或者夫妻一方一心维护理想化的零摩擦夫妻关系,忽视了分歧的感受,一味服从另一方的意愿。

我怀疑苏珊的情况属于这种模式。为了验证我的这个想法,我问了她一些更细致的问题。

阿伦:你最早什么时候感到疲惫加深?

苏珊:当时菲尔和我开车出去兜风,回来后,我感到浑身无力,酸软得像一块破布。

阿伦:你们开车时发生了什么?

苏珊:一切正常。

阿伦:谁开的车?

苏珊:[表情开始紧张]菲尔开的车。

阿伦:你记得途中发生了什么?

苏珊:哦,发生了一些事情,但不是什么大事。当时风吹得我有点冷,车顶棚是开着的,我让菲尔关上顶棚,他却说,"我很喜欢现在这种感觉。再说了,冷风对你有好处。"

阿伦:你当时什么感受?

苏珊:[变得更加紧张]我想他说的对。

阿伦:当时你还有没有其他想法?

苏珊:[语气中开始带有一丝恼怒]我想他从来不听取我的意见。他总想要一切如他所愿。

苏珊对自己说的这番话不禁感到意外。她没有意识到原来自己对菲尔怀有怨气。这番话她从未向其他人说起,包括她的丈夫,真情吐露之后,她开始露出笑容,显得更有活力。她接着说:"我现在感觉好多了。"后来我们又探讨了她理想中的婚姻:希望缓和所有分歧,服从丈夫的意愿,维护理想中的和谐关系。另外,这种理想与她青春期怀有的对无忧无虑生活的幻想一致,她倾尽全力,为的就是不让自己的幻想湮灭。

在意识到自身唯唯诺诺的倾向之后,苏珊认为今后一旦察觉到自己与菲尔有一丝一毫的意见相左,她最好尽可能坚持自己的观点。我们来了一次角色扮演,由我扮演她的丈夫,在一些方面强硬维护我的观点,她练习向我提出异议并坚持自己的立场。在角色扮演过程中,她表现出了对菲尔的满满愤怒,但她同时意识到,如果自己勇敢面对菲尔,特别是向他倾诉自己的问题,他可能会配合。

经过一段时间,苏珊已经能够向菲尔坚持自己的观点。当菲尔将自己的意愿强加于她时,她开始切实感到愤怒,并直言不讳!在我们的交谈过程中,她的疲惫感消失于无形,回到家后,她发现自己的"艺术家障碍"逐渐减退,没过几天便无影无踪。

## 解析愤怒

若能细致了解愤怒的本质,领会其在我们应对威胁时起到的作用,将有助于证明为什么在多数情况下我们不必屈从于敌意。

愤怒情绪包括被逼做事的压迫感,类似于在性兴奋时感受到的内心压力。与性兴奋一样,这种紧绷的状态往往会持续到"得偿所愿"后才会得以缓解。无论是敌意还是性欲,"得偿所愿"不仅能带来如释重负的松弛感,还令人得到原始欲望的满足和宣泄。从某种意义上说,愤怒和性兴奋都是促使人采取特定行动的催化剂。然而,这类情感只是行为的前奏,而不是行为的组成部分,如同饥饿会促使人吃东西,但饥饿并不是"吃"的一部分。

"愤怒"一词往往笼统地指负面情感、吵架酝酿以及吵架的整个过程。比如,"他发泄了怒气"这样的表述可用于描述受到冒犯的一方殴打冒犯一方的场景。但在本书中,这一愤怒的概念具有误导性。"愤怒"一词最好只用于形容一种特定的情绪,而不用于与"愤怒"相关联的暴力行为。

表示进攻的冲动以及进攻行为本身有一个更恰当的词——"敌意"。人可以在非愤怒状态下发起进攻,也可以在愤怒状态下不发起进攻。比如,我们在打沙袋或扔飞镖时,只会感觉到锻炼肌肉的畅快。另外,人在刻薄甚至残酷对待别人时,可能并非出于愤怒,而是为了得到虐待带来的快感。本书中的"愤怒"是指一种令人意识到可能需要发起进攻行动或做好自我防御准备的情绪。

夫妻争吵时，行为会逐渐发展：首先，察觉到自己受到某种不公正对待；然后，内心产生攻击对方的冲动；最后，向对方发起进攻。这一系列行为可能会在某个环节中断：受委屈的想法被纠正；愤怒情绪一扫而空；进攻的冲动被压制下去。

人们对"愤怒"的理解会直接影响他们处理"愤怒"的方式。比如，如果把"愤怒"理解为一种在容器中不断增长的物质，便会催生出一系列应对"愤怒"的方案。比如，乔治·巴赫（George Bach）提倡夫妻"发泄自己的愤怒"，并提出了相应的技巧。[1] 许多其他作者也提倡释放敌意，并引用类比证明其合理性，比如将"愤怒"比作锅里烧开的热水：只有让蒸汽散发出来，才能释放将锅盖掀开的压力。

阿尔伯特·埃利斯、卡罗尔·塔维斯（Carol Tavris）等心理学家对以上应对愤怒的方法进行了批评，[2] 他们倡导寻找敌意产生的认知根源，反对用行动发泄敌意。我也认为在大部分情况下，处理愤怒应以理解为主，宣泄为辅。然而，宣泄愤怒有时确实是保全自己的关键手段。遭受丈夫虐待的妻子可能会因凭借愤怒情绪发起有效的自卫性进攻。

愤怒是如何发挥作用的呢？愤怒情绪本身包括不适感和紧张感。肌肉系统以及自主神经系统调动的感受（比如，血压急剧升高、脉搏加速以及肌肉绷紧）与愤怒相互交织，令人难以区分。人在比赛、锻炼或攻击中全身调动起来时，同样会出现这种情绪，却未必夹带愤怒。

愤怒是人类进化过程中的一种自保策略，可与痛苦相比。事实上，"愤怒"一词源自表示"麻烦、苦恼或痛苦"的词根。与痛苦一样，愤怒似乎是为了干扰人的平衡状态，让人意识到面对的麻烦。我们认为，愤怒和痛苦都可以激励人去应对威胁和伤害。面对干扰或者信号，人不禁会停止当前的行动，将注意力转移到引发愤怒的问题上。

当我们关注导致愤怒产生的因素，就会想去寻找愤怒的根源。愤怒会被视作一种令人意识到面临威胁的刺激因素。正如人可以通过移除令人不适的物体（棘刺或眼中的沙粒等）来缓解疼痛一样，我们同样可以通过消除愤怒源来缓解愤怒情绪。当这种"毒剂"被清除或摧毁，愤怒自然会消减，人会重新恢复正常的平衡状态。

敌意是一种原始的"战斗或逃跑"反应，它源自人最基本的生存机制。然而在现代生活中，特别是在现代的婚姻中，依靠这种原始的冲动行事不利于亲密关系的维护。尽管愤怒令人冲动，忍不住要针对冒犯者采取敌对行动，发泄内心压力，但我们不必成为这种进攻冲动的奴隶。愤怒会随着时间逐步消减，愤怒出击的欲望也会随之消退。

## 施加心理痛苦

人怀有敌意是为了对他人施加身体或心理痛苦。尽管身体的痛感与心理痛苦截然不同，但两者大体上具有相似性。身体疼痛最早源自对外周神经末梢的刺激，并集中于受刺激的具体区域。当遭受心理痛苦时（比如伤心、焦虑等），人无法指出痛处，但心理痛苦和身体疼痛一样真实，而且经常更加令人不适。

尽管身体疼痛和心理痛苦之间存在差别，但二者会产生某种类似的效果。比如，辱骂可能给人带来痛苦的表情，面部肌肉僵硬堪比一记掌掴。收到坏消息产生的身体反应可能类似于身体冲击，比如血压骤降，甚至昏厥。

当西比尔告诉马克斯自己考虑离开他时，马克斯的整个身体变得僵硬，仿佛西比尔殴打了他一般。我们常用与身体相关的明喻或暗喻来形容心理创伤（"如同一巴掌打在脸上"或"就像肚子被踹了一脚"）。比喻意义上的掌掴和字面意义上的掌掴传达出了相似的信息，并引发了相似的反应。关键在于，遭受打击的人会赋予身体或心理伤痛怎样的特定含义。

## 对伤害的敏感性

当我们静下心来思考自己对批评、指责以及贬低言论究竟多么敏感时不禁惊奇，自己竟然拥有专门捕捉他人贬低信息的感受器。或许人的大脑中有专门的回路识别心理威胁，正如痛觉感受器专门感知身体疼痛一样。这种感受器可以提醒人们周围存在危及幸福或安全的威胁，而这种威胁（在辱骂或训斥时）或许正是肢体暴力的预兆。及时应对心理痛苦可以避免身体伤害。因此，当有人通过嘲讽或辱骂伤害我们时，我们会表现出良好的适应能力——表示愤怒，然后做好准备抵御可能的肢体暴力。

当我们希望别人按照我们的意思做事时，向他们施加身体疼痛远比责怪和批评有效。动物们会以推搡、抓挠或吼叫幼崽的方式塑造它们的行为。人若采取类似的原始行为，如掌掴或辱骂等，则会让人际关系适得其反。考虑到人的身体调动能力更适合于丛林战争而非现代生活，这种"说教"是非常危险的。口头攻击始终有可能意外升级为大打出手的肢体对抗。

正如心理学家J.B. 坎农（J. B. Cannon）所述，无论威胁是身体上的还是心理上的，传统的回应方式都包含战斗和逃跑两部分，受到威胁的动物要么奋起反击，要么落荒而逃。人类一般有各种其他选择：可以默许威胁并服从对方的要求，可以主动退缩，也可以自卫。如果威胁近在眼前且势不可挡，我们可以原地不动或者昏倒过去。

以上每种反应似乎都源自野生世界中的原始模式。无论进攻是身体上的还是心理上的，是有意的还是无意的，防卫性反应都包括行动或崩溃（比如昏倒）。另外，无论是大打出手还是口头对骂，我们都能感受到同样的防御性肌肉僵硬。

在理解冲突上，更重要的是认识到双方针锋相对时我们的所思所想。不仅我们的身体会僵硬，头脑也会如此，陷入前文所说的"认知僵化"状态。比如，在婚姻的冲突中，我们对伴侣的看法会变得冷酷无情；我们会在头脑中形成关于伴侣的负面形象，完全筛除掉伴侣希望传达的合理信息。另外，我们会将一些恶意归于伴侣，将其视作刻薄之人。这种恶意的归因行为会不可避免地混入双方争论当中。如果一方认为另一方用心险恶，便会以防卫和愤怒的方式做出回应。

然而，即使夫妻一方在争吵的过程中怀有恶意，也并不意味着他们是阴险恶毒的人。但无论争吵是发生在夫妻之间还是仇敌之间，我们都必须意识到，身心的调动机制是一致的。在极致的敌意之下，一方在另一方眼中仿若死敌：他们的容貌和表情因愤怒而扭曲，而且双方充满怨恨。

如果夫妻希望卸下防御心和舒缓愤怒，不妨试着识别、评估和修改自己对伴侣形成的负面印象。这样，夫妻终会发现，随着令人不快的印象有所改观，愤怒情绪也会相应地转变（具体的方法将在第13和17章中详细探讨）。

尽管争斗在野生动物世界中是一种适应生存的行为，但在当今的社会生活中，人的生存几乎毫无危险。在公众场合，我们完全能够保持文明的形象，即使生气也会如此。但遗憾的是，家庭暴力比社会中的任何其他暴力更为常见。我们经常不能或不愿为了伴侣控制自己。当人体内的制动系统因无法承受不断提升的压力而发生故障时，愤怒将进一步升级，我们会通过人身攻击进行发泄。令人奇怪的是，我们的"对手"竟然是我们深爱的，或者深爱过的人。

## 报复与惩罚

一旦夫妻争吵令其中一方感到委屈或屈辱，他们会自动发挥能动性去纠正错误。尽管我们通常将惩罚和报复视作自发行为，但主动反击是我们面对威胁的自然回应，就像有异物时我们会眨眼一样。

当然，报复未必是做出行动，可能只是让人做好行动的准备。人的体内存在着一个复杂的控制系统，作用堪比制动装置，因此尽管人的行动准备是自动的，但行动控制在很大程度上是自发的。当我们意识到威胁已经平息时（比如我们原本认为伴侣在批评我们，但若发现这种认识有误），报复动员将会消失。

通常情况下，夫妻一方察觉到在婚姻关系中受到困扰或不公正待遇时，这种报复会一触即发。因此，如果一方感觉遭到另一方的冷落，便会发起报复，并认为惩罚会防止今后再遭冷落。但是，报复在亲密关系中常常会弄巧成拙。比如，泰德因为凯伦迟到而"惩罚"她，冲她怒吼。然而他没有如愿以偿地得到凯伦的道歉，反而遭到她愤而回避的报复。凯伦的回避加深了泰德被遗弃的恐惧，于是他以离婚威胁来应对这种痛苦的冷落。凯伦直接回复，"这主意不错"，泰德顿感凄凉。所以，他试图惩罚凯伦反而弄巧成拙，而凯伦的报复行为也让两人的关系雪上加霜。

夫妻通常会因感受到对方的轻慢态度而羞辱对方，这不禁令人联想到"以牙还牙，以眼还眼"。报复经常会超出原先伤害的范畴。在个人的罪与罚"法典"中，报复要求的不仅仅是恢复现状；"恢复原状"意味着冒犯方一无所失，报复却是另有所求。因为受害方要求的远不止恢复原状，所以会施加额外的惩罚。

这种逻辑会引导受害方施加超过自身所承受的痛苦，正是争吵升级的原因所在。"暴力催生暴力"的说法常用于不同群体以及不同国家之间的关系，但同样适用于人际关系。一个人表现出敌意，难免会激起另一人的敌意。由于每次表现敌意可能会激起更加强烈的报复，所以原本是单纯的相互指责可能最终演变成大打出手，即使在恩爱的夫妻之间也会发生这种情况。当然，做好自我控制，完全有可能避免做出好斗反应，但这需要更多的努力，原因是随着争吵的升级，人内心的报复压力会愈发强烈。

　　有时，某种本能的、近乎原始的自保反应势必会超出人的自控能力。然而，人还是可以掌握控制敌意的技巧，比如迫使自己沉默一段时间，转移注意力，转变话题，或者直接离开房间等。尽管这些特别的技巧能够有效防止因敌意而冲动行事，但其本身不能阻止最初敌意模式的形成。

　　下面章节中我们将了解到，认知疗法提供了一些技巧，可以帮助我们将敌意模式扼杀在摇篮之中。引发敌意的最初迹象之一是愤怒。通过时刻准备好察觉愤怒的产生并及时予以控制，我们可以及时回顾问题的来龙去脉——立即关注当下的自动化思维、认知曲解以及愤怒背后的基本认识。通过及时发现并纠正认知曲解，我们可以降低自己的敌意，贝弗莉和盖瑞都学会了这一点。第 17 章将详细探讨我们如何探查愤怒产生的根源，及时采取必要措施，防止轻微的不满情绪升级为全面的夫妻冲突，由此避免夫妻间产生敌意。

## 第10章
LOVE IS NEVER ENOUGH

# 亲密关系可以得到改善吗

苦恼的婚姻中存在一个共同问题，那就是夫妻双方坚信一切无法好转。这种认识妨碍了夫妻做出改变，让人失去动力，无意尝试建设性的行动，转变自己的想法和做法。另外，我根据观察发现，如果夫妻一方开始做出建设性改变，那么不仅有利于改善两人的关系，通常还会给另一方带来积极的改变。

本书后面几章的顺序反映了夫妻做出改变的历程。下一章探讨保持双方稳固关系的基础：奉献、信任、忠诚。大家应先正视自己婚姻中的这三大要素，明确这几个方面是否需要巩固。如果需要，可以重点关注这几个方面的薄弱环节，比如努力促进合作、奉献和信任，并找出哪些具体的态度或行为或破坏它们。比如，即使你不信任自己的伴侣，但至少现在也应尽力表现得"好像"能够信赖伴侣的合作和忠诚，等到有机会再去亲身实践我接下来将介绍的各种技巧，到时你将受益匪浅。

采取建设性、合作的态度，你就能着手实际行动改善关系。比如，你可以开始关注伴侣令人舒心的举动并表示感谢。另外，你可以考虑做一些事情让伴侣更加满意，从而间接增加自己的满足感。

这一点将在第 12 章详细介绍。

一旦营造出一种良好的气氛，你就可以去处理自己毫无意义的想法了。第 13 章将介绍具体方法。尽管这会比我所建议的其他工作更费精力，但能收获巨大的回报，不仅能减少你的痛苦，还能帮助你更有效地处理与伴侣的关系。你应该做好思想准备，努力改善与伴侣之间的沟通与协作，这也是本书第 14～16 章重点探讨的内容。如果你的伴侣同意参与其中，自然大有帮助，但即使伴侣不帮忙，你通过提高表述的清晰度、主动倾听等方法，靠你自己同样可以提高谈话质量。

随着交谈中一些干扰因素的消除，你不妨尝试一下第 17 章中介绍的应对愤怒情绪的方法。这种方式包括努力降低敌意强度，消除其破坏性。为了实现这一目标，夫妻双方可以学习使用"控制愤怒"的技巧，或者一起进行相关专业咨询，在咨询过程中道出各自的烦恼，必要时表达被压抑的愤怒。另一种方式意在探寻愤怒的根源，可通过改变你夸大、丑化或歪曲事实的倾向来减少愤怒。

最后，你还会发现，尝试一些特别的方法来解决婚姻中的实际问题，消除"容易惹麻烦"的习惯和做事方式，竟然很有帮助。第 18 章将提供线索，涉及如何灵活地解决一些特殊问题，比如关于压力、性以及双职工的问题。

## 抗拒改变

你在考虑改变的时候，可能会产生一些打击你积极性的态度或认识。这些态度可能表现为第 7 章和第 8 章所述的自动化思维。意识到这种抗拒想法之后，你便可以开始理性地推翻它，并解释说明为什么这种想法不正确或小题大做。

请认真阅读以下描述，如自己或者伴侣持有任何一种认识，请在相应处打钩。

## 有关"改变"的认识

**关于自暴自弃的认识**

_____ 我的伴侣无法做出改变。

_____ 任何事都无法改善我们的关系。

_____ 事情只会越变越糟。

_____ 人习惯顽固不化，因而无法做出改变。

_____ 我的伴侣不会合作，而缺少他/她的合作，就什么也做不成。

_____ 我已经受够了。我已没有精力去做其他尝试了。

_____ 如果我们需要努力去改善关系，那就说明我们的关系存在严重的问题。

_____ 努力改善关系只会越改越糟。

_____ 改变只是将不可避免的结局推迟而已。

_____ 严重的伤害已经铸成。

_____ 我的婚姻已经名存实亡。

_____ 我不认为我有能力做出改变。

_____ 如果我们到现在还不能和睦相处，我如何指望将来会变好呢？

_____ 我的伴侣是否开始表现得更积极并不重要，问题出在他的态度上。

**关于自我开脱的认识**

_____ 我的行为方式很正常。

_____ 我的思考方式是正当的。

_____ 任何人处于我的立场上都会做出和我一样的反应。

_____ 他／她伤害了我，他／她罪有应得。

**关于相互性的争论**

_____ 我的伴侣不努力，我也不会努力。

_____ 一个巴掌拍不响，我不明白为什么要我一个人做出改变。

_____ 让我去做所有的工作，这对我来说不公平。

_____ 我已经尽了一切努力，现在轮到我的伴侣去努力了。

_____ 我能从中得到什么？

_____ 我的伴侣深深地伤害过我，所以现在他／她一定要付出许多来弥补。

_____ 我怎么知道我的伴侣是不是忠诚呢？

**推卸责任**

_____ 如果我着手探究我们的关系，将揭露出伴侣更糟糕的一面。

_____ 我没有错。如果伴侣好好表现，将万事大吉。

_____ 伴侣不在乎改善我们的关系。

_____ 伴侣已无药可救。

_____ 伴侣简直是疯了。

_____ 伴侣不懂得如何改变现在的自己。

_____ 伴侣总是满怀愤恨，这就是问题所在。

_____ 结婚之前，我的生活一帆风顺。

如果你心中怀有上述一些认识，那么你有必要认真审视一下它们是否合情合理。在你考虑要改变时，这类认识可能会不自觉地闪现在脑海中。在这种情况下，你不妨尝试一些经过简短探讨的反对理由，应对这些自动化思维。

我发现，关于自暴自弃的认识少有完全合乎道理的。当然，有些时候一方确实不愿意改变——比如某一方移情别恋了，或某一方已下定决心要离婚了。如果事已至此，要想挽救婚姻即便不是无力回天也是难如登天。但是，决意要离婚的夫妻也不会再去想尽方法去改善婚姻了。

然而，若夫妻想要挽回婚姻，想让婚姻更加美满，可以先尽力去打消任何关于自暴自弃的认识。下面我将介绍几种典型的自暴自弃态度，帮助你了解如何去评价和应对这类认识。

## 关于自暴自弃认识

"我的伴侣无法做出改变。"这种论调基本上都是错的。即使最坚硬的心理"盔甲"也可能通过心理咨询击破。有些人看似完全听不进有益的建议，却出人意料（包括出乎自己意料）地欣然接受建议，向好的方向改变。你的伴侣是否愿意改变是另外一回事。但如果你做出了一些改变，这本身也会促使伴侣做出改变，而且屡试不爽。另外，你或许会发现，要想让夫妻二人更加情投意合，更容易和睦相处，伴侣未必要做出巨大改变。

人在一生中会不断改变，认识这一点非常重要。人类中枢神经系统的构造有助于我们学习新的、更好的观念和策略。新的思维方式或行为方式一方面可以提高人的愉悦感，另一方面可以降低人内心的痛苦，这种模式会不断得到巩固并不断延续。因此，如果你和伴侣能够培养比原来更加有益的思维和行为方式，那么它们会逐渐习惯成自然。后面几章将列举此类改善的案例。

"任何事都无法改善我们的关系。" 这种认识需要进行验证。一种方法是确定亲密关系中的具体问题，然后选择其中一个看似最容易改变的问题，运用适当方法进行补救。这件事未必会"费劲"。它可能只是简单的一周安排一次外出共进晚餐，或者同意每天各自分享日常趣事。这些活动可以给人带来小而新的满足元素，逐渐让天平向幸福一端倾斜。

后面几章将重点介绍帮助了众多受困扰的夫妻改善关系的策略。你不妨尝试一下这些技巧，验证自己的悲观想法"任何事都无法改善我们的关系"是否合理。你也可以试验一下哪种方法对你最有效。即使我介绍的方法不能给你带来显著的效果，婚姻顾问也能提供更多帮助，帮你明显改善婚姻关系。

"事情只会越变越糟。" 有些夫妻饱受冲突之苦，身心已经麻木。他们可能会因担心再次受到伤害，不愿意在亲密关系中投入更多精力。

温迪说："我现在不对哈尔有任何指望了。我努力了很多次，而他一而再，再而三地让我失望。我终于心灰意冷了。我不想再经历一次这种痛苦。如果我重燃希望，最终只会受伤。我宁可不抱期望，尽管我会因此失去乐趣，但至少不会感到失望。"

温迪和哈尔高中谈恋爱，大学一毕业就结婚。婚后七年，两人感情上的痛苦与矛盾不断升级。乍看起来,温迪不愿意寻求婚姻方面的援助,极有可能是因为她担心自己会更加痛苦。然而,尽管她有这种担心,但在婚姻中再努把力,终会让温迪从中受益。

我对温迪说:"你过去几次尝试想改善两人的关系,但你说每次都碰了一鼻子灰。你现在有了应对沮丧的手段。"然后,我向温迪指出了如下几点情况。

- 她自己也承认,哈尔在多数时候对她"很好"。
- 在大发脾气之后,哈尔一般会道歉,而且态度真诚。
- 哈尔在心平气和的时候会愿意共同讨论问题。

随后,我帮她看清自己在发脾气后存在的夸张想法以及如何处理自己的负面自动化思维(详见第8章和第13章)。比如,她回忆起先前一次冲突中自己的想法:"他又来了。太糟糕了。我受不了了。他总是打我。"

在审视过自己的自动化思维之后,温迪意识到,这些想法严重歪曲了实际的"战斗情况"。她认识到自己事实上是可以忍受的,她有一种"糟糕化"的倾向,哈尔当时发怒并不像表面看起来那样糟糕。她以偏概全了,毕竟哈尔发怒的情况比较少见,一个月才一两次而已。所以,她总结了一下,尽管自己情感上的疏远情有可原,但的确没有必要。如果她理性地应对自己的"糟糕化"和"以偏概全",便能够忍受哈尔偶尔的发怒,直到他逐渐控制自己的火气。

温迪决定再给哈尔一次机会。尽管矛盾再次出现,哈尔又一次发飙了,但温迪控制住了自己负面的自动化思维。最终,两人在管理哈尔发火的问题上约法三章（详见第 17 章），婚姻开始好转。他们运用了一系列技巧，包括讨论激烈时延后再议、察觉到哈尔什么时候会爆发、确定提出敏感话题与主动回避的时机。

朱迪是一个才华横溢的艺术家，她嫁给了一名业务繁忙的销售经理。朱迪也不愿意参与帮助挽救婚姻的咨询，她担心会倍感失望。她说："克利夫从来不关心我的需求。他光顾着自己的需求，哪还顾得上管我要什么。"与温迪一样，朱迪也对积极的一面视而不见，对丈夫满足自己需求的情况视而不见。在注意到这一点之后，朱迪发现，当她对克利夫的以自我为中心不满时，她可以认识到自己的以偏概全，从而缓解自己的痛苦。在别人的鼓励下，朱迪克服了对尝试婚姻咨询的抗拒。通过咨询，她发现自己的婚姻不仅没有恶化，反而逐渐好转。

"我的伴侣不会合作，而缺少他/她的合作，就什么也做不成。"即使你的伴侣疑心重或者消极被动，你也能够主动发起这次改变的行动。一般情况下，如果消极被动的一方看到了改善的可能性，会受到激励而走出惰性状态。另外，以切实的行动展现自己的善意，可以有效地刺激另一半"礼尚往来"。

"我已经受够了。" 你可能确实遭受了巨大的痛苦，我提出的几点任务是设计用来减轻你的痛苦的。任务比较轻松，至少一开始不用花费太多精力。事实上，许多夫妻会发现，寻找新的途径走出泥潭的想法非常有趣。我建议的方法既是挑战，又蕴含机遇，可以让夫妻一步步减少痛苦、提升幸福。你会发现，你可以运用这些方法掌控自己的生活。

"如果我们需要努力去改善关系，那就说明我们的关系存在严重的问题。"尽管夫妻两人可能有一些共同的兴趣和性格，但多数夫妻结婚时在处事风格、生活习惯以及人生态度上存在着明显差异。懂得调和差异的夫妻只占少数。他们一般没有留意过自己的父母如何处理此类问题，也从来没有接受过类似于职业培训的婚姻技巧正规教育。

因此，如果夫妻还未掌握如何更好适应彼此的技巧，不宜认定夫妻关系已出现裂缝。相反，你应该预料到双方会存在诸多问题。若你认为天底下不存在任何天作之合（无论多么恩爱、忠贞）时，努力消除磕磕碰碰，提升夫妻满意才显得意义非凡。夫妻双方如果将婚姻中遇到的困难看作婚姻"病态"或"有缺陷"的标志，那么他们就断送了改善亲密关系的机会。

上述认识令许多夫妻无法做出改变，甚至连尝试的意愿都没有。坠入爱河是件轻而易举的事，但想要关系稳步发展、升温，少不了一番心思和努力。随着夫妻双方逐渐成熟，自然而然会产生改变的想法，可通过运用特定的规则加速这一进程。

"严重的伤害已经铸成。"认为婚姻已经无法修复的悲观看法，应当从现实的角度加以矫正。诚然，许多夫妻到了考虑做点什么来挽救婚姻时，他们的婚姻其实已经走到了难以挽回的地步。但不尝试一些基本的补救措施，没有人可以百分之百断定自己的婚姻已经无药可救。我常常会惊奇地看到，夫妻双方共同努力，恶者改之，善者加勉，原本矛盾重重的夫妻关系竟然焕发了新春。

"我的婚姻已经名存实亡。"在经历了数年的争吵或疏远之后，许多夫妻会得出这种认识。他们或许也阅读过婚姻指南，接受过咨询服务，但毫无改观。当他们展望未来时，婚姻仿佛一片无望的苦海。在婚后的几年内，夫妻之间似乎形成了一种"正常"的负面偏见，双方将美好回忆统统屏蔽消除，只剩痛苦，欢乐不再；徒留挫败，光辉尽失。如果夫妻在指导下再次关注婚姻中的美好一面，他们经常意识到，原来对方并没有原先想的那样烦人。

即使你过去在改善亲密关系上所做的努力并未成功，但或许只是因为没有用对方法。本书后面几章会给出各种建议，你会发现，只要自己"按对了按钮"，亲密关系终归会重现生机。

**"努力改善关系只会越改越糟。"** 有些夫妻会有这种担心，但我个人觉得，只要改善关系的方法得当，这种担心毫无必要。诚然，如果方法用错，比如向丈夫罗列他的"过失"，或者威胁妻子不改变就抛弃她，只会让亲密关系变糟。指责、威胁和最后通牒往往会让原本紧张的关系雪上加霜。然而，如果你能采用本书后面几章中的方法，情况会有所好转。

**"改变只是将不可避免的结局推迟而已。"** 这个观点是另一种末日预言的表现。更有帮助的做法是拿出实证态度——尝试我后面将介绍的各种不同的技巧，一一检验其是否适合自己。只有在试过各种方法之后，你才能判定夫妻关系是否可以变好。

## 关于自我开脱的认识

自我开脱给改善夫妻关系设置了障碍，因为这种认识让人产生一种错觉，认为继续一意孤行，安于现状是合情合理的。诚然，其他夫妻在处理两人的关系时或许与你一样，但你要做的是最适合自己的事，而不是照搬他人的。

如果你的反应将自己的婚姻逼入绝境，那么即便它们看似"正义"，也只能算适得其反。或许别的夫妻会有同样的反应，但这并不能成为你继续固执己见的正当理由，况且固执己见不难改变，而不改只会害己。即使你坚信自己是对的而对方是错的，也总有办法去改变对方的态度。

如果你认为自己受到了伤害，所以采取某种可能产生相反结果的行动方式也是情有可原的，那么你注定会继续受到伤害。正所谓"冤冤相报何时了"，需要有人主动站出来，打破这种恶性循环，而这个人可以是你。

## 关于相互性的争论

此时，你或许会不自觉地想："为什么要改变的人是我？"为了帮助你应对这种情况，我给出了一些暂定的答案，你不妨用来回答这类问题。

"我的伴侣不努力，我也不会努力。"这一想法的答案是，夫妻两人其实不必同时开始努力。只需其中一人主动出击，为夫妻关系注入新的活力，或者遏制住下滑趋势。一旦势头向好，伴侣自然会加入进来。即使伴侣不愿意积极参与，你会发现，你做出的改变终将会对其产生积极影响。

"让我去做所有的工作，这对我来说不公平。"如果时刻不忘所谓公平的信条，你行动的前提会变得不切现实或毫无意义。夫妻之间无法做到同心协力，最有可能是因为两人的积极性、对问题的认识程度以及做出改变的能力存在差异。比如，因为你更加乐观，所以你或许比伴侣更善于主动改变。或者，你遭受的痛苦多于伴侣，改变的动力更大。无论是哪种情况，只要努力过、有改善，你们肯定会获得回报。希望随着关系的改善，你的伴侣会在其中发挥更积极的作用。

夫妻双方同时致力于关系的改善并不是完全有必要的。我给一些客户做过咨询，他们的伴侣无力也不愿尝试婚姻治疗，而这些客户凭借自身的治疗收获，成功地引导了伴侣的改变。如果接受婚姻治疗的夫妻一开始在表达自己上过于拘谨，更是没必要同时开工。经过我在自我肯定方面的辅导，拘谨的配偶能够让他们的伴侣发生显著的改变。

从本质上讲，"这不公平"的想法会使效果适得其反，原因是它忽略了夫妻之间存在差异的现实。在主动做出改变上，一方总会比另一方心理准备充足。如果做好准备的一方一定要等到另一方也准备就绪才行动，时机可能永远不会到来。接受"不公平"，及早完成相关工作，远比一味坚守公平主义，坐看婚姻继续恶化要明智得多。

## 推卸责任

"我没有错，如果伴侣好好表现，将万事大吉。" 盯着伴侣的错误本身可能是一种关系破裂的症状。研究表明，当夫妻之间不断地无理指责对方时，他们的婚姻会很痛苦。[1]最好不要去判定孰是孰非，而是寻找一些新的策略，帮助改善夫妻关系。

即使你认为伴侣是夫妻问题的"罪魁祸首"，但通过改善两人的关系，你仍可以修正（即便不能扭转）他的不好品质。比如，如果因沟通不畅而产生诸多摩擦，伴侣可能会做出粗暴或暴躁的回应，令你感到痛苦。然而，如果你主动改善沟通，他可能不再烦人，取而代之的是讨喜。

"他简直是疯了""他已无药可救"或者"他有病"之类的贬低性想法或许反映的是你内心的一种感受而不是客观性评估。诚然，人在痛苦或气愤时有时会失去理智，但这并不表示他们真的"疯了"。你所看到的不理智可能是他们苦恼的结果，是一种忧虑的表现。一方在夫妻争吵中可能会大吼大叫和胡言乱语，但对待其他人时通常完全正常。因此，最好是（至少起初先）忽略这些不理智表现，更多地关注力所能及的减少忧虑的方法——专注于起因而非影响。关注起因也可以让伴侣更加理性。

还要记住一点，在你眼中伴侣的作风看似令人讨厌，但这种看法可能是被过度夸大或歪曲的，正如第8章所述。在中立的旁观者看来只是奇怪或过分的事情，在你眼中可能会变得荒诞或怪异。

"伴侣已无药可救。" 你认为伴侣无药可救，或许只能反映你们之间存在冲突。当夫妻深陷争斗无法自拔时，当双方寸步不让时，在彼此眼里，对方都是无药可救的。而当你打破僵局时，你可能会发现伴侣变得更懂变通，更通情达理。

当然，我也遇到过一些夫妻，由于内心矛盾或各自性格原因，两人很难共处一个屋檐下。这类夫妻恰恰更容易从心理治疗中获益。不过，你的伴侣是否属于这类人，应该由专业人士判定，你说了不算。无论如何，努力改变婚姻现状将验证"伴侣不会改变"的认识是否正确。

## 哪些应该改变

当你决定尝试改变，你或许想知道该先改变什么：是思维方式还是行为？在治疗一对夫妻时，我会先关注他们的行为。改变具体的行为，或养成新的行为远比改变思维方式容易。行为发生改变后，成效往往立竿见影，比如一方会赞赏另一方能够做一些让人高兴的事，或少做一些让人心烦的事。

另外，刚开始改变思维方式可能见效缓慢。比如，你可能会少点火气或伤感，不那么"睚眦必报"，而伴侣对你的积极表现报以微笑或亲吻时，会让你感觉夫妻关系尽在掌握。从长远来看，减少自己的沮丧，伴侣的火气会随之下降，你心烦时，伴侣更容易表示出友善和同情。

另外，还有一个相关问题：促进积极行为和消除消极行为，到底哪一个更重要？尽管在婚姻中消极行为通常要少于积极行为，但消极行为对幸福感的影响明显更大。有时，一个消极行为（比如，责骂等）甚至胜过十几个友好或善意的行为。

由此看来，消除消极行为应该比重视积极行为更重要。但在现实中，你一开始只关注伴侣的粗鲁习惯，这会令你显得爱指责或挑剔，让亲密关系越发糟糕。一开始，你应先努力让事情变积极。随着你们同心协力共同努力，改变就会变得很容易（详见第 16 章）。

## 创造问题而不是解决问题

- "他是个卑鄙的家伙。"
- "她总爱唠唠叨叨。"
- "他从来不帮我。"
- "她总是对我指手画脚。"

若一方认为婚姻中的问题并非问题，而是伴侣的刁难，那么他们想在婚姻中做出改变时就会面临障碍。婚姻中的问题被看作是伴侣的错误。如果你将伴侣看成问题所在，那么你可能认为自己对此无能为力。更糟糕的是，你可能夸大问题的严重性，让问题看起来无法挽救，连尝试解决都显得徒劳。

根据上文所列的几项抱怨（"他是个卑鄙的家伙""她总爱唠唠叨叨"），似乎一方已被限定在了消极的框架内（详见第 3 章）。一开始的问题可能是，伴侣心不在焉或沉默寡言，又或者抱怨一大堆，但如果这些被夸大描述的消极因素是真的，问题将无法解决。但事实情况是，伴侣所谓的这些品性是由夫妻间的相互作用造成。比如说伴侣的行为举止特别令人生厌，而你接下来的反应惹恼了对方，对方立即以不好的方式给予回击。因此，问题不在于任何一方，而在于两人的关系本身。

在关系紧张的婚姻中,阻挠改变的主要障碍是夫妻一方的个人倾向,是否将一切不愉快全部归咎于另一方的负面性格(比如自私、自大、冷酷等),是否无端质疑另一方的积极行为。在一些探讨亲密关系的书籍中,这种以偏概全的倾向均有谈及。这些书籍指出,夫妻问题与两人("恨女人的男人",或者"爱得太深的女人")的性格密不可分。这一观点具有误导性,阻碍了夫妻去尝试改善他们的关系。

相对客观来说,有些人有一些特定习惯和敏感性,让自己变得脆弱,或导致他们伤害他人。从深层次看,他们表达态度的方式是自我挫败的。典型的依附型妻子会因为自己是否被接受、是否配得上对方,又或者是自己是否称职这些疑虑,而对丈夫过分依赖。"可恨的"丈夫不切实际地担心自己受到妻子的支配和限制,通过痛斥妻子的方式避免自己受到控制或操纵。

另外,夫妻性格的契合度决定了彼此看待对方品性是正面的还是负面的。如果你把希望得到亲密关系的女性和有教养的男性进行配对,他们两人之间通常不会出现问题。或者,喜欢自主的丈夫搭配逍遥自在、自立自强的妻子,他们也会和睦相处。夫妻双方性格不合时,问题才会出现。[2] 即便如此,问题仍可归结于两人的关系,即夫妻的相互影响,而不是追究某一方存在的缺点。

如果你能够改变一个等式的一边,另一边也会随之改变。以哈尔和温迪为例,之前说过,两人早在高中时就已经是一对恋人。哈尔跟温迪说话的方式让她"感到被贬低"。他这种略带居高临下的说话方式是模仿了他父亲和兄长们对他母亲和嫂子们的说话方式。但是，哈尔根本没有意识到自己在用高高在上的口吻和温迪说话，也没意识到这种说话方式惹恼了她。在我向哈尔提出这一问题时，他最初感到难以置信，然后他让温迪在以后出现这种情况的时候指出来。在哈尔学会辨认自己这种居高临下的口吻之后，每当说话中夹杂这种口吻时，他能够及时控制住自己。

哈尔的语气对大多数人来说不会造成困扰，却让温迪感到烦恼，因为她过于敏感。按照她本人的说法就是："他快把我逼疯了！"哈尔的兄长们也是这样说话，但他们的妻子并未因此困扰，温迪问起她们时也大为吃惊。

同样，温迪并没有意识到自己习惯带着指责的口吻问问题，而这种口吻让哈尔总有一种负罪感。比如，如果哈尔从机场到家稍微晚了些，温迪会逼问他，"你怎么不给我打个电话"，而不是说很高兴看到他回家。哈尔和温迪后来采取了"礼尚往来"的方式做出改变：哈尔改掉了他居高临下的语气，而温迪也在提问时减弱了责备的意味。

## 重新定义问题

当问题属于①被描述得模棱两可、②带有辱骂的形式，或者③是伴侣不可改变的特征时，任何改变看似无望状况的尝试都将显得毫无意义。更糟糕的是，对别人的品性攻击会引起对方的反击和报复，从而引发更多的敌对。

比如，当温迪说"他是个彻头彻尾的懒汉"时，或者哈尔说"孩子的事上她太好说话了，让孩子们玩疯了"时，这些问题在当下似乎无法解决。但若将这些抱怨转述成可以解决的问题，那么他们就可以采取一些具体的行动去解决。哈尔先从小事做起：将自己的脏衣服放在洗衣筐里面，而不是随意将它们丢在椅子上或地板上。温迪的方法是给孩子们规定严格的上床睡觉时间。

以上简单的行动会给伴侣带来明显的影响，让绝望的态度有所松动："他只要想，就可以改变"，或者"她并不是什么事都放纵的母亲"。所以，如果你尽可能具体地定义问题，那么即便是小小的改变也会促使你们关系的改善。这种方法将在第 16 章做详细的探讨。

## 人如何改变

改变是如何发生的？假定夫妻双方愿意做出改变，那么如何保证他们可以做到呢？要回答这两个问题，我们有必要先探究一下理论。许多婚姻方面的技巧比较容易学会。不过有些技巧相对棘手，尤其是那些需要我们设法忘记解读伴侣行为的习惯性方式。例如，我们比较容易养成新的说话习惯，比如伴侣提问时我们可以做到回答得完整一些，而不是禁不住要将伴侣的建议解读为一种控制自己的企图。

在成长过程中，我们会养成一些解读他人、与他人打交道和理解他人的习惯——如何回应善意的举动，如何忽略暗含的轻视，如何应对提出的要求。这些习惯会随着时间逐渐巩固，其中包含所谓的"社交技巧库"。人们普遍认为熟练掌握这些技巧的人处世圆滑，待人接物得心应手。

但是，大多数人的社交技巧或许没那么灵活，面面俱到。如果我们误判了别人，比如夸大了他们的优点，或者放大了他们的缺点，我们可能会过于轻信别人或过于愤世嫉俗。同样，如果我们过于唐突，或得寸进尺，我们可能会伤害或疏远别人；或者如果我们过于拘谨或顺从，可能得不到应有的对待。

正如第1章中所提到的，我们的编码系统会自动解读某一行为，比如一个鬼脸、一个微笑或者面无表情等。我们学会如何解读别人的一举一动，与此同时，我们还学会了如何曲解。在我们成长过程中，父母、兄弟姐妹以及身边的人经常容易夸大其词，给他人或我们贴上不实的标签。在孩童时期，我们学会了别人的夸大其词，并融入自己的编码系统中。

我们对给定事件的解释涉及事件和编码之间的微妙匹配。解读会伴随编码因人而异。如果一位男性认为女性善于拒人千里之外，那么他容易将妻子的闷闷不乐解读为她不爱自己的表现。如果一位女性认为男性喜欢掌控别人，那么她会断定丈夫想做爱是在利用自己。

这些解读或理解他人的方法最终会融入人的惯常定势。这种定势产生的根源过于复杂，本文不做详细探讨，但可以确切地说，这些定势是人们通过观察一些重要人物（比如父母或者哥哥姐姐等）形成的，另外，阅读书籍或者观看电视、电影等被动体验也可以形成定势。最后，特定的经历会涉及我们"社会环境"中的一些人，比如家庭成员、同龄人、老师等，这些经历会在我们的内心植入一些认识和态度，伴随我们进入成年阶段。

人们过去的特定经历造就了他们的各种态度和思维方式，这些态度和思维方式至少在一定程度上与其他大多数人不同。因此，一个男孩从小受到姐姐们的嘲弄和奚落，长大后往往会谨小慎微，与女孩约会拘谨，最终与妻子相处也感到拘束，担心受到妻子嘲弄。他采用了一种"女性容易心怀蔑视和吹毛求疵"的编码。

一位女性敢于反抗身为军人的威严父亲，她经常认为与她交往过的所有男性都专横跋扈。她最终嫁给了一个大她几岁的男人，她发现自己一直在拒绝丈夫的建议，认为它们纯属他下达的命令或者毫无商讨余地的要求。经过几次咨询，她意识到自己将父亲的印象强加在丈夫身上，而丈夫完全出于善意。

尽管这些惯常的回应定势看似正常，但它们很可能造成婚姻中的矛盾。幼年时期的痛苦经历会令人形成惯常定势，并留下持久的印象。对遭到冷落、控制或挫败特别敏感的人，会养成自卫的习惯以防自己遭受伤害。

在上文那位担心受到贬低的年轻男子身上，这种自卫定势表现为过度警觉和拘谨，在那位担心受到支配的女性身上，则表现为叛逆。比起模仿父母形成的定势，自卫定势要牢固得多。最牢固的定势是结合了孩童时期从重要人物身上学到的态度和孩童时期痛苦经历的模式。比如，盖瑞（正如第9章中所提到的，他会虐待自己的妻子）受哥哥欺负，久而久之他也和父亲、哥哥一样，成了欺负人的人。

面对负面事物的敏感难以彻底消除，但你可以通过认识它们，纠正它们以曲解或夸大结论的形式表现出来，并对其加以控制。第13章将探讨了解和改变自动化思维的方式，从而帮助你削弱其影响力。然而，如果你的个人定势异常牢固或顽固，那么有必要在做好自助的同时咨询心理医师。

我们重新回到"人是否可以做出改变"这一问题上来，答案是"可以"，或者只要有足够的动力并采用恰当的技巧，至少可以调整一下自己的反应。有些改变相对容易，比如回家较晚记得给伴侣打电话，帮忙伴侣做些家务，或者在伴侣想谈心时抽出时间耐心倾听。有些改变既耗时又费劲，比如在伴侣纠错时不发火，或者在伴侣与别人交谈时不心生妒意。

如果技巧得当，你可以从多方面做出基本的改变。比如，如果你认识到伴侣对批评很敏感，那么在提出批评性意见或可能被视作批评的建议时，你可以缓和一下语气。知道伴侣十分看重特殊的日子（生日和结婚纪念日等）后，你就可以通过某种形式进行庆祝。经过长期练习，此类技巧会习惯成自然。

然而，你要改变固有的敏感、态度以及反应定势，更需要多加练习。部分是纠正与自己潜在的信念相矛盾的经验。假设你担心暴露自己的缺点会遭人贬低，所以面对伴侣时少言寡语。假如你向伴侣敞开心扉，而他对此表示高兴，那么这种经历会改变你的态度，比如"伴侣接受我的缺点"。这种新的态度会与现有的认识（"她看清真实的我之后就会看不起我"）抗衡。同样，随着你逐步学会如何感知自己的误解或过度解读（见第13章），你将开始调整自己的编码系统。

## 蜕变计划

在考虑希望亲密关系在哪方面得到改善时，你需要决定实际上应该先尝试哪些改变。如果只是你自己在阅读本书而伴侣还未参与进来，你会想要继续依次学习后面的章节，然后开始改变自己的误解与反应定势（见第 13 章）。如果伴侣在和你共同学习，你们可能会想先改变沟通方式（见第 14、15 章），减少愤怒情绪（见第 17 章），采用新的解决问题的方法（见第 16 章）。如果你们能够合作，准确定位伴侣的合理需求或不满、好恶，你们就可以更好地做出改变（见第 12、16 章）。

我提倡的计划并非让你为了改变而改变，而是让你的婚姻生活多一点满意和快乐，减少无谓的痛苦和不快。要实现这些目标，需要循序渐进。

首先，你需要保持一种正常的思想状态，表明你乐意学习书中内容。如果你做好了这种心理准备，那么与伴侣相处时，即便经历令双方不快，你也能够以更客观的眼光观察看似有问题的事情，并找出可能的原因，从而获益。另外，你将更容易看到伴侣身上的闪光点，从而为将来做出改变奠定基础。

其次，你需要有动力去将本书中的原则付诸实践。这并不要求你在改变自己或改变夫妻关系的性质上多么乐观，多么跃跃欲试。愿意尝试几种技巧，看看效果如何就已经足够了。亲眼见到一番努力得到实实在在的成果，你自然会变得更加乐观，也愿意付出更多努力。随着收获不断增加，你更应该继续前行。

LOVE IS NEVER ENOUGH

# 巩 固 基 础

爱情、真情和柔情可以令人快乐和痴迷，丰富两人的关系，但它们会随着时间慢慢转变。即使夫妻在热恋时期发誓永远忠诚，坚信爱情会天长地久，但爱情仍有可能逐渐淡化，奉献的誓言随风而逝。

　　当然，激情会拉近两人的关系，营造一种关系持久、稳定的气氛。另外，爱情与真情能够缓和夫妻间的诸多紧张关系，控制他们心中时常涌现的以自我为中心的情绪。尽管如此，单凭爱情不足以紧紧黏合两人的关系。另有一些基本品质可以加强婚姻纽带，确保关系的持久，它们是逐步自发产生的。如果未能形成这些基本品质，夫妻需要努力将其融入两人的关系中。

　　承诺、忠诚、信任是维系夫妻关系的三大力量，成为稳定的力量后，就能保障两人关系紧密，爱情纽带牢固。比如，知道伴侣不会抛弃你之后，你便能获得一种安全感，对两人的关系充满信心。

　　尽管痴情是彼此吸引的强大"磁石"，但它同时包含着能够让恋人分手的核心力量。在痴情的魔力之下，许多夫妻会夸大对方的素质，或在对方身上看到并不存在的潜力，等到后来醒悟，不免产生幻灭感。

新婚夫妻一开始都期待两人能够带着热恋期的欢欣愉悦步入婚姻，期待伴侣忠贞不渝、乐于奉献。而当他们发现这些美好期待纯属虚幻时，等待他们的将是一次次或大或小的心理打击。比如，心思敏感、喜怒无常以及性生活不和谐等，都可能让失望与指责轮番上演。

许多夫妻发现，他们有太多的要求需要合力解决，但缺乏共同解决问题的经验。在处理实际细节的过程中，夫妻会产生一些心理问题。比如，在做决定时，一方会占据主导地位，而另一方处于顺从地位。主导的一方会抱怨事事都要自己负责，而顺从的一方会抗议自己总是"低人一等"。

爱情和真情本身无法化解此类难题，但可以为双方注入强大的动力，促使他们寻求解决之法。下面列述了几项婚姻基础的构成元素。在查看过程中，不妨评估一下你是否有效地将其融入夫妻关系中。或许，你自己也没想到，这些重要的价值观竟然远超你的想象。同时，你可能会找到需要改善的地方。

**合作**：共同努力完成作为夫妻和家人的共同目标。

双方的基本态度："我们会共同做出重要决定。""我们会协调最适合双方协同完成的工作。""我们会履行各自的职责。"

**承诺**：是指无论遇到何种困难都会坚守婚姻的期望。正如你不会质疑与孩子、父母以及兄弟姐妹一辈子割舍不断的关系一样，你也不会质疑"白头到老"的婚姻关系。

双方的基本态度："如果遇到麻烦，我会和伴侣共同想办法解决。""遇到困难时，我不会离伴侣而去。"

**基本信任**：是指认为伴侣可靠并会随时提供帮助。

双方的基本态度："我能依赖伴侣维护我的最大利益。""我知道伴侣不会故意伤害我。""无论是正常情况还是紧急时刻，我知道我都能依靠我的伴侣。""我知道伴侣会在我需要时随时帮忙。""我能设想伴侣（做事）是出于好意。"

**忠诚**：是指对伴侣的利益尽心尽力。在伴侣受到威胁时，你会给予力挺。

双方的基本态度："我把伴侣的利益放在第一位。""我会像盟友一样支持我的伴侣。""我会始终维护我的伴侣。"

**忠贞**：贞操和性忠诚。

双方的基本态度："我不会发生婚外性关系。"

## 合作

若夫妻陷入矛盾，对彼此产生顽固的负面印象，心中充满敌意，那么我们还怎么指望两人关系好转呢？在婚姻告急时，关系紧张的夫妻需要寻求婚姻顾问高手的服务。无论双方关系紧张与否，都将从阅读中受益，他们可将从中学到的应用到相关问题中。

首先，需要思考真正合作的障碍。考虑到自利偏差、自我中心以及敌意具有强大威力，我们如何能期待有根本性的改变呢？幸运的是，我们天生带有以自我为中心的倾向，但同时自带合作与奉献的能力。亲子关系可以明显让你深有同感；除了极少数的情况外，父母自然而然会尽心地满足婴儿的需求。另外，大多数新婚夫妻都能积极地共筑两人的关系。齐心协力带来的满足感，是人际关系中的强大黏合剂，婚姻这样的双人组合如此，团队或俱乐部这样的多人群体也如此。

结婚多年的夫妻与热恋期的夫妻的合作方式有所不同。热恋阶段主要表现为自我牺牲与不分你我。而结婚多年后，夫妻的利益和目标可能出现分歧，但他们会采取协商的方式或者压制自身利益的方式加以解决。比如，为了融洽而稳定的夫妻关系这一长远目标，他们会解决家务分工或教育子女态度不一致的问题。

当然，合作的效果还可以立竿见影。齐心协力、取悦对方以及共渡难关的精神本身就可以令人舒心。许多夫妻彼此认同、夫妻同心，因此两人可以同甘共苦。如果夫妻能够驾驭因利益冲突、观点相左以及积怨难消产生的分歧，合作的积极力量势必会发挥作用。

## 承诺

在经历了最初的痴迷之后，夫妻间的激情会逐渐消减，为彼此的幸福和快乐而奉献成了维系两人关系的主要黏合剂。这种感情多多少少符合夫妻以及未来父母的角色。夫妻承诺对彼此负责："无论顺境或逆境，富贵或贫穷，健康或疾病……"责任心是承诺的实际表现，设定了一个标准，夫妻双方可依此标准对照自己，衡量对方。

尽管有些夫妻起初认为自己会忠于这份关系，但这种承诺可能经不起婚姻中难免的"暴风雨"的侵袭。还有些夫妻自认为尽心尽力，却有所保留，几十年如此，更有甚者，整个婚姻生涯都是如此。

这些不愿尽全力的"顽固分子"势必会失去某些宝贵的东西。比如，深陷困境的苦恼让他们处处小心，提防婚姻中犯错；害怕遭到另一半冷落的担忧，令他们回避情感亲密。还有一些顽固分子尽想着亲密关系的好处，却不尽心尽力，确保亲密关系的持久和成长。

不尽心可能带来不幸福，从马乔丽的案例（详见"引言"部分）可见一斑。结婚后几年，马乔丽找我咨询婚姻问题。她的童年不快乐，主要原因是时常与父母发生冲突。她父亲比较霸道、爱批评人、脾气火暴。她母亲经常遭到她父亲的殴打，对他有些不满。马乔丽同情母亲，内心逐渐形成一种恐惧感，担心自己结婚后会像母亲一样遭受虐待。在经历了轰轰烈烈的热恋之后，马乔丽与大学时期的校运动员肯恩结婚。尽管肯恩对马乔丽付出真心，但她总是担心肯恩有朝一日会像她父亲那样对她。

一方面，在结婚前，马乔丽要求肯恩保证，如果自己想离婚，他就要同意与她离婚。为了"迁就"她，肯恩同意了。肯恩真心希望马乔丽幸福快乐，希望这只是她出于婚后生活大变化的担忧。另一方面，马乔丽从未全身心地经营自己的婚姻。马乔丽总是给自己留一条"退路"，根本无法全情"投入"婚姻。马乔丽在婚姻中一直有所保留，使得她多年来一直盯着肯恩身上的缺点。

马乔丽担心肯恩身上的小缺点会演变成大毛病，所以哪怕是微不足道的过失，她也会"用显微镜"观察并放大。于是，她时刻提防着自己观察到的缺点,对肯恩颇有微词。肯恩将马乔丽的颇有微词理解为她不爱自己并因此责备她,马乔丽据此确认了肯恩对自己怀有敌意。

这对夫妻前来咨询时,我明显可以看出一个亟待解决的问题:马乔丽爱吹毛求疵。我可以看出她意志不坚定背后隐藏着内心的恐惧,于是为她列了一份"平衡表",分两栏列出了不全身心投入的优缺点。

| 赞成不全身心投入 | 反对不全身心投入 |
| --- | --- |
| 如果丈夫行为不当,我受到伤害的可能性会降低 | 我批评肯恩的可能性会更大 |
| 我可以更容易地走出这段婚姻 | 我受到他"行为不当"威胁的可能性会更大 |
| 我可能会变得更加独立 | 我得到的亲密感会更少,得到的满足感也因此更少 |
|  | 我会始终担心肯恩离我而去 |

当然,马乔丽很难说清全身心投入的实际优点,毕竟她从未走到这一步。不过,为了鼓励她,我们列了一些潜在的优点,比如提高她的安全感,夫妻更懂付出。直到不全身心投入的优缺点暴露,她才意识到"有所保留"让她失去了多少东西。

马乔丽向我讲述了他们夫妻关系持久的历历往事:他们经历了很多风雨,他们付出了很多心血抚养孩子。马乔丽看清了事实,认清了肯恩过去的表现,她相信自己的婚姻稳如泰山。马乔丽还意识到,尽管肯恩有时会发火,但他并不像她父亲一样脾气火暴。她发现,只要反复劝慰自己"我们会白头到老",内心的不安全感也减少了几分。

不过，为了坚定这种信念，马乔丽必须改变盯着丈夫缺点的毛病。毕竟，肯恩也是人，孰能无过。肯恩偶尔会批评指责，时而会忘记信守承诺，也经常会拖拖拉拉。但是，马乔丽不再抓着他的缺点不放，转而关注表明婚姻能够稳定、幸福的表现：肯恩甘心为她付出，肯恩关心她的健康快乐，肯恩迫切希望改善两人的关系。

尽管马乔丽慢慢才改掉挑剔的习惯，开始信任肯恩，但效果却是立竿见影的。她发现自己更加随性，更能付出，也收获了更多。马乔丽放下执念后，肯恩也对她更加关爱、体贴。

在分析他们身上发生的巨大变化时，我注意到马乔丽能够关注婚姻中的积极面，而并不是一味关注缺点，这让她更客观地看待自己和丈夫。这种观点的变化消减了她的担忧（肯恩有朝一日会像她父亲一样）。随着观点的变化，加上内心的担忧逐渐减轻，她能够努力去改善两人关系，想着维系婚姻，而不是寻求摆脱。

从这一案例中我们可以提取一条重要的原则：担忧会妨碍夫妻的投入程度，而"有所保留"会让人时刻担忧。这条原则伴随着这样一个推论：夫妻可以尝试彼此信任和依赖，一方一开始可能会觉得自己更加脆弱，但最终将发现这是值得冒险的。

马乔丽将自己的冷漠看作管束肯恩的手段，也是自我保护的方式。我的一部分咨询工作涉及解决她对冒险的恐惧。

阿伦：你为什么不想许下承诺？

马乔丽：我不太确定能否信任他。

阿伦：假设你发现他无法信任，会怎么样？

马乔丽：他可能会伤害我。

阿伦：然后怎么样？

马乔丽：如果他伤害了我，我会真的很痛苦。

阿伦：你接着会做什么？

马乔丽：我会考虑摆脱这段婚姻。

阿伦：但你从结婚那天起就一直考虑要摆脱这段婚姻。如果你承诺一切都会好起来，而不是它们可能会不顺利，你实际上会失去什么呢？

马乔丽：我想我会觉得无法信任他。

阿伦：所以你就一棍子打死认为他不值得信赖。但假设你全力以赴了，而他也经受住了考验了呢？

马乔丽：我想我会发现他终究是个好人……我可能会更有安全感。

我为马乔丽设置了一个为期三个月的试验，让她测试如下假设："如果我全身心地投入婚姻，在伴侣身上找积极面而不是消极面，那我会更有安全感。"三个月后，她发现自己确实更有安全感，离婚的想法也越来越淡。

此案例证明了"扪心自问"的重要性，例如一个人内心深处是否认为不应让自己易受伤害。马乔丽努力避免某种不确定的风险，比如让自己陷入一段不愉快的婚姻当中，她已经为此付出了实实在在的代价——从未感到真正的快乐或安全。她让自己陷入一种恶性循环：时时刻刻寻求出路来保护自己，结果造成自己的婚姻风雨飘摇；不稳定的婚姻令她更加缺乏安全感，进而更加渴望自我保护。对外界过分警觉的代价是长期没有安全感。

同样，马乔丽不会轻易对工作或朋友做出坚定承诺，因为她担心被拒绝而受伤。她的敏感和不敢冒险还表现为，她认为自己的银行账户中要有大量存款（尽管将这笔钱投作他用会获得更丰厚的回报），她还购买了大额伤残保险。从某种意义上说，马乔丽的婚姻策略表明了应全身心投入婚姻，不要畏首畏尾。

## 对忠贞的承诺

人们往往不愿意对一件事做出彻底的承诺，因为这需要有所放弃。比如，有些人享受婚姻生活，但不愿意为婚姻做任何牺牲。他们希望鱼与熊掌兼得。比如，他们既想要婚姻带来的安全感和持续的爱情呵护，又想要享受单身时的自由自在和无责一身轻。

特里和露丝是一对在外人看来一切都好的夫妻。他们前来找我咨询，原因是露丝怀疑特里对她不忠。特里是一位工作忙碌的专业人员（他是为工厂进行自动化改造的系统分析员），他要经常出差。露丝担心丈夫出差期间与其他女人约会，为此内心倍受折磨。

在我与特里的单独交谈中，我发现他确实在出差期间和几个女性保持了暧昧关系。按照他自己的话说："我想鱼与熊掌兼得。"他非常放纵自己，根本不明白为什么要剥夺自己的乐趣，哪怕他的这种放纵会伤害他的妻子，伤害两人的婚姻。

我对特里采用了和马乔丽一样的方法，分两栏评估事情的优缺点。起初，他否认维系夫妻关系"比其他任何事都重要"。但衡量过所有为所欲为的优点以及潜在危险后，他顿时觉得自己"亏了"。我跟他讲，要确保亲密关系长久，人必须在婚姻容许的范围内克制享乐，威胁婚姻存亡的东西要懂得放手。在这种情况下，不做承诺的夫妻一定要认真思考一下，不愿牺牲的自己会失去多少东西。特里曾和我有过下面这段谈话。

阿伦：你似乎在追逐一个梦想，那就是抓住了什么就能够拥有什么。

特里：是的。这有错吗？

阿伦：但事实上你拥有了所有吗？我猜露丝威胁要离开你。

特里：我觉得她不会离开我的。

阿伦：那假设她离开你，你还有什么呢？

特里：我想我还会再找一个妻子的。

阿伦：这真是你想要的结果吗？

特里：当然不是。

阿伦：按重要性排列的话，哪一项对你更重要？是风流重要还是婚姻重要？

特里：当然是婚姻啦。

阿伦：如果必须做出选择，你会选择哪一个？

特里：我刚才已经告诉你了。

阿伦：如果放弃到处拈花惹草，你会失去什么？

特里：出差时会少了很多乐趣。

阿伦：那又会得到什么？

特里：我想露丝不会再找我麻烦了。

　　需要有人点醒特里：他需要放弃一些东西才能保全自己的婚姻，但如果他仍旧想什么都要，那他只会失去更多。特里从未正视过自己必须做出选择这一事实。说真的，他以前大多数时候都能随心所欲，而且全身而退。他第一次面临这样一种事实，"拥有一切"的生活态度已经站不住脚了。经过再三考虑，特里明白了一个道理，尽管其他乐趣诱惑重重，但维系婚姻才是至关重要的。

　　当然，单单解决一个问题并不能促成承诺。真心承诺需要更多努力：双方必须专注于婚姻，吸取经验教训，学会以一个团体、一对夫妻的身份去体会共同生活的乐趣，不要将夫妻当作生活在同一屋檐下的两个人。

　　承诺的一个重要方面，也是许多观察家认为最近几十年来越发少见的一个方面，就是在历经重重困难、百般失望和幡然醒悟后，夫妻仍决定维系婚姻关系的决心。众所周知，如果夫妻双方共同努力解决他们的问题，不选择逃避，那么很多婚姻本可以挽回和好转。后面几个章节提供了一些寻找解决方案的参考建议。

## 基本的信任

即使夫妻双方忠于婚姻，仍有可能无法建立起稳固的信任感。比如，妻子的信任包括坚信丈夫会把她的利益放在心上，不会故意伤害她，在她需要时随时帮忙。培养长期、持续的信任很困难，但动摇信任却很容易。

按照许多学者的著述，基本信任的根基早在结婚之前就建立起来了。爱利克·埃里克森（Erik Erikson）指出，人的这种态度最早形成于孩童时期与地位高的家人交往的过程中。[1] 这种信任超越了婴儿期的盲目依赖，产生自孩子对父母以及兄弟姐妹的情感。孩子的基本信任包括如下几个主题。

- 在我需要帮助（无论什么样的帮助）时，我可以依赖自己的家人。
- 外人可能会伤害我，但家人会尊重我并保护我。
- 我身边的重要人物不会越界，不会利用我或者故意伤害我。

这种孩童时期的信任可能不会延续到同伴关系中。一个容易信任别人的孩子可能发现别的孩子残忍、爱骗人、靠不住。随着逐渐长大，这个孩子或许会形成这样的观念：异性喜欢指使人、利用他人、不值得信赖。这种潜在的不信任态度可能会带到婚姻中，但会披着爱情的外衣。尽管他的伴侣可能是一个可靠、值得信赖的人，但他心中始终潜藏着不信任，只等一个时机浮出水面。

许多夫妻都是分情况信任另一半，不会时时刻刻保持信任。在某些方面，比如花钱、与姻亲的关系或者外出的那段时间，他们会表现出不信任。其中一方可能会察觉到另一方的不信任并因此而感到伤心。或者，一方的不信任会令另一方发起反抗，意气用事，应了那句话："既然惩罚都一样，我还不如索性做得更差些。"

如果夫妻能认识到在婚姻的核心领域，他们倾向于以绝对化的方式思考，那么他们能够更好地理解不信任。例如，如果妻子撒了一次谎，她丈夫会想："我再也不相信她了。"如果丈夫食言了，他妻子会断言："他靠不住。"当然，夫妻最好还是将诚实和可靠视作一种品性而非绝对真理，视作尺度上的分数而非一个固定值。这样，受到伤害的妻子可能会重新审视丈夫的小谎，将其看作人无完人的表现：他不是一个完全诚实的人，但也不是一个撒谎成性的人。喜欢做统计的丈夫可能会将妻子评为 75% 可靠，但不会评为始终不可靠。

事实上，没有人可以做到始终真心诚意。一方面，世上不存在绝对的真理。每一种情况都有许多面，我们在诚实回答问题时，难免选择某些方面而放弃另一些方面。例如，在试图如实评价自己的动机时，我们需要认识到，动机经常是综合因素，无法完全客观地一一区分出来。另一方面，我们的感受和态度是动态变化的。我们在生气时坚信的事情，过了几分钟平静下来后可能就站不住脚了。

## 假定善意

即使婚姻中夫妻双方都抱有好意，都想帮助和善待彼此，但是错误的沟通和误解度仍会令好意大打折扣，导致一方推断另一方别有用心。一旦丈夫假定妻子只有狭隘的、自私自利的目的，他对妻子的看法便会受到这种假定的蒙蔽。

假设一位妻子在受到冒犯之后能够告诉自己："即使我丈夫的行为可能是受到了误导并伤害了我，我还是认为他出于善意，他并不想伤害我。"这一认识本身会帮助她从不同的视角看待丈夫的行为，通过对比此视角以及她对丈夫的负面判断，她可能会对丈夫看似刻薄的行为进行更加善意的解读。

当然，假定善意也不能想当然，并非所有的意图都是好的。事实上，妻子可能可以说出一个个有力的案例，证明丈夫的行为是自私的、充满敌意的。但通过回顾他以往的行为，包括"好的"（关心体贴、无私奉献）和"坏的"（冷漠、自私），她可以更加全面地看待丈夫。

如果夫妻陷入了攻击与反击、争夺主导权的恶性循环之中，那么需要先消除他们之间的敌意。本书第 17 章中列述的策略在开始阶段可能会有些效果。一旦敌意有所减弱，夫妻可能会在至少一项假设上达成一致：彼此之间确实抱有基本的好意，如果他们都认为对方心存好意，那么亲密关系会变得更加融洽。这种有效的假定有助于消减因互相给对方强加恶意而引发的敌意，而在关系紧张的婚姻中，互相强加恶意的情况时有发生。

## 往好处想

婚姻中的每个人都应了解另一方的特定敏感之处，并认识到尊重对方的敏感可以避免不必要的烦恼。然而，如果伴侣的行为令人生疑怎么办？比如说，由于意料之外的原因，妻子到家的时间比她告知丈夫的要晚得多。回到家后，她解释说中途要到银行去兑现一张支票，而这种解释显得空洞无力。她的解释或许确有其事，但在她丈夫听来却是难以相信。丈夫怀疑她中途前去看望了她母亲，这是他们过去的矛盾焦点。

在这种情况下，丈夫可以有两种选择：要么相信她，要么直接向她提出自己的怀疑。他应该采取哪种方式呢？一般而言，接受妻子的解释并就此罢休，这样他会感觉好一些。如果妻子说的是真事，怀疑只会消耗两人积累起来的好意，妻子会感到委屈。如果事实是她的确中途去看望了她母亲，他仍能尽可能让她保住秘密：她很可能说了一个善意的谎言，避免潜在的破坏性冲突。因此，他应该接受妻子的解释。

在双方都容易犯错婚姻中，如果夫妻，人们会被较强的敏感性、自尊心和防备心困扰，期望彼此完全诚实会适得其反。当然，人们做事的动机往往比较复杂，有善意的，也有恶意的。但是，夫妻之间的动机通常少有恶意。丈夫接受妻子晚回家的善意解释之后，才更能够体贴妻子。

对伴侣往好处想的做法适用于多种情况，不论伴侣是否真的该受责备。丈夫可能会因专注于工作问题而忘了妻子交代的事，不是因为他不在乎妻子。妻子可能会未提前和丈夫商量就邀请新朋友来家做客，她觉得丈夫会喜欢这些朋友，不是因为她"不体贴"。

综上所述，我必须承认，在理想的婚姻中，夫妻双方可以自由表达他们所有的怀疑，甚至质疑对方的动机。然而，这种理想化的状态难以实现，也不应用来贬低美好的婚姻关系。

## 忠诚与忠贞

忠诚与忠贞不同于承诺，因为伴侣可能会尽力维系婚姻（也确实在婚姻中投入了大量的精力和物力），但仍有可能不忠。从这种意义上说，忠诚指的是夫妻一方将另一方的利益置于其他人的利益之上。比如，当丈夫受到批评时，他希望妻子会维护自己。同样，忠诚包括不站在其他人一边反对伴侣。

有时候，夫妻一方对忠诚的期望会变得极端；尽管如此，一方需要认识到另一方对忠诚的定义并牢记在心。例如，一位女士因与丈夫姐姐打交道的事而生气。她与他姐姐约好做家务，但因误解引发了争吵。妻子认为丈夫应站在她一边，而他试图不偏不倚，于是妻子指责他不忠诚。用她的话说："我需要的是盟友，而你却当起了我的法官。"

在婚姻当中，同盟感具有重大的象征意义。"我妻子（丈夫）……不管对错"表示夫妻一方总能够期望获得另一方的保护和支持。而这种支持和保护不取决于对另一方对错的评判。在亲密关系中，保持中立经常被视作一种不忠。假设所有条件不变，相对于公正无私，人们更喜欢坚守忠诚。

忠诚问题往往出现在公众场合。例如，丈夫可能私下里会接受妻子的批评，但如果妻子当着别人的面批评他，他就会感到极为不高兴。这种公开批评的深层含义是"她不是我的支持者"。

丈夫会因妻子的"不忠"而感到很受伤。根据某种基本逻辑，如果他的所谓盟友认为在公众场合下批评他是合适的，那么这便默许了别人也可以如此。另外，他可能会将妻子的当众批评解读为公开承认两人无法和睦相处。因此，这一切勾起了他当众出丑的种种担心，包括尴尬、丢脸、羞耻等。

被伴侣当众为难常常被解读为一种背叛。丈夫有时会斤斤计较于如实说话，妻子稍有措辞失准，他就会坚决反驳。由于妻子极力想给别人留下好印象，所以很容易认为自己"遭到背叛"。

有一次，泰德和凯伦在海滩度假村与另一对夫妻聊天。凯伦在回答对方的提问时说："我们喜欢来这里。每次都玩得很开心，所以经常来。"泰德认为这种说法不准确，就打断她的话，解释说他们才来了第二次。凯伦接着告诉那对夫妻他们喜欢来这儿的另一个原因，因为可以享受航空公司的优惠套餐。泰德再次纠正她："这并不是我们来这儿的真正原因。我们怎么都想来，即使原价也愿意。只是旅行社刚好可以给我们优惠价。"凯伦认为泰德的纠正做法在那对夫妻看来是在打击她的信誉。

泰德讲究实话实说，不想让别人觉得自己有所欺瞒。他担心表述错误会暴露，因此赶紧纠正凯伦的"错误"。凯伦却不想一一计较每个细节。另外，她希望两人在与别人交谈时能够保持统一战线，给人一种她和泰德关系融洽的印象。在她看来，泰德当众否定她，损害了她的信誉，认为泰德不忠。

## 不贞

在一些婚姻中，夫妻可以接受另一半的不贞；一些夫妻会默默忍受另一半的不贞，但仍会因此感到痛苦；但在多数婚姻中，不贞被认为是极端的不忠，不仅不可接受，还会导致亲密关系的永久破裂，成为离婚的理由。即使配偶不贞后婚姻仍然存续，铸成的伤害也无法抹除。我经常发现，即便不贞早已是成年旧事，在数十年之后，受到伤害的一方仍会耿耿于怀，每每提及之时都话中带刺。

为何不贞对婚姻会有如此大的破坏性呢？为了解孤立的婚外情事件可以给受害方造成的巨大影响，我们必须回到象征意义的话题上去。在犯事的一方看来，出轨相当于享受"多姿多彩"的婚前生活，但被出轨的一方会将不贞当作对两人关系的直接打击，是对本应信守承诺的嘲笑。

以特里为例，他想要继续偷腥，并认为婚外情绝对不会影响他和妻子的关系。他说："不论我有没有婚外情，我都会一如既往地爱她。"但他承认，他的出轨会让露丝伤心，所以最好还是让她蒙在鼓里。他沿用一句老话："不知者不受伤。"他认为与其他人的婚外情不过是短暂的插曲，不用负责，所以他觉得断绝婚外情既没有好处，又不会威胁自己的婚姻。

但他没有意识到，婚外情涉及基本信任的关键问题。露丝将他的出轨行为理解为他不值得信任、对她不忠、并不真正爱她。

除了不贞的道德影响之外，出轨行为也会渗入到亲密关系的深层，影响出轨人的自我形象和信誉，原本关系牢固的婚姻也可能难以幸免。在已经摇摇欲坠的夫妻关系中，不贞可能直接敲响婚姻灭亡的丧钟。处理夫妻一方不贞的方式异常复杂，需要专门的章节进行详细探讨（见第18章）。

# 第12章
LOVE IS NEVER ENOUGH

# 调整夫妻关系

你可能还记得，凯伦是一个浪漫主义者，她喜欢随性行事，她的丈夫泰德则讲究系统性和"理性"。在我制定的早期治疗项目中，有一个方案是鼓励他们看到两人关系中好的一面，试着重新体会曾在对方身上发现的可爱之处。我还建议他们，尽力去察觉彼此的需求并尽可能去满足。这个方案蕴含的部分道理是，夫妻在经历苦恼期间会忽视对方身上的可爱之处。

结果证明，泰德在执行我提出的取悦配偶的建议上表现得比凯伦要好；我给他安排了一项后续计划，进一步完善了他处理生活需求的一般方法。在随后的疗程中，凯伦向我汇报说："泰德最近一周表现很好。他给我母亲打了几次电话，还聊了很久……我对他的态度也温柔了许多。"

凯伦觉得，给她母亲打电话是一件难事，她患有严重且不断恶化的疾病。凯伦打电话时，她母亲有时会突然崩溃大哭起来。在她哽咽时，她母亲也会感到难过，于是谈话变得让两人都难受。所以，当泰德主动给她母亲打电话时，凯伦心怀感激。

这段经历非常重要。泰德的表现让凯伦再次体验到久违的温馨。她说:"我都忘了爱泰德是种怎样的感觉。"她开始重新将泰德看作一个稳重、可靠的人,可以指望他的帮助和支持。她告诉我说:"我知道自己浮躁,有时又很软弱,但泰德就像一块石头。我知道,我可以随时寻求他的帮助。"然而在两人发生冲突期间,泰德的优点在她的眼中就消失了。

从这段经历可以明显看出,泰德给凯伦母亲打电话的举动对凯伦来说具有重大的象征意义。凯伦说,"他这样做是为了我",并认为他帮了大忙,况且她没有特意要求泰德去做。凯伦意识到泰德能够察觉到她的需求,而且不用她开口就主动回应,他是真的在乎自己。对泰德来说,这并不是什么大不了的事。他爱凯伦的母亲,也很乐意帮凯伦一把。

重要的原则是,如果你察觉到伴侣的需求并以某种方式去满足,就可以大大推进亲密关系的发展。满足伴侣所需根本毫不费劲,尽管察觉需求比较困难。原因之一是,许多夫妻没办法让另一半知道自己的具体需求,或者他们更喜欢另一半能在不用提示的情况下察觉他们的需求。

凯伦对泰德所做的努力表示肯定,这个效果让泰德感到满意。泰德很高兴自己能做点什么来取悦妻子,而且妻子对自己的付出表示赞赏。对泰德来说,更重要的是凯伦从此之后对他表现出温柔和深情。

尽管泰德知道自己加倍努力是为了向凯伦证明他会在意凯伦的感受,但他的付出都是出自真心的。在两人争吵之前,他经常做一些事情来取悦凯伦，所以在感知到凯伦心有所求的信号后，他能再次主动表现并不意外。

当然，两人的关系并不会一夜之间好转，但这段经历是他们关系出现转机的重要节点。在短时间内他们可能仍保持戒备心，担心受到伤害，他们并没有彻底信任彼此。凯伦仍担心被泰德支配，而泰德仍对凯伦表现出的一丝冷落很敏感。

在我的治疗方案中，我要求他们说一下最初喜欢彼此的地方。凯伦描述了她与泰德随性而为的欢乐时光。泰德表示享受与凯伦谈天说地的快乐。

在随后的一次咨询中，他们向我汇报了两人的关系进展。凯伦讲述了她那一周久违地与泰德散了步，两人边走边聊，好不惬意。在散步过程中，凯伦问泰德最近在读什么书。泰德热情高涨地和凯伦交谈起来，分析了他读到的政治经济形势。凯伦很崇拜泰德的见识，倾听时乐在其中。她的崇拜也让泰德倍感愉悦。

许多遇到困扰的夫妻不清楚什么对自己的亲密关系有利。他们只关注不喜欢的点，而看不到如何让喜欢的点变好。如果你陷入了婚姻困境，利用本章末尾部分所提供的清单分析自己的关系，将会对你有所帮助。记住，如果你的婚姻问题重重，你可能会因现有的负面偏见而低估一些积极方面。这可能会蒙蔽你的眼睛，让你认不清婚姻中的积极因素，或者对伴侣身上的优点视而不见。[即使不存在负面偏见，生活的实际问题（比如收支平衡问题、照顾孩子问题、照管家务问题等）也可以轻易将两人的关系拉入泥沼，令你失去婚姻带来的快乐。] 为了消除负面偏见，你不妨试着练习寻找积极的方面,并坚持一两周每天做好记录。

有些人很容易仅仅因为几个不好的方面而将婚姻中以及伴侣身上所有好的方面全盘否定。例如,有一位丈夫抱怨说:"我可以做好十件事……但后来忘记做一件事——这下可好!她开始找我麻烦。我的所有功劳被一笔勾销。"因一件不愉快的事而抹杀其他众多好事,这种威力是导致双方产生误解、沟通不畅以及气愤等问题的重要根源。在后面的章节中我们会继续探讨这个问题。

## 爱与被爱

许多夫妻似乎忽略了什么是巩固婚姻的基石,所以弄清这些基石十分重要。当丈夫抱怨说,"我实在没法知道妻子到底想要什么。她说我应该更加关心和理解她,而我的确做到了。她还想要什么?她到底在挑我什么毛病",此时掌握更准确的信息可以给他提供指导。

在长期稳定的婚姻中,痴情可以发展为成熟的爱情。妻子在说"我爱你"时神采飞扬,丈夫听到时也会一阵激动,因为关怀和相互倾慕与忠诚、信任以及忠贞融为一体,会产生更浓、更深的爱意。

成熟的爱情包含如下一些基本要素。

**亲切感**随着时间的推移逐渐取代强烈的迷恋(对伴侣念念不忘,理想化,无法克制在一起的欲望,情绪起伏不定,相聚时喜悦,分开时失落)。除非受到干扰,这段深厚的爱情会一直永存。有几对结婚四十多年的夫妻曾告诉我,他们四目相对时仍会像几十年前一样动情。

**关爱**指的是坚信并让伴侣知道"你对我很重要。我在意发生在你身边的事。我会好好照顾你"。关爱主要表现为两个方面：关心伴侣的幸福，以及随时准备好帮助或保护伴侣。帮助伴侣是出于责任感和个人情感，这与花钱雇来的伙伴或管家不同，他们只是尽职尽责而已。因此，关心和喜爱是关爱的重要因素。

**表达爱意**是激发伴侣内心亲切感的一种再明显不过的方式，讨论显得多此一举。但随着婚姻的发展，搂住配偶、拥抱、耳边轻语情话等表达爱意的方式逐渐只能在卧室中看到。一旦婚姻出了问题，这一切方式甚至会彻底消失不见。

在热恋阶段和婚后第一年的大部分时间里，泰德和凯伦深爱着彼此。随着关系逐渐紧张，爱抚、关爱、微笑以及轻语情话变得越来越少。但在经过几次咨询之后，他们意识到一句温柔的话或一个令人愉快的微笑都可以打破僵局，于是他们又恢复了往日的真情流露。

**接纳**在成熟的爱情关系中往往是无条件的。我们会承认彼此之间在看待宗教、政治、他人上存在差异，不会因此相互指责；我们会接纳伴侣的愚笨或弱点，不会因此评头论足。这种无条件的接纳会令人深感安心。它可以给配偶带来一种接纳自我的感觉。如果伴侣能够完全接纳自己（小缺点、大缺陷等），我们便会放下心来，卸下防御。

随着泰德和凯伦的关系好转，泰德讲到了自己被接纳的感受："我可以真实地面对凯伦，不必特意去取悦她，而她也能接纳真实的我。"凯伦接纳泰德的态度与泰德的父母不同,他父母会因他的成绩表扬他,但也会因他的过失批评他。

当然,接纳并不是说对伴侣的缺点视而不见,但在接纳的氛围中,你尽可以与伴侣共同解决亲密关系的妨碍因素。需要注意的是,如果你们的爱是以"表现好"为条件,那么你们可能永远无法亲密无间。只有付出了爱,并以表现好为共同努力的目标时,才有亲密可言。

**共情**指的是洞察伴侣情感的能力,即在某种程度上体会伴侣的悲欢苦乐。当人被烦心事所扰或者被情绪(不论是悲伤还是欣喜)左右时,可能会暂时性地丧失共情能力。在本书开头的事件中,工作问题让泰德忧心忡忡,所以没注意到凯伦拿下新客户后的神采飞扬。而沉浸在喜悦中的凯伦同样没注意到泰德的感受,没有意识到他当时很苦恼,急需他人安慰。

在接受咨询之后,凯伦可以更加敏锐地察觉到泰德的忧虑,尤其是他对遭到冷落和抛弃的恐惧。因此,她能够尽量不让泰德久等,或者在自己会迟到时打电话通知他。另外,泰德也更加清楚地意识到凯伦想做无拘无束的人,所以他抑制住了想要强行安排两人生活的冲动。他试着放松自己,更自然地回应凯伦的即兴建议。

**体察**对方的忧虑和敏感点(比如泰德担心被抛弃,凯伦担心被支配)对于伴侣而言非常重要。尽管体察人心的敏感度因人而异,但这种特质可以后天培养。如果伴侣对你的特定举动反应过度,你大可不必指责或戒备,不妨静下心来认真思考其中的深层次问题,温和地与伴侣探讨他的隐忧。一定要克制住自己,不随意将伴侣的过度反应都归咎于品性不良,比如强迫性或控制欲。要意识到,过度反应是内心脆弱的表现。

比如，凯伦了解到，泰德坚持准时的原因是他担心凯伦发生意外。泰德发现，凯伦之所以不满他试图安排她的生活，是因为她担心受到支配。

察觉到自己的"烦恼"意味着你可以去解决它。事实上，在咨询过程中，泰德大大克服了对凯伦冷落或抛弃自己的担心。凯伦也能够摆脱误区，不再认为配合泰德的限制会令自己不再自由、自主。

**理解**与体察类似，但在程度上更深。伴侣向你倾诉问题时，可能认为不用把细节一一讲出便能得到你的理解。另外，理解还表示可以透过伴侣的眼神看事情。当凯伦因烦人的客户而不快时，泰德能够坚决站在凯伦的立场看待这个问题——没必要只顾自己的观点。

相互理解是在夫妻矛盾中最早被损害的，一旦一方哀叹"我真不明白他/她为什么那样"，即表明相互理解已经"阵亡"。闹矛盾的夫妻很难做到相互理解的部分原因是，他们会表现出与充满爱心的一面不符的行为，比如采取强硬的立场，或者试图瞒骗对方。更加严重的问题是，随着矛盾升级，夫妻更容易误读对方一举一动代表的意义。误解不断累积，将夫妻了解的或本该了解的彼此真正动机迅速淹没。

有几种方法可以帮助避免产生误解。第一，审视自己对伴侣的自动化思维，判断其是否理性、有逻辑、合理（见第13章）。第二，核实一下自己对伴侣意图的解读，这种方法见第8章。

**陪伴**在婚姻早期备受重视，但在许多婚姻中，陪伴意识似乎随着时间逐渐淡化。婚后夫妻将精力集中在赚钱养家、照看孩子、料理家务等事情上，在一起的时间减少了，共处时的质量也下滑了。在第 14 章，大家会读到克利夫和朱迪的案例。由于克利夫专注于工作，两人之间的陪伴意识逐渐减弱。经过反思沉迷工作给婚姻带来的影响，克利夫重燃旧日的激情。

陪伴是经营良好婚姻关系的宝贵资本，善加规划便可效果立现。陪伴只需要夫妻组织双方都乐于参加的活动，比如一起出游、装修房子、去看电影等，并专门空出时间。在日常生活中，相互陪伴带来的满足感也包含着友谊。坐在一起看电视、散步、料理家务（如一起刷盘子、打扫房间等）都可以培养夫妻的凝聚力。

**亲密**的范围较广，小到讨论日常琐事，大到倾诉最私密且不宜告知第三人的个人情感，再到性关系。

从某种程度上说，亲密是关爱、接纳、体察以及理解的附带结果。同样，亲密会因误解、不分青红皂白的指责以及冷漠而被逐渐削弱。当夫妻一味指责、惩罚或控制对方时，不妨思考一下会对亲密关系造成多大的损害。当亲密因冲突和争吵而消失殆尽时，维系婚姻的羁绊会随之而去。

**友善**是指你对伴侣本人产生的真实兴趣。许多婚姻（即便不是大多数）要么表现为单方面的友善，要么双双冷漠。一些民意测验表明，女性不会将丈夫看作最好的朋友，只会将其他女性当作闺蜜。相比之下，大多数丈夫会认为妻子是自己最好的朋友。[1]

你可以关注伴侣来培养友谊。试着找出伴侣最在乎的东西。通常，搭起这种桥梁要讲究策略。比如，在第 14 章中我介绍了"接话方法"，这是一种鼓励伴侣谈论自身经历的方式。

**取悦**伴侣自然是美满婚姻的要素之一了。愉悦的效果是相互的；你的行为可以带给伴侣满足感，而你也可以从中汲取快乐。有时，你需要另辟蹊径，跳出条条框框。比如，泰德给凯伦母亲打电话的举动让凯伦大为高兴，凯伦想着要投桃报李。她在书店买了一本加里·威尔斯（Garry Wills）的《辛辛纳特斯：乔治·华盛顿与启蒙运动》(*Cincinnatus: George Washington and the Enlightenment*)，因为她知道泰德会很喜欢这本书。

在本章后半部分，我会介绍夫妻如何制订取悦对方的日常行动计划。把这件事放在心上将大大有助于重振每况愈下的夫妻关系。

**支持**伴侣传递了一种信息，让对方觉得你值得依赖，是他／她遇到困难时可以依靠的坚强后盾。你可能低估了当伴侣陷入沮丧时，鼓励他／她或为其排忧解难的象征意义。在需要的时刻出手相助意义重大，表明你随时愿意为伴侣提供支持或解忧。

在伴侣想要尝试新的冒险或者承担新的职责时，一些人会保持偏中立的态度。他们拿不定主意是否要赞同，从而打击了配偶的积极性和自信。下面列举一个假设案例，一个丈夫努力保持客观，而让妻子觉得他满不在乎。

妻子：我获得了一个晋升为客户经理的机会。你认为我应该怎么做？

丈夫：那么你想做什么呢？

妻子：我不知道，所以我才来问你。

丈夫：嗯，你需要决定你自己要做什么。我不能为你做决定。

妻子认为丈夫对自己漠不关心。在另一个类似的真实情境中，肯恩（在出现前面几章所述的交谈之后，他前来找我咨询）在回答中更多地表示出支持的态度。

马乔丽：我获得了一个晋升为客户经理的机会。你认为我应该怎么做？

肯恩：嗯，这肯定是对你的嘉奖。你应该感到高兴，海伦（她的老板）这么信任你。

马乔丽：她或许很信任我，但我自己没有信心。

肯恩：所以你才不知道做什么吗？

马乔丽：是的，如果我信心更足，我会接受这份工作。

肯恩：在过去的几份工作中，你不也是起初缺乏信心，但习惯之后就找到感觉了吗？

马乔丽：你说的对……所以你认为我缺乏信心只是心理问题，如果让我打退堂鼓的只是这一点，我应该接受，是吗？

肯恩：是的。

肯恩能够发现马乔丽的问题所在，那就是缺乏自信。肯恩提了几个机智的问题，引导马乔丽发现自己的"心理"问题，并间接地支持她，暗示他认为她可以胜任这份工作。

肯恩原本可能满怀热情、不假思索地劝马乔丽接受新的职务，但采用这种方式是不成熟的，无法有效地让她直面真正的问题——

缺乏自信。他使用的技巧是先试探再安抚，既体现了理解，又表示了鼓励，支持伴侣可谓效果显著。

夫妻间的互帮互助因人而异。在一对夫妻看来是支持的行为，可能让另一对夫妻扫兴。尽管加油打气是我们常用的方法，但具体形式要取决于个人的性格和心态。通常情况下，向伴侣发问有助于让问题一目了然，然后观察对方的反馈以及接受或拒绝的迹象即可。一般来说，要衡量哪种支持方式最佳，少不了反复试错。

**亲近感**的意义不仅仅是肢体上的靠近，尽管许多夫妻抱怨说见面的时间太少。为此，有位妻子甚至给丈夫的秘书打电话预约和他见面。

即使夫妻有大把时间共处，共处的质量也可能不太令人满意。比如，朱迪抱怨说，丈夫克利夫"身在家"，但"心不在家"，跑到其他事情上去了。过于操心工作问题、经济困难以及孩子的问题会人为拉大夫妻间的距离。最大的麻烦是产生敌意，继而造成夫妻间的巨大隔阂。

亲近感并不一定会永远消失，稍微花点心思，就可以重温。比如，夫妻共同商讨工作或家庭中的重大问题，分享计划和目标，或者回顾一天的好事坏事，都能自然而然地建立起亲近感。另外，展现爱意、接纳和支持这类爱的行动，具有拉近夫妻关系的多重效果。

## 记录积极行为

对夫妻来说，知道彼此要做什么并做出相应回应十分重要。在阅读第 11 章时，你或许联想到伴侣可能做了哪些你在意的事情。记住，你的伴侣可能有所行动，而你毫不知情。首先，细心观察伴侣做了哪些让你高兴的事情。然后，在你们开始交流的时候，你可以向对方指出这些事情，还可以暗示其他对你意义重大的事情（见第 14 章）。记下伴侣做的每一件让你高兴的事情，这往往很有帮助。

我向凯伦和泰德提议，让他们分别记下上周对方做过的让自己高兴的事情。凯伦汇报了如下内容。

    1. 泰德表现很好。我的一些客户真的让我苦恼，他们是真的烦人。他们对于家中应布置什么各有看法，但对装修的事情一无所知。他们真的让我头疼，有些人直接取消了订单。我辛辛苦苦忙活了这么久，他们却反悔了！不管怎么说，我还是将此事告诉了泰德，他深有同感。他并没有告诉我如何去做，而是说如果他是我，他也会很气恼。他说我的客户太难对付。这样一说我心情就好多了。

    2. 他回到家时家里一片狼藉。当时我没有时间去整理东西。他不但没有怨言，反而一声不吭地着手收拾起来。

    3. 我叠衣服时，泰德陪我聊天，所以一点儿也不无聊。

    4. 他主动提出去散步，而我也欣然接受。

泰德的上述举动都让凯伦感到欣慰，她说："这些举动堪比礼物。"尽管泰德过去也做了一些类似的事情，但由于凯伦一直对泰德抱有负面看法，所以这些好事都从她的记忆中被抹掉了。

倾听凯伦的抱怨并对她表示同情是泰德的重大进步，他的本能倾向其实恰恰与之相反。过去，泰德不但不会真正地倾听凯伦，还会对她的担忧置之不理，让她不要烦恼，并说那是客户的一贯做法，她应该学会适应。

泰德回到家看到屋里一片狼藉的时候，他的秩序感受到了冒犯，原想责备凯伦一番。然而，多亏了婚姻咨询辅导，他压制住了内心的抱怨情绪。他反问自己："成熟的处理方式应该是怎样的？"于是他马上决定自己清理房间，而没有去问凯伦他是否应该这样做。重点不是他为凯伦减轻了做家务的负担，而是他的行动对妻子具有象征意义：他对妻子的状况（遇到工作难题）体察入微，关怀备至，还做到了不妄加评判。

泰德做出了如下的汇报。

1. 周二晚上我回到家时已筋疲力尽。工作问题让我倍感压力。凯伦对我说："我们今晚出去玩一玩吧。"于是，我们去餐馆吃了点东西就去看电影了，工作烦恼真的一扫而空。
2. 凯伦这周好几次表现得很可爱。
3. 凯伦把我的衣服拿到洗衣店去洗了。

这些事情对泰德意义重大，表明凯伦非常用心，也希望取悦泰德。

莱恩和哈莉特也在某些方面经常发生冲突（莱恩吃饭时一声不吭，做爱时毫无情调；哈莉特只顾她自己的课程）。我要求他们着手做一些可以愉悦对方的事情，并一一记录下来，结果如下。

## 哈莉特

1. 他问我一天过得怎么样。
2. 他给我做了背部按摩。
3. 我们去看电影时,他说我很好看。
4. 我们做爱时他表现得很有情调。
5. 我看电视的时候,他放下报纸坐到了我身边。

## 莱恩

1. 她问我喜欢交什么样的朋友。她准备了丰盛的晚餐。
2. 她给我买了我喜欢的戏剧的票。
3. 她每晚会及时回家吃饭。

经过一周的"做好事",哈莉特和莱恩比原来更愿意接纳对方。这一个个小小的举动获得了回报,因为它们具有重大的象征意义。

## 拉起百叶窗

马克·凯恩·戈德斯坦(Mark Kane Goldstein)是佛罗里达大学的心理学家,他利用了一种简单的方法,帮助夫妻记录伴侣的友好行为。夫妻双方会拿到几页稿纸,写下对方做过的令自己高兴的事情。按 10 分制给对方的行为打分,表明自己的满意程度。戈德斯坦博士发现,接受本项简单方法测试的夫妻中,有 70% 表示关系有所改善。

通过记录婚姻生活中一些简单的快乐,夫妻可以更加清楚自己实际的满意度。这些夫妻在进行系统的观察之前,他们会对婚姻满意度进行评分,分数低于他们进行系统观察后的分数。变化的只是他们感知到发生了什么。在做记录之前,他们低估了婚姻带给他们的快乐。

你不妨尝试一下戈德斯坦博士的方法,确定自己是否低估了对婚姻的满意度。[2] 你可能会像我的许多其他客户那样,发现原来自己竟有如此多夫妻相处的美好时光。另外,随着夫妻关系好转,记录快乐的经历可以作为未来比较的基准。

戈德斯坦博士还向我展示了一个技巧,我后面发现这个技巧对许多夫妻大有帮助。它主要是为了给愤怒的夫妻打开"百叶窗",让他们看到对方的友好行为,或至少心怀感激。这种方法要求夫妻双方(或者任何一方)将几张贴纸贴在对方衣服某处,比如夹克的翻领上或者衬衣的衣领上。每次丈夫做了让妻子高兴的事,妻子就撕掉一张贴纸。夫妻记录每天撕掉的贴纸数量。通常,大部分或所有贴纸都会在晚上睡觉之前撕完。

尽管这种技巧在有些人看来过分简单化,但效果却十分惊人。为了记录让人高兴的行为,夫妻真的开始认真关注对方(以前生气时,他们往往会不看对方)。这种方法促使夫妻双方打破了遮挡视线的障碍。记录任务促使他们留心对方的友好行为,并做相应的表示。这样,双方都加强了这些行为的功效,以后会再接再厉,并在头脑中加深印象。最后,粘贴和撕除贴纸的技巧让关系紧张的夫妻增加更亲密的身体接触。

观察一段时间伴侣自发性的善意行为后,你应该告诉对方还有哪些行为会让你高兴。表达时直截了当，言语中不带讽刺、指责或含沙射影。比如，要避免提出一些附加条件的请求，也就是实为含蓄的攻击行为，[3] 例如说"我想让你帮我刷碗，但别摆出一副痛苦的表情"，或者"我希望你下班回家后能陪我说会儿话，不要转身就跑去看六点钟的新闻"。简单的请求往往更容易让你如愿以偿。

你大可以在开"夫妻会议"时提出此类请求，但前提是取得对方的同意。（本书第 16 章将进一步探讨这类交谈。）不论如何，在这一点上的主要策略是强调婚姻中的积极因素。尽管消除消极因素非常重要，但最好留待良好氛围形成之后进行。运用本章中的原则将有所帮助。

如果你不愿意召开夫妻会议，或者尽管时机还不成熟，但你仍希望伴侣做一些家务或其他让你高兴的事，那么你应该列出清单。比如，有一位女士向我抱怨说："我厌烦了一直要让丈夫做事了。"在我的建议下，她将希望丈夫做的事情列成一份清单并贴在冰箱上。在短短时间内，她的丈夫将清单上的事项逐一做完！另一位女士每天会在不干胶便条上写出一两项请求，并贴在浴室镜子上，以便丈夫刮胡子的时候可以看到。

然而，只有要求是不够的。每当伴侣做了让你高兴的事情，你应该给予一定形式的奖励，比如写一张感谢卡、给对方一个吻。对于改变伴侣的行为方式，奖励远比惩罚有效。

下列问题可帮你找出夫妻间表明爱意和关爱的方式。它还可以作为有效的指南，指导你评估自己的现状，以及确定未来可以改善的地方。在评价婚姻关系方面不存在绝对的得分标准。

## 爱的表现形式

**请阅读下面每个问题。确定你对每个问题回答"是"的频率,并在空白处写下相应的数字。**

（0）从不　　（1）极少　　（2）有时　　（3）经常　　（4）几乎一直　（5）一直

如果某一问题不适用,请直接跳过,继续回答下一个问题。

**亲切感**

_____ 1. 在你看到或者想到伴侣时会不会感到一股暖意?

_____ 2. 当你们在一起时,你会不会充满柔情?

_____ 3. 当你们不在一起时,你会不会想念伴侣?

**表达爱意**

_____ 1. 你会和伴侣使用爱称吗?

_____ 2. 你会在语气中表达出爱意吗?

_____ 3. 你会通过抚摸、握手等肢体接触来表达爱意吗?

**关爱**

1. 你关心伴侣的

_____　　a. 健康吗?

_____　　b. 快乐吗?

_____　　c. 痛苦吗?

_____ 2. 你会努力向伴侣表明你很在乎他吗?

_____ 3. 你会避免说出或做出伤害伴侣的事情吗?

**接纳与容忍**

_____ 1. 你会接纳双方在观点、口味以及做事方式方面的差异吗?

_____ 2. 不论是优点或是缺点,你会完全接纳伴侣吗?

_____ 3. 你会在伴侣犯错时避免横加评判或施加惩罚吗?

**共情与体察**

_____ 1. 当伴侣情绪低落时,你觉得自己会感同身受吗?

_____ 2. 在未被告知的情况下,你能够感觉到伴侣心情不好吗?

_____ 3. 你能够确定并尊重伴侣的敏感点吗?

**理解**

_____ 1. 你是否觉得自己能够理解伴侣心烦的原因?

_____ 2. 在你们之间产生分歧时,你是否也能够从伴侣的角度看问题?

_____ 3. 你能否在伴侣抱怨时判断出对方的烦恼所在?

**陪伴**

_____ 1. 你是否喜欢和伴侣一起做一些令人兴奋的事情?

_____ 2. 做一些日常事务时,你是否喜欢伴侣陪伴在身边?

_____ 3. 在没有要紧事的时候,你是否很享受伴侣陪伴在身边的感觉?

**亲密**

_____ 1. 你会不会和伴侣分享自己私密的想法和心愿?

_____ 2. 你是否会毫无顾忌地告诉伴侣一些你不会告诉其他人的事情?

_____ 3. 你喜欢伴侣向你吐露心声吗?

**友善**

_____ 1. 你是否喜欢伴侣的个人品性？

_____ 2. 你是否希望了解伴侣的内心想法或现在过得好不好？

_____ 3. 你是否希望征求伴侣对你自身问题的看法？

**取悦**

_____ 1. 你是否努力思考一些两人可以一起参与且会让伴侣高兴的事情？

_____ 2. 你是否努力让自己更有魅力？

_____ 3. 你会不会说出或做出一些取悦伴侣的事情？

**支持**

_____ 1. 你是否会在伴侣气馁的时候努力给予支持？

_____ 2. 你是否会在伴侣不堪重负的时候为他／她排忧解难？

_____ 3. 在伴侣想加入一个新公司时，你会不会给予鼓励？

**亲近**

_____ 1. 你是否与伴侣感情亲密？

_____ 2. 当你们不在一起时，你是否依然会有一种对伴侣的亲近感？

_____ 3. 你是否很享受与伴侣的肢体亲近？

# 第13章
LOVE IS NEVER ENOUGH

# 改正自己的曲解

在前面几章中，我们已经看到，错误解读会导致误解，而误解会造成夫妻关系恶化。对于夫妻间争吵深层原因的误解和夸大其词，可以通过运用几种认知疗法加以纠正。我在前文已经提到，这些技巧是可以后天习得的技能，而且越练习越熟练。

一些技巧是夫妻可以单独使用的；有些技巧在双方共同使用时才能发挥最佳效果。以下几个是可以单独使用的技巧：察觉并纠正自己的自动化思维；检验自己的预测；重新调整自己看待配偶的视角。在回顾了可以单独使用的总体策略之后，我将概述运用上述技巧的九个具体步骤。在后面几个章节中，我将描述你和伴侣如何共同努力，解决婚姻问题，提高双方满意度。

## 一般指南

首先，确定具体的麻烦以及你赋予它的意义。比如，假设你的配偶粗声粗气地跟你说话，你的自动化思维可能是"伴侣对我不满"。

你必须特别警觉,发现自己内心的恐惧或自我怀疑,比如"我是不是做错了什么",或者"他/她是不是要骂我"。接下来,关注一下整个连锁反应。

我是不是做错了什么?(焦虑)

伴侣无权对我发火。(生气)

伴侣总是对我不友好。

伴侣是一个心怀敌意的、可恨的人。

伴侣搞得我苦不堪言。

我不能忍受这一切。

我们的婚姻很失败。

我再也不会感到快乐了。

上述想法"感觉是对的"或似乎有道理,容易让人信以为真。但不妨克制一下这种倾向,认真检查,找出辅助性证据、相反证据、替代性解释以及更合乎逻辑的推论。

要对那些会让你陷入自我感觉良好、弄巧成拙的反应(如报复、防备或者退缩）保持警惕。若禁不住诱惑，采取了以上反应，即表明你存在负面解读。比如，反击表明你假设配偶做了错事或坏事，这种假设让你的惩罚行为合情合理。如果你依据这一假设采取行动，你的负面解读极有可能变成一种固定的信念。因此，下一次出现类似情况时，你更有可能得出同样的负面结论，而这种结论即使是错误的也更难得到纠正。

当然，抑制自己向配偶表达敌意的做法并不总是行得通，也不见得是件好事。有些人满腔愤怒，不吐不快。在这类情况下，一些特定的技巧（比如找专门时间表现敌意、制作日程表、设置时限、设置"休战"时间）或许有所帮助。

## 九个步骤

下面是一份详细的指南，用于评价你的解读以及在此基础之上的阐释是否正确。另外，你还可以找到一些规则，判断自己的解读是否反映了思维问题（比如以偏概全、两极化思维、读心等）。

分步骤运用认知疗法原则，可以改善你的婚姻关系。每个步骤会配套相应的练习。前来找我咨询的夫妻认为，这些练习有助于解决他们的被误导的、弄巧成拙的认识。

### 第一步：将情绪反应与自动化思维关联

第一步的重点是找准令人不快的情绪反应，将其与相关情况或事件联系起来，确定二者之间的隐性连接，即自动化思维。

让我们思考以下这些由温迪和哈尔讲述的情况。

- 温迪看了看表,顿时非常生气。
- 哈尔在开车回家时突然感到一阵焦虑。
- 哈尔后来和温迪谈话,突然感到一阵伤心。

焦虑、生气、伤心等情绪并非凭空而来,尽管有时看起来确实如此。它们会发生在具体情境下。比如,温迪在看表后感到生气,因为她意识到拖拖拉拉的丈夫让她久等了。为了展示让温迪出现情绪反应的具体情境,可以做以下记录。

| 相关情境或事件 | 情绪反应 |
| --- | --- |
| 温迪发现丈夫回家晚了 | 生气 |

妻子因丈夫没能按时回家而感到气愤或焦虑,这一点似乎合情合理,但决定她感受的是她如何解读这种情况,而非这种情况本身。在这种情况下,她或许经历了一系列的情绪变化,具体取决于这件事对她个人的意义。还有一位妻子,丈夫晚回家时她会感到轻松,因为她可以有更多时间做自己的事。

一起看第二个情境:哈尔正在开车回家,他突然意识到自己回家晚了,于是心生焦虑。

| 相关情境或事件 | 情绪反应 |
| --- | --- |
| 哈尔发现自己回家晚了 | 焦虑 |

正如我们所看到的,哈尔发现自己回家晚了,这使他产生了一种具体的想法,而这种想法给他带来了焦虑。

在第三个情境中,哈尔开车回到家之后,在和温迪交谈中突然感到一阵伤心。相关事件是温迪提议不在家吃饭，改成外出用餐。

| 相关情境或事件 | 情绪反应 |
|---|---|
| 哈尔意识到温迪不想做饭 | 伤心 |

如果你自己填写这张表，目前的内容比较好填，只需确定你的情绪反应以及相关情况或事件。更难的部分是接下来的环节：确定缺少的链条，即你对相关情况的解读（自动化思维），以及你赋予它的象征意义。作为练习，试着猜测在上述情境中人们的自动化思维。现在看一下你是否猜对。

| 相关情境或事件 | 自动化思维 | 情绪反应 |
|---|---|---|
| 温迪注意到哈尔回家晚了 | 他不想回家 | 生气 |
| 哈尔注意到自己回家晚了 | 妻子会生气 | 焦虑 |
| 温迪决定不做饭 | 她不在乎我 | 伤心 |

尽管以上想法都可能是正确的，但它们都是猜测或者假设。由于这些解读对亲密关系有重大影响，还决定了反应是否恰当，因此需要进行求证。详细内容参见第五步。

## 第二步：利用想象确定想法

除了在发生麻烦事时会有此类情绪和自动化思维，在想象这种事时也会如此。比如，尽情想象以下场景。在想象过程中，写下自己的感受和想法。如果你在读完以下场景后闭上眼睛，或许可以更有效地专注于自己的所思所感。

你在城里忙了一天，伴侣计划下午 5:00 开车去某路口接你。你准时到达目的地，伴侣却不见踪影。时间一分一秒地过去，但伴侣还没有到。时间越来越晚，你看了一次又一次时间：5:10、5:15、5:20。

想象到整个场景之后，你可以在单独的一张纸上写下自己的情绪反应和自动化思维。

| 自动化思维（解读） | 情绪反应 |
| --- | --- |
| 1. | 1. |
| 2. | 2. |
| 3. | 3. |

不同人想象以上情境会产生截然不同的想法和感受。一位男士感到焦虑，他会产生这样一种想法："她可能发生了意外。"而一位女士在练习时感受到的却是伤心情绪。她的想法是："我孤身一人。这就是我的一生。一个个都弃我而去。"另一位男士说他感到生气，心想："她一贯如此，从来不按时赴约！"

接下来是上一个情境的后续。

你又看了次手表，已经 5:25 了。这时你注意到一辆熟悉的车停在了拐角处。你认出车里是你的伴侣，对方高兴地说："我都忘了要来接你了……刚在去理发的路上才想起来。"

请在另一张纸上写下你的情绪反应和自动化思维。

| 自动化思维（解释） | 情绪反应 |
| --- | --- |
| 1. | 1. |
| 2. | 2. |
| 3. | 3. |

你或许可以很轻松地写下自己对这一情况的感受和想法。许多参与此项练习的夫妻此时感到生气甚至愤怒，并产生"他还真是好

意思"或"她凭什么这么对我"的想法。

当你专心致志、心无旁骛时,比较容易确定自己会有何种反应。在实际情境下,你或许会有相同的想法,但由于事发突然(愤怒冲昏头脑),你在激动时或许不会注意到自己的想法。

## 第三步:练习识别自动化思维

如果你关注自己的思维,就可以在自动化思维一闪而过时及时认出它们。这些发自内心的信息会引发情绪反应,比如愤怒或悲伤,以及愿望,又或者是想要责骂配偶。信息会逐渐消失,而情绪或欲望持续留存。但多数人认为自己的情绪直接源于具体的情况;他们并没有留意一闪而逝的想法,而正是这些想法将具体情况与个人的情绪和欲望联系在一起。

学会识别自己的自动化思维是一项你可以掌握的技能,但熟练掌握这项技能需要坚持不懈的练习。你付出努力便会有回报,因为一旦学会了这项技能,你就可以明白思维是如何运作的,深入了解自己为何会这样。借助这种了解,你可以更好地掌控自己的情绪,不再做情绪的奴隶。你可以控制自己的婚姻状况,而不是被它控制。

下面列述了一些婚姻中更为常见的自动化思维。夫妻双方都有可能产生其中的任何一种想法。看一下你曾经有过哪些想法。

- ▶ 她无可救药。
- ▶ 他完全以自我为中心。
- ▶ 她不称职。

- 他很软弱。
- 她老是烦我。
- 他从来不信守诺言。
- 她很懒。
- 他没有责任心。
- 我做什么她都不高兴。
- 他没做过一件正事。

当然，仅仅识别出自己的自动化思维并不能万事大吉。但凭借这种意识，你可以调整自己的情绪并有效应对实际问题。识别自动化思维需要不断练习。为此，你可以随身携带一个便笺簿，每当你与伴侣发生不快（或者与其他人闹矛盾），简短记下相关情况或事件、你的情绪反应以及你当时的自动化思维，格式可采用本章中的列表形式。

经过我的短期指导，汤姆和莎莉（他们的情况将在第 16 章详细介绍）制作了如下表格。

| 相关情况或事件 | 自动化思维 | 情绪反应 |
| --- | --- | --- |
| 汤姆开车太快 | 如果我们出车祸怎么办<br>▽<br>他这样做就是要让我不安。他不在乎我的感受 | 紧张<br>▽<br>心烦 |
| 我回到家时莎莉不在家 | 我要独自待在空房子里<br>▽<br>该死的！她总是出去参加各种各样的会议。真是个好妻子！ | 伤心与孤独<br>▽<br>生气 |

## 第四步：使用重播技巧

如果你在遇到第三步中所述的麻烦情况时，难以找准自己的自动化思维，不妨试着在头脑中回想让你心烦的事件经过。尽情想象整件事，然后通过提问下面这个关键问题捕捉当时的自动化思维："我现在的头脑中在想什么？"

许多人在激烈争吵的情况下没有意识自己的自动化思维，后来经过在脑海中进行事件回顾，他们顺利识别出了这些想法。想象的画面从某种意义上慢放了当时的场景，让你有充足的时间去找出之前漏掉的自动化思维。

## 第五步：向自己的自动化思维发问

此时此刻，你可能会好奇，单单识别你因伴侣貌似冒犯的行为而产生的负面想法，如何能让婚姻关系好转。答案是，正如大家所见，人的情绪反应经常是小题大做，在婚姻中更是如此。为了确定你的自动化思维是否存在夸大或歪曲的情况，你需要验证一番。

即使你的自动化思维让人"感觉"合情合理、符合实际，但也未必经得起考验。为了判断其是否正确，你可以问自己如下问题。

▶ 哪些证据可以支持我的解读？

▶ 哪些证据可以反驳我的解读？

▶ 从伴侣的行为中是否可以合理推断出他/她具有我认定的动机？

▶ 伴侣的行为是否有其他解释？

再举一个有关伴侣说话粗鲁或让你心烦的例子。问自己如下问题。

1. 因为伴侣对我说话尖刻，所以他／她就是在生我的气吗？

2. 伴侣的说话语气是否有其他解释（比如，他／她可能感冒了或者嗓音嘶哑）？

3. 即便伴侣生气了，是否就可以断定

  a. 他／她不爱我了？

  b. 他／她总是不友好？

  c. 他／她会搞得我苦不堪言？

  d. 我做了错事？

4. 有什么正面的证据？伴侣最近是否对我表现得友善或很关爱？

## 第六步：做出理性反应

上面的一个例子中讲了温迪和哈尔之间的矛盾问题。哈尔因为回家会晚些而感到焦虑，于是他打电话告诉妻子自己正在办公室里忙着工作。他想："她肯定会因为我回家晚而生我的气，她不会放过我的。这会让我们的关系变得紧张。"温迪想："他总是晚回家。他真的不顾及我的感受。他知道我也工作，但我总是按时回家。"

哈尔回到家后，温迪提议说既然做饭太晚了，他们可以出去吃饭，或者在餐馆订餐。哈尔顿时变得恼火，他想，"她在报复我晚回家"，于是非常愤怒。他接着又想，"她一点儿都不在乎我，甚至不在乎我们这个家。她只关心自己的事业",于是越想越生气。

后来,夫妻两人都填写了自动化思维表格。他们也学习了如何对自己的自动化思维做出反应,即通过一种内心对话的方式为这些想法给出合理的答案。下面列出了他们的一些想法以及理性反应。

**温迪的自动化思维记录**

| 情绪反应 | 自动化思维 | 理性反应 |
|---|---|---|
| 生气 | 这不公平,我也要去工作。如果他希望我做饭,他可以按时回家<br>▽<br>他一点儿都不在乎我 | 他的工作性质不同。他的许多客户都是下班后才来的<br>▽<br>他的确打电话说他会晚些回家。晚回家未必表示他不在乎。另外,他很多时候的确表现出对我的关爱 |

**哈尔的自动化思维记录**

| 情绪反应 | 自动化思维 | 理性反应 |
|---|---|---|
| 生气 | 她在报复我。这会破坏掉我一晚上的心情<br>▽<br>他不在乎我,也不在乎这个家<br>▽<br>她只关心自己的事业 | 她即使很恼火也总会在几分钟后想开<br>▽<br>她不想做饭并不代表她不在乎我、不在乎这个家。她料理家务很在行,还能够照顾我的许多需求<br>她希望有一份自己的事业,她说我们两人的关系非常重要。我为什么不能相信她呢? |

理性反应是评价自动化思维是否合理。比如,在评价自动化思维"这不公平"时,温迪以下列想法进行反驳:由于哈尔的工作性质与她的不同,所以他很难早回家。于是,她意识到自己的这种自动化思维是建立在错误的证据之上。同样,通过相反证据"他的确打电话""晚回家未必代表他不在乎,另外他很多时候的确表现出对

我的关爱"，她证明了自己的想法"他一点儿都不在乎我"是错误的。发现合理的反应有助于你正确看待自己的自动化思维，它只是内心反应和解读，绝不是"事实"。

## 提取话语中的意义

一向健谈的哈尔回到家后却一声不吭，这让温迪觉得很烦。她发现没办法为自己的这种感觉找到合理的解释。在运用了即时重播技巧之后，她只能大致知道自己为什么犯愁。于是，我帮她梳理了整个过程。

1. 问：他的行为具有什么意义？
   答：他对我厌烦。
2. 问：这对我来说意味着什么？
   答：他可能想要和我离婚。

在我们帮她理清这些隐含意义后，她表示："这真的有效。我正是这么想的。"

以这种方式回顾事情的来龙去脉，可以帮助你找到隐藏在自己反应背后的真正意义。这样，你就可以理解自己的反应为何如此激烈，同时使你经过训练，下一次感到心烦时，能够更容易发现自己的自动化思维。

## 第七步：检验自己的预测

温迪对哈尔父母的搅扰感到心烦意乱。以下是我和她的一段对话。

温迪：我婆婆一直给我打电话。她总是问这问那。我猜她是不相信我能够照顾好她的宝贝儿子和孙子孙女们。

阿伦：她的这种行为还有别的解释吗？

温迪：哦，我知道你的意思。她可能只是表示关心，希望能帮上忙。我想和哈尔说说他母亲的情况，但是我有些担心。

阿伦：你担心什么？

温迪：我担心如果我和他说他母亲，会引发我们不和。我总是担心会和他吵架。

阿伦：你可以记下自己的想法，然后检验一下。你的想法是"和丈夫谈论他妈妈会引发不和，"你的这一想法有何依据？

温迪：我没有依据。每次我和公婆吵嘴时他总是站在我这边。

阿伦：假设我们预测一下，并检验你的想法"和丈夫谈论他妈妈会引发不和"。

温迪：他可能会心里难受，但我认为这种状况不会一直持续下去。

温迪同意和丈夫谈谈婆婆的问题，检验一下自己的预测。当她更客观地考虑出现不和的可能性时，她对出现糟糕后果的担忧减弱了。然而温迪需要有实际的纠正经验来让自己信服。另外，为了改善与丈夫之间的关系，她必须学会更放开地与他讨论此类敏感话题。

正如温迪所预料的，哈尔对她提起他母亲的话题感到困扰。他说："我感觉自己好像被夹在中间，里外不是人。"但他认识到需要尊重温迪的感受，于是他主动提出要和自己的母亲谈一谈她的搅扰行为。温迪非常感激哈尔为了她而做的这一重要举动，觉得这件事大大拉近了两人之间的关系。

## 第八步：思维重构

我们在第 3 章中提到，当婚姻关系走下坡路时，夫妻开始透过负面的框架看待彼此，这个框架中充斥着他们认为对方存在的一系列讨厌品性（"他既刻薄，控制欲又强""她没有责任心"）。这种不利的归因影响了生气一方对另一方的看法：负面行为被夸大，中性行为被负面化。即使是正面行为，也可能蒙上负面色彩。

思维重构包括从不同的角度重新看待别人的负面品质。比如，在夫妻关系中逐渐负面化的品质，恰恰正是最初彼此吸引的魅力所在。曾经令自己欢欣或钦慕的品质仍未改变。问题是，负面的思维框架只能让人看到缺点，而无视优点。

重要的是，你要意识到，在你们夫妻发生冲突时，你性格中不太讨喜的一面会凸显出来，让原本令人愉快的品质变成令人讨厌的品质，并恶性循环下去。比如，莎伦喜欢保罗是因为他性情温和，待人宽厚，充满乐趣。保罗是一名自由撰稿人，一直徘徊在"走向成功"的边缘。他喜欢莎伦,因为莎伦是个自信能干的律师,不会让同事和客户对自己指手画脚。在结婚几年之后,他们对彼此的印象发生了改变。保罗变得"懒惰、无责任心、消极被动";莎伦则"咄咄逼人、爱挑毛病、控制欲强"。

他们之间到底发生了什么?保罗的工作情况未能如莎伦所愿,莎伦就给他施加压力,让他加倍努力。保罗认为莎伦的劝勉过于唠叨,管这管那,于是他变得更加被动。莎伦将保罗的消极自闭看作懒惰的表现,于是变本加厉地批评指责,保罗也越发退缩。正是夫妻性格上的相互作用,决定了恶性循环的产生。

在分别辅导他们的过程中,我发现他们的负面看法与他们最初的看法根本就是完全相反。通过重新审视积极的一面,莎伦和保罗成功地重拾了昔日的好感。[1]

以下是保罗对莎伦的反面分析。

| 负面看法 | 反面 |
| --- | --- |
| 她爱控制别人 | 她实际上做事果断,完成了许多工作,为家里挣了很多钱 |
| 她爱批评别人 | 她做事干脆利索,事业成功,她无意伤害我 |

以下是莎伦对保罗的反面分析。

| 负面看法 | 反面 |
| --- | --- |
| 他很懒 | 他放松随和 |
| 他太过消极被动 | 他对我完全宽容 |
| 他没有责任心 | 他欣赏我做的一切 |
| 他什么事情都开玩笑。他不够严肃 | 他很有幽默感。在我情绪低落时,他总能逗我笑 |

当莎伦能够以这种方式重塑对保罗的看法时,负面品质便不再

令她痛苦。她写下了对自己看法的反驳。

我现在可以接受事实——他没有如我期望的那般成功。但我的事业已经挺好了，我们不需要额外增加多少收入。我感觉目前对我来说更重要的是，他爱我并接纳我。他从来没有像我母亲那样不断地唠叨我，也从来不批评我。如果我不再唠叨他，我们会生活得很愉快，因为他真的很有趣。我知道他在挣钱方面不太有责任心，做家务也有些三心二意，但我在这些方面可以弥补一下。

注意一点：为了促进更融洽的关系，你或你的配偶没有必要改变自己的性格。通常情况下，行为上的小改变足以逆转整个恶性循环。在保罗更加积极地承担家庭责任后，莎伦也减轻了对他施加的压力。于是，保罗能够更自然地满足莎伦的愿望。在相互友好、相互接纳的和谐环境中，这种变化更容易产生。夫妻之间以最大的善意解读彼此的行为，才能促进思维重构的过程。

随着莎伦对保罗的负面看法逐渐减少，保罗对莎伦的态度也开始有所改观。对于莎伦能够弥补他的弱点，保罗开始心怀感激，对莎伦的事业成功也更添自豪感。另外，在莎伦不再唠叨保罗后，他也更愿意主动承担家务了。

这种种变化并不是一蹴而就的，而是夫妻双方通过主动转变对彼此的观察视角，重拾了昔日相互吸引的好感。另外，"新面貌"能让两人更加亲密，互帮互助，这又增强了再次出现的好感。

## 练习另寻解释

马乔丽抱怨肯恩"总是冲我发脾气",在另一例思维重构中,我正是从这点入手。根据我的建议,马乔丽依次记下了她对丈夫行为的解读。

他不尊重我。

他喜欢贬低我。

他不爱我。

他恨女人。

马乔丽尝试为肯恩的暴脾气找到善意的解释,但她没能做到。她认为可能是他工作压力大,但工作上的压力缓解之后,他却依旧暴躁,于是马乔丽放弃了这种解释。她开始越发觉得肯恩的坏脾气是他"真实自我"的表现。于是,马乔丽读了《依恋:为什么我们爱得如此卑微》(*Men Who Hate Women and the Women Who Love Them*)这本书,她恍然大悟:她所深爱着的丈夫"恨女人"。

所幸,马乔丽决定向肯恩查证,进一步核实自己的认识是否正确。在她跟肯恩讲这件事时,肯恩眼泛泪花,他说从未意识到自己脾气如此暴躁,但他承认近来确实"脾气火暴"。

肯恩解释说,那天晚上回到家前,他心中满是上班期间积攒的怨气。这股怒气原本是针对老板和某些同事的,但回到家时仍未平息。于是，妻子一出现让他不顺心的举动，他就容忍不了。马乔丽的一些习惯原来从未让肯恩心烦，如今却招致他的敌意。由于他当时已经怨气满满，蓄势待发，所以但凡有一点儿不顺心，比如发现晚饭做晚了，或者冰箱里没有啤酒了，他的怒火就会点燃。马乔丽便成了迁怒的目标。

在两人的交谈中，马乔丽核实了自己的认识（详见第12章），之后，她开始能够以更加符合现实的不同视角看待肯恩。她重塑了自己对肯恩的看法，从原来的"不关心、充满仇恨"，变成了"压力大、心烦"，她更容易接受这种解释。

## 第九步：为你的扭曲思维贴上标签

正如第8章所述，将各式各样的思维问题贴上标签往往对夫妻有所帮助。最常见的扭曲思维是两极化的"全或无"或"非此即彼"。例如，如果配偶的爱意不如往常，你可能断定他/她不再爱你了。在这种极端的思维中，任何事物只要不是最合意的，都会被贴上"不合意"的标签。要么完全爱恋，要么彻底厌弃，要么完全体贴，要么彻底自私，不存在中间地带。

**以偏概全**指基于少量事件形成一个过分笼统的论点。如果你的配偶打断过你，那么他/她就"总是"打断你。如果你的配偶表现出一丝不尊重，那么他/她就是"从来不"尊重你。

**隧道视野**，或者"人为屏蔽"，是指从某一次经历中只选择单个细节，而屏蔽掉其他信息，然后依据这个细节解读整个事件。比如："我丈夫讨厌我做的饭，他抱怨汤太辣了。"

**个人情绪化**是指你认为自己是配偶所作所为的真正原因，但事实是与你毫无关系。举例："她心情不好。一定是因为她在生我的气。"

**负面（整体）标签**是指你给某个人贴上一个整体的负面标签，而不仅限于对方的具体行为。比如，"他是一个懦弱的人，因为他从来不要求涨薪""她是个爱唠叨的人，因为她希望我戒酒""他是个懒汉，因为他不收拾自己的衣服"。在评价自己时，人们也会用到同样存有缺陷的思维方式："我总是做不好事情。我总是和别人作对。我很失败。"

## 实用练习

为了培养起用标签标记自己想法的习惯，多加练习是有帮助的。请在下面的每件事或每项陈述中，注明存在的思维问题的类型。*

|  | 思维问题 |
|---|---|
| 1. 伴侣上次向我撒谎之后，我再也没有信任过伴侣 | 1. |
| 2. 我丈夫要么向着我，要么向着他父母 | 2. |
| 3. 伴侣生气，我觉得是我的原因 | 3. |
| 4. 伴侣盯着我看时，我知道他／她是在责备我 | 4. |
| 5. 我本可以在派对上玩得很开心，但伴侣迟到了 | 5. |
| 6. 伴侣最近一直不说话。这表明我们之间的关系出现了裂缝 | 6. |
| 7. 伴侣不像我那样喜欢这部电影，我们没有共同的兴趣爱好 | 7. |
| 8. 伴侣反驳我。这表明他／她不尊重我 | 8. |
| 9. 我们之间又发生了一次争吵。太糟糕了 | 9. |
| 10. 伴侣很讨厌，总是让我等着他／她 | 10. |

*正确答案：（1）以偏概全；（2）两极化（全或无）思维；（3）个人情绪化；（4）读心；（5）隧道视野；（6）"灾难化"；（7）以偏概全；（8）读心；（9）"糟糕化"；（10）负面标签。

这些标签可以用于你填写自己的想法记录。另外，还可以新增一栏来记录具体思维问题的名称。一旦你尝试使用这些术语，就会意识到自己经常误读或夸大伴侣的行为。经过交流并检验这些术语是否真正适用，你可以变得更加客观，并纠正那些助长夫妻冲突的错误想法。

让我们列一个自动化思维记录的例子。

| 相关情况或事件 | 自动化思维 | 思维问题 |
| --- | --- | --- |
| 哈尔在我们做爱时对我发脾气 | 他简直发疯了<br>▽<br>他总是不高兴<br>▽<br>我们永远不会和睦相处 | 负面标签<br>▽<br>以偏概全<br>▽<br>"灾难化" |

当你在分析自己的反应上积累了足够的经验后，不妨考虑和伴侣一同处理夫妻关系。接下来的两章将详细探讨夫妻合作的方式，以提高沟通与理解的效果，改变自我挫败的行为模式。

LOVE IS NEVER ENOUGH

# 交谈的艺术

当你说的话很模糊，但你却深知伴侣必定会心领神会，还有什么比这更妙不可言？能够以个人化的特殊语言（暗有所指、含蓄暗示、会意的眼神、耸肩、眨眼等）交谈，代表了一种特殊的亲近。

默契十足的交谈传达出了融洽关系的本质。大家都知道彼此的话中含义，畅所欲言的同时，得到伴侣知己、知音般相待，一番交谈可谓酣畅淋漓。顺畅自然的对话，节奏或韵律鲜明，颇有一种舞蹈的韵味，夫妻双方交替着领舞和伴舞，画面好不和谐。

但在关系紧张的婚姻中，抱怨、毫无默契以及误解犹如一团雾霾，吞噬了交谈应有的快乐。夫妻双方没有了会意的眨眼、机智的暗示以及专用的暗号，只有怒目而视、话中带刺以及暗含威胁。

顺畅自然的对话是怎么一去不复返的呢？在婚姻期间，随着双方谈话风格出现分歧，兴趣和三观发生冲突，误解不断加深，交谈的节奏逐渐被打乱了。即使夫妻在婚后前几年关系融洽，但一方的误解带来另一方"那不是我本意"的抱怨，久而久之，最简单的交谈也会冲突重重。[1]

肯恩和马乔丽开始交谈时，尽管两人带着一片好意，但谈话似乎总会偏离轨道。他们的交谈方式不仅不能带来顺畅的讨论，反而是相互折磨。一方会试图开个玩笑来放松沉重心情，另一方则会把它看作一种挖苦并做出回应。挽救谈话的努力只会适得其反。因此，他们都避开了严肃的话题讨论。

像肯恩和马乔丽这样的夫妻忽略了一个事实，除了性关系之外，谈话是他们最亲密的交流方式。由于交谈的时间远远多于性爱的时间，所以谈话对于融洽关系的维系和发展而言至关重要。可惜，许多夫妻（甚至大多数夫妻）缺少夫妻间沟通的必要技能，因此会不经意不断产生摩擦、误解和挫折。

对于夫妻双方而言，交谈的意义可能截然不同。比如，一方仅将交谈当作共同决策的方式，而另一方可能将交谈看作夫妻关系的最深度体现，让他们有机会分享秘密，同欢喜、共担忧，共同体验团结与亲密。

## 找出沟通的问题

关系紧张的夫妻"不沟通"的论调早已是陈词滥调，但这其中大有奥秘。由于"我们不沟通"是一种过于笼统、含糊的表述，所以我们有必要将其转化成具体的问题，然后加以处理。

本书第 5 章中介绍了一些影响成功沟通的妨碍因素，比如插话、消极倾听、拐弯抹角。其他沟通困难源于对配偶或者谈话主题带有挑剔的态度。下面我们将对一部分此类问题进行探讨。

## 问题:"我无法对伴侣做到坦诚相待。"

在人际关系中,做到完全诚实不只是难如登天——根本是绝无可能。这听起来似乎很矛盾,因为婚姻是讲求完全诚实的一种关系。完全诚实行不通存在几个方面的原因。说得直白一点,完全诚实会像一记掌掴般让人难受。直截了当地说"我今晚不想说话"非常容易被理解成一种厌弃。比如,丈夫在气头上时会以强烈的负面偏见看待妻子;因此,他的气话并不是客观的实话,而是带上了严重的偏见。

丈夫生气时会处于一种独特的认知状态中:他至少会暂时性地将妻子看作自己的对手。他当下的心情往往会放大妻子的负面行为和性格特征,忽视她的正面部分,甚至将她的中性部分也负面化。这种扭曲、夸大的评判反映的是他当时看问题的方式,而不是他在正常情况下对妻子的感觉。

这种"诚实的"、贬低性的言论会在配偶心上留下深深的伤痕。诚实与否不过是一念之间,往往是愤怒者自欺欺人的主观感受。配偶却沦为攻击的对象,承受着怒气消退后留下的伤痛。

人们对人际关系存在一种误解:人应该始终开诚布公,完全诚实。但真相有多张面孔,千差万别,人无法一探究竟,亦难以言状。赤裸的真相可能会让人崩溃。人在盛怒之下常常会坦言心中所想;但冷静下来后,他们的看法会有所不同。然而,正如下面的对话所示,一方遭受过"诚实的"批评后,可能会持续背负体现另一方真情实感的负面标签。

汤姆:你怎么闷闷不乐的?

萨莉：你说我很蠢。

汤姆：那不是我的本意。我只是在气头上。

萨莉：我知道你打心眼里认为我很蠢。

汤姆：绝对不是那样的。我当时很生气。

萨莉：但你总说，人生气时会说出自己的真实想法。

这是"尽情宣泄"带来的最棘手的问题之一——情绪激动下表达的感受似乎更加真实。实际上，在情绪激动时，人更不可能表达真实想法；他们所表达的常常是由原始的思维程序产生的想法，经过歪曲和以偏概全，根本不是冷静状态下的想法。

坦诚与直截了当容易被混为一谈。比如，你可以直截了当地回答问题，却不坦露针对此问题的所有内心想法和感受。因此，如果有人问你家人怎么样，你可以如实地回答"很好"（指他们的身体状况），不需要再说自己的婚姻摇摇欲坠，或者孩子学习成绩不好。在多数交谈中，简单直接回答就够了，不需要做到言无不尽。

对许多人来说，说话拐弯抹角是一种自我保护的方式。他们不直接说出本意，要么抛出一个问题，要么兜圈子或含糊其词，让听者去解读他们的真正意思。许多夫妻抱怨说伴侣太喜欢拐弯抹角了，因此我们有必要了解一下这种说话方式的原因所在。

有时候，说话不直截了当是因为男性和女性交谈的风格不同，或者是因为种族和家庭背景，例如新英格兰人⊖大多沉默寡言。但是

---

⊖ 指来自美国缅因州、佛蒙特州、新罕布什尔州、马萨诸塞州、罗得岛州和康涅狄格州的居民。——译者注

除了交谈风格以外，说话不直截了当常常是一种策略、一种稳妥的方式。我们想要谨慎发言，因为这样即便得不到认同，也可以轻易收回说过的话，或者表示自己另有所指。

有了拐弯抹角，我们才可以在全情投入前先做好试探。然后根据伴侣接受与否，选择是进是退。我们不会直接说出自己的想法，而是伸出"触角"探知听话者反应，而后决定相应的方式表达。

拐弯抹角的交谈方式在纷杂的社交生活中十分常见，但在婚姻关系中这种表达方式常常失败。比如，有些企业领导办事雷厉风行，他们对时机把握了如指掌，知道何时出击，何时按兵不动，何时战略性撤退。然而，一到与配偶相处，这些领导掌握的精湛技巧以及谈话策略似乎突然就消失了。

当然，在婚姻中，夫妻希望可以无拘无束地倾诉心事。在许多亲密关系中，绝大多数情况确实可以如此。但是，如果话题比较敏感，涉及意见或利益冲突时，或者夫妻一方感到疲劳或压力重重时，说话率直可能会起到反作用。

**没有及时领会话中话**。对于直白的问题，有时会刻意含蓄回答，避免显得粗鲁无礼。当提问者要求正面回答时，对方可能会生气，因为有些事情心照不宣就好了。下面以一段苏与麦克的对话为例进行探讨。这对夫妻我们已经认识了，他们有着不同的成长背景。当麦克不假思索地回答苏非常在意的问题时，两人经常发生争吵。

苏：你觉得我写的这篇文章怎么样？

麦克：我认为写得很好，但本可以再多花一些心思的。

苏：你是在告诉我你并不喜欢这篇文章吗？

麦克：[气恼]我告诉你了，我认为写得很好了。

苏：那你为什么表现得那样讨厌我？

在这个案例中，麦克希望给苏的问题一个乐观的回答，他担心如果完全坦诚评价，苏会很伤心。事实上，他是对的：苏感觉麦克补了一句限定语是在暗示她的文章有瑕疵。苏无法按字面理解麦克的话，因为她寻求的是无条件的认可。在苏看来，除此之外的评价都与嫌弃无异。

麦克的回答与苏的期待不相吻合。苏寻求的是鼓励，而麦克误认为苏需要的是评论意见。但是，麦克本可以先告诉苏"我很喜欢"这句心里话，以此满足她明示的心愿，然后再表达他喜欢的点。如果苏之后征求评论意见，麦克再提出不迟。这样，麦克可以避免给苏留下不喜欢她文章的印象。

## 问题："我做不到自然流露。"

许多人抱怨说，自己和伴侣交谈时做不到自然流露，必须小心谨慎。他们担心，表现真实的自己会让伴侣生气、伤心或压抑。一位妻子说："在和丈夫说话时，我必须注意每个用词。我没办法做自己。"一位丈夫说："如果我不能与妻子坦诚相待，那么婚姻究竟有何意义？"还有一位妻子抱怨说："在我告诉丈夫一切之后，他表现得像一条遭到抽打的恶犬。"

自然流露取决于特定的说话方式，就像按下了按钮之后，头脑这台机器开始启动。我们不需要花时间去考虑自己说了什么。头脑机器自然而然地运转，因为特定的说话模式是一成不变的，话中信息不过是自然流露而已，犹如物体顺着滑道下滑一样。

但是，假设我们希望改变与伴侣的谈话方式，让自己的话语更加强硬，或者更加圆滑，那么与其说改变说话内容，不如说改变说话方式和风格。比如，提问"晚饭什么时候做好"，可以采取逼问、抱怨或者指责的语气。

首先，说话方式变得更加圆滑或强硬，可能会显得不自然。但培养一种新的说话习惯就像学习一项新的技能（比如开车）。我几年前住在英国，令我记忆犹新的是，开车时要靠左行驶，这与美国的开车模式恰恰相反。我仿佛回到了刚学开车时，又要时时集中注意力。经过一段时间，新的习惯养成，我基本上能操作自如地开车了。我改变了以前的开车习惯。

交谈技能如同自动驾驶模式，人不用时刻关注一路上的每个操作。在掌握了交谈技能之后，交谈会变得顺畅自然，毕竟习惯成自然。但在刚开始学习交谈技能时，我们肯定会屡次犯错和纠错，才能最终掌握交谈技能。

当伴侣与你交谈不快时，你就像一个司机，需要更换装备，必须重新学习交谈技能。改变自己的交谈方式如同学习新的驾驶方式，这件事一开始似乎比较费劲，但会逐渐变得自然而然。

比如，丈夫可能会以咄咄逼人的语气向妻子询问信息，或者以不友善的口气提出要求。如果丈夫自己愿意，他的询问方式完全可以变得听起来不那么苛刻。要做到这一点，丈夫需要"听一下自己的声音"（用录音机录下自己的谈话再听录音，这种方法很有用）。之后，他可以逐渐改掉自己的说话方式，让新的说话方式越来越自然。

**让彬彬有礼成为一种自然习惯。**人的反应往往"受情境约束"，简而言之，情境决定反应。例如在商业关系中，我们会习惯性地表现出彬彬有礼、处事得体的待人之道。而在对待伴侣时，我们可能会肆意表达自己的率直或批评。婚姻中我们对待伴侣的态度，一部分是我们将附加意义带入婚姻，还有一部分是我们从自己的原生家庭，甚至从电视、电影等媒体上学到各种处事态度。许多夫妻认为，要想更体贴，自己必须彻头彻尾地改变，但他们在热恋时不正是如此吗？同样，这是由具体情境决定的。在热恋期适用的待人之道，在婚后逐渐被另一套待人方式取代，后者包含了童年时期遗留下来的琐碎、抱怨和挑剔等习惯。

真正的挑战，是将在家庭外的待人之道带到家庭中来。要想学会如何以新的方式和伴侣说话，不妨思考一下，同样的问题或请求，你会如何向主人或客人提出。你的用词会比较得体，你的语气也会比较平和。或者，你可以照搬结婚前彼此相待的说话方式和礼节。

在将这些交谈礼仪融入婚姻的过程中，如果你仍以惯常的咄咄逼人、吹毛求疵或满腹牢骚的方式与配偶说话，难免会出现各种各样的问题。如果出现这种情况，你要花些精力去改变说话方式，改掉言谈习惯谈何容易。一旦掌握了新的说话方式，你便会自然而然地对伴侣很有礼貌。

### 问题:"伴侣总是冲我大吼大叫。"

有些人害怕伴侣大声说话,他们将这种做法视作生气甚至道德缺失的表现。比如,一位妻子从小成长的家庭从来不允许公开表达敌意。她长大后坚持认为,公开发脾气是不道德的行为,伤害别人是有罪的行为。在她丈夫偶尔大声表达自己观点时,她不仅感到害怕,还觉得他这样做不道德。

在这类情况下,夫妻双方可以一起努力改变因大声说话而产生的不满。受到委屈的一方必须意识到,自己或许错误解读了大声说话的行为,所谓的敌意和愤怒其实是无中生有。同时,另一方可以试着降低自己的嗓门。更简单的解决方法是,消除这位妻子对高声说话或一时愤怒的敏感,这样她就不会再为其所扰。

### 问题:"我的丈夫不愿表露自己的情感,也不喜欢听我讲自己的情感。"
"我的妻子总是在探究我的情感,她总是沉浸在自己的情感中,所以她希望我也沉浸其中。"

根据常规观察以及科学研究,男女在体验和表达情感上似乎通常会有所不同。女性更倾向于强调婚姻问题中的情绪因素,男性则往往会分析当时的情境。当然,正如大多数的结论一样,我们会发现事实对一对夫妻来说或许恰恰相反。

马乔丽下班后一脸沮丧地回到家里,她给老板制作的备忘录没能得到老板的认可。她一直在说自己心情多么糟糕,说了一通老板多么"混蛋"。肯恩在一旁努力地给她讲道理,想让她心情好一些。

马乔丽:我有充分的理由心情不好。他就是个混蛋。

肯恩:你不能仅仅因为他没有表扬你,就把他说得那么坏。

马乔丽:你根本不明白,他就是对谁都不满意。办公室的同事都很烦他。

肯恩:你无须心烦。这或许只是他的风格而已。

马乔丽:你为什么这么反对我有情绪?如果你多一点感情,会是一个更完整的人,也会更理解我。

肯恩:你又来了,什么事到最后都要把矛头指向我。

这段对话体现了男女在表达情感上存在一种典型但非普遍的差异。马乔丽希望肯恩明白她因受到老板的冷落而伤心。肯恩则跟她"讲道理",希望她听后心里舒服些。他们在以两个不同的频道向对方发送信号。马乔丽在表达自己的情感,并需要得到安慰;肯恩则在摆事实,讲客观道理。彼此都认为对方完全偏离了轨道。

既然是马乔丽提出的这个话题,她又觉得很重要,肯恩最好"收听"她的频道。但在肯恩看来,顺着马乔丽的观点好像太糊涂了,他认为如果是自己的话,只会轻松应对老板的行为,而马乔丽反应过激了。但要想帮忙,肯恩必须理解马乔丽的自尊受到了伤害,她认为老板不公正。

比如,肯恩可以说:"我能体会到你为什么烦恼,因为你花了这么大力气制作这份备忘录。你希望得到某种反馈,但老板却根本没有重视。"他这样说并不是一定同意马乔丽的结论,只是让她知道自己理解她的感受。他可以对妻子的沮丧产生共鸣,但不用认可老板是个混蛋且不公正的说法。

肯恩本可以换一种方式提问,比如问:"他经常无视员工的备忘录吗?"肯恩还可以帮马乔丽分析她的感受,问她:"你觉得老板对你写的备忘录是什么态度?"这个问题可以引导马乔丽多谈一些对被轻视的感受,或许还会发现,老板的举动让她对自己的能力产生怀疑。

肯恩采取其他方式或许会令马乔丽更加心烦。如果他问马乔丽:"你为什么会因此不高兴?"她很可能会反驳说:"谁又高兴得起来呢?"肯恩或许会对此不屑一顾:"你为什么总是需要得到别人的认可呢?"

肯恩需要明白,在马乔丽感到伤心时,她需要的是一个拥护者、一个支持者,而不是一个分析师。肯恩的"实事求是"似乎表明他在包容老板的行为,而这对马乔丽来说意味着她无权生气。(当然,伴侣有时只想要实际的建议,并不想谈及感受。你如果未能察觉到这种倾向,可能会令对方失望、沮丧。)

对许多女性来说,让丈夫主动谈论他们自己的感受非常重要。分享感受会加深彼此之间的亲近感,还可以让人心理平衡,表明夫妻双方对生活中的酸甜苦辣有某种情感反应。

许多作者将男人对自身情感的缄默态度看作是男性不可避免的缺点。[2] 这种观点也得到了许多妻子的认同："我丈夫是一块冰冷的石头。如果他可以展现感性的一面，他会更有人情味。"然而，许多丈夫对不表露情感就缺少人情味的观点感到不满。男性不如女性善于反省，他们似乎不能像女性那样清楚自己内心的感受。不过，丈夫即使有点不关心自己的感受，仍可以通过探讨妻子的感受来搭建起夫妻之间沟通的桥梁。如果丈夫能够进一步体谅妻子，最终可能会让自己更加感性。

## 问题："交谈很流畅而亲密关系却毫无进展。"

许多婚姻看似幸福美满，但夫妻双方都不甚满意。在处理家庭财政、做重大家庭决策以及抚养孩子让孩子健康快乐成长方面，他们可能做得面面俱到。如此看来，他们践行了口头的婚姻契约，但他们对彼此却感到厌烦。

这些夫妻表面看来一切正常，所以我们需要透过表象去了解他们之间存在的问题。夫妻失去以往欢乐、婚姻关系恶化源于诸多因素，两人交谈内容丰富或枯燥是其中之一。夫妻不再提出让对方感兴趣的话题，早年两人交谈中带有的那种轻松愉快也消失殆尽了。他们不再费心思取悦对方、逗对方开心。

是什么让他们的交谈不再丰富有趣呢？首先，尽管无数次的讨论看似成功，但他们在达成解决家庭问题共识时可能牺牲了亲密关系的融洽。在许多婚姻中，一系列小问题会累积起来，产生巨大压力。一个个小问题也体现出夫妻双方在人生观、价值观上有着重大差异，这是表面的意见一致无法解决的。因此，未解决的矛盾构成了重重威胁，阻碍了交谈的顺利进行。沟通中可能存在的不和谐信号，同样会干扰融洽的交谈。

其次，尽管夫妻在处理实际问题时可以和睦相处，但交谈中可能少了比较愉快的一面。夫妻没有学会将解决问题的讨论与愉快的交谈区分开来。因此，当夫妻一方带着关爱的建议开启一段谈话时，另一方可能判定这是将矛盾提上议题的好时机。于是，仅仅表达关心、分享以及关爱主题的交谈变得越来越少。

**开玩笑与幽默**。有些婚姻死气沉沉，失去了轻松愉快的氛围。"糟糕化""灾难化"以及冲突重重，让婚姻关系蒙上了生死存亡的阴影。这些婚姻中的夫妻疲于应付一次次的争吵和相互指责，哀叹婚姻已无"乐趣"可言。

幽默是保持愉快关系的重要因素，是对抗因不时争吵造成的严肃氛围的"灵丹妙药"。一位"婚姻法官"发现，在她问一些夫妻是什么让他们走到了一起时，许多夫妻的回答是："我们一起欢笑。"[3] 让自己显得幽默，少一点挖苦或挑衅是需要一定的技巧的。甘当被开玩笑的对象要比开伴侣的玩笑要有效得多。

婚姻关系出现问题时，夫妻往往会遗忘在产生冲突之前所享受的欢乐时刻。提议外出度假（尤其是不带孩子的出行）看似毫无新意，有时却可以给夫妻创造时间和空间，重新找回乐趣，甚至让走向失败的婚姻重获新生。在《亲密游戏》（*Intimate Play*）一书中，精神病专家威廉·贝彻（William Betcher）提出了其他几种扭转婚姻关系的方法。[4]

# 交谈礼仪的规则

一些指导原则可以让交谈变得更加愉快、更加有效。通过遵循这些建议,你可以少犯一些影响交谈的小差错。

调至伴侣的"频道"

发出倾听的信号

不插话

提问时讲究技巧

机智得体地运用交际手段

## 规则1:调至伴侣的"频道"

要使夫妻谈话富有成效,需要两人彼此关注,相互连接。尽管夫妻在谈论同一个话题,但两人的方式不同,便无法实现有实质意义的沟通。

有时夫妻一方本意是减轻另一方的苦恼,结果却可能适得其反。朱迪是一位艺术家。一天晚上,她因一场演出的准备工作出问题而闷闷不乐,便将此事告诉了丈夫克利夫,想从丈夫身上获得支持、鼓励和同情。克利夫却给她提了一大堆的建议:"第一,你要召集团队里的所有人开会。第二,你要给其他相关人员打电话。第三,你要让会计也参与进来,向银行查询你的账户余额情况。第四,你还可以联系人力资源部的相关人员。第五,给艺术馆打电话安排时间问题。"

朱迪感觉被克利夫嫌弃了,心想:"他不在乎我的感受。他只想让我不要烦他。"但在克利夫看来,他确实是在帮助她解决问题。他给了朱迪自己最好的建议,自认为是在支持她。但对朱迪来说,克利夫是在支使她,而非支持她。她要的是同情与情感上的共鸣,克利夫想的却是如何解决问题。

那么怎样才能找对频道呢?你需要牢记一点,在不讲人情的关系或商业关系中奏效的方法,在亲密关系中可能产生事与愿违的结果。比如,如果丈夫发现自己提建议只会激怒妻子,那么他应该忍住向妻子提建议,尝试另一种策略,比如向妻子表明自己理解她的感受。另外,当妻子再次向他诉说自己的问题时,他可以记住不需要直截了当地给出自己的建议,除非妻子明确要求他这样做,因为妻子可能只需要倾诉她自己的感受。

朱迪该如何改变原先的行为,避免落入"他不理解我"这样的陷阱呢?首先,她可以预见丈夫倾向于给出说教性的实际建议,那么她可以告诉丈夫:"我遇到了一个问题。我知道解决方法,但还是希望说出来,只说我的感受,不谈怎么处理。可以吗?"按照这种说法提出问题将帮助克利夫做好心理准备,去探察妻子的感受,不去为她制定解决方案。

这种澄清式的说话方法有一大优点,它可以为夫妻提供一个理清具体问题的复杂含义脉络的机会。朱迪的问题对她来说具有多重含义："我自己处理不了这个问题……我实在能力不足……这项任务的压力太大了……我承受不了。"克利夫介入帮忙提实际建议后，朱迪心想："他也认为我处理不了这个问题……他不管我的感受。"

朱迪将自身感受伴随的想法用语言表达出来后，她能意识到自己有些小题大做。如果克利夫立刻安慰朱迪，她就没机会评估这些自动化思维。通过细心倾听，再认真回答问题，克利夫可以帮助妻子意识到她夸大了问题，并低估了她自己处理问题的能力。

当然，伴侣有时想要的是实际的建议，而不是情感上的支持。你要灵敏察觉这种信号，才能调对频道。

## 规则2：发出倾听的信号

妻子有时会抱怨自己的丈夫从来不听自己说话，而丈夫辩称自己听了妻子说的每一句话。研究显示，不同性别之间的确存在着差异：在倾听时，女性往往会发出"嗯嗯""对"之类的回应语以表明自己正在听人说话，男性往往保持沉默。面部表情和细微的手部动作等信号也可以向伴侣表明你在倾听。

人们有时会忘记，交谈是一种相互间的信息和想法交流。只有说话而没有反馈就像对牛弹琴。如果你属于沉默型性格，那么有必要养成给出非语言反馈的习惯，不让伴侣疑惑你是否在认真倾听。

## 规则3：不插话

插话者可能会觉得插话行为正常，但被插话者却会因此产生一连串负面想法："他没在听我说话""她对我说的话不以为然""他只对自己说的话感兴趣"。

与其他的讲话习惯一样，插话或许只是个人的交谈风格，而不是自我中心或意见不合的表现，但是，这一习惯却常常被插话者做出以上解读。在这个问题上也存在着性别差异。男性比女性更容易插话，而在插话对象中，男女比例相当。尽管如此，在对方说完话之前，插话者最好不要急于表达自己的观点。

## 规则 4：提问时讲究技巧

提问可以开启一段交谈并维持下去，当然也可以让交谈戛然而止。有些人天生寡言少语或者羞怯拘束，他们需要有人推一把才会加入交谈。一个巧妙的提问常常可以发挥神奇的作用，让你的伴侣开口说话。但如果提问时机不当，问题过于尖锐，或毫不相干，则会阻滞交谈顺利进行。

由于说话方式问题，许多人不经意间中断了交谈。比如，莱恩习惯用"是""不是""没什么"等短语回答问题。在别人向他指出这种说话习惯之前，他几次三番无意间阻挠了妻子与他交谈的尝试。有天晚上他回到家，妻子哈莉特问了他晚上外出的事情。

哈莉特：今晚打牌怎么样？

莱恩：不错。

哈莉特：都有谁？

莱恩：平常那些人。

哈莉特：你们聊了什么吗？

莱恩：没什么特别的。

哈莉特：你赢了还是输了？

莱恩：没赢没输。

在上述情况中，除了无休无止又毫无成效的提问之外，哈莉特可以先做一个总体但有针对性的评论，然后再提问："我现在拿捏不准要怎么跟你交谈。你是不愿意说，还是发生了什么事情？"

还有一次，哈莉特凭借自己的机智让莱恩开了口。

哈莉特：今天医院的情况怎么样？

莱恩：还是老样子。

哈莉特：你说过你打算和领导谈一下你的研究项目，不知现在结果怎么样了？

莱恩：哦，他确实提出了一些好主意……[ 在这个话题上继续谈了好一会儿 ]。

在这段谈话中，莱恩的第一句回答堪称冷场绝句，但哈莉特凭借策略和巧妙的询问，成功地推了丈夫一把。哈莉特通过这种追问法向少言寡语的伴侣表明自己非常感兴趣。第一个问题可能听起来漫不经心，但后续的一连串问题表达了自己的浓厚兴趣。打开话匣子的好方法是询问伴侣对某个问题的观点。

丈夫：我的助手总是迟到，我不知道该如何处理这个问题，你有什么好主意吗？

妻子：你有没有考虑过问他为什么总迟到呢？

丈夫：没有，不过我想我可以问他一下，这是个不错的主意。

有时候问题的措辞会令交谈无法继续下去。为什么一提问就冷场的情况时有发生呢？原因是问题听起来带有指责的语气："你昨天为什么回家这么晚？""你为什么穿成这样？"有时我们难免会提出"为什么"问题；如果问题让伴侣起了防备之心，你最好换一种表述方式进行提问（见第 5 章）。

## 规则 5：机智得体地运用交际手段

这条规则似乎不太适用于亲密关系，但事实上每个人都有敏感点，即使充满爱心、善良的配偶也可能会戳到他人的敏感之处。比如，有些人对自己的外表、说话方式以及家庭成员比较敏感。如果在交谈过程中暗示丈夫说妻子过胖，或者她姐姐不成熟，又或者她说话不合文法，他可能就此终止了一段愉快的交谈。这条规则并不是要你处处小心翼翼，而只是提醒你要有相应的意识和判断力。

本章所提出的大多数建议适用于较随意的交谈，不适用于有关解决矛盾、做出决策等较严肃的问题商讨。我发现，除非夫妻双方刻意限定轻松的交谈，否则这样的交谈终会变成严肃的问题讨论，也带走了不少两人的欢乐。下一章将阐述夫妻努力解决前述问题（解决冲突和做决定）时遇到的困难。

LOVE IS NEVER ENOUGH

# 合作的艺术

## 对分歧的解释

有时夫妻双方会陷入一种针锋相对的状态，连妥协似乎都无能为力。他们寸步不让，执拗地坚持着自己的观点。他们认为自己的观点极有道理，而伴侣不讲道理。最重要的是，他们认识不到或者不愿承认伴侣的愿望或抱怨可能合情合理。

请看下面一个例子。

萨莉：汤姆和我什么事都合不来。我们什么事都要吵，曾经还因夜里开窗的问题大吵了一架。

汤姆：她开窗，我关窗，她又开窗。我真的吹不了冷风。吹冷风会加重我的哮喘。

阿伦（对萨莉说）：你为什么认为汤姆想要关上窗户？

萨莉：他说会加重他的哮喘。他把自己当作婴儿一样娇生惯养。

阿伦（对汤姆）：她为什么要打开窗户？

汤姆：她痴迷于新鲜空气。她愿意磨炼自己。身上感觉越冷她就越喜欢。

阿伦：你是怎么想的？你打算解决什么问题？

萨莉：我无法忍受污浊的空气。不通气让我感到恶心。

汤姆：我受不了冷空气。

一旦发生争吵，双方都会尽力抢得上风。但无论哪一方最终"获胜"，两人之间的真正问题很少得到解决。按自己的方式行事并不会消除潜在的矛盾。在开不开窗的问题上，你能想出什么样的解决办法呢？

在处理这种矛盾时，重要的一点是尽可能理清对方的立场，然后对各种建议保持一种善于接纳而非敌对的态度，这样才能着眼于手头的问题。切勿因言语刺激（比如被指娇生惯养或者痴迷于新鲜空气）等而偏离主题。借助系统化的方法可以消除误会。在下面这段对话中，我通过询问一些具体的问题来获取关键信息。

阿伦：大家知道，我们已经完成了解决问题的训练。第一步，你们要弄清楚是什么造成了自己不高兴。萨莉，请你用简短的一句话告诉我你为什么想要房间冷下来？

萨莉：冷一点我才不会喘不上气。

阿伦：汤姆，请概括一下你为什么不喜欢冷空气。

汤姆：有冷风。

阿伦：现在我们知道，让你们产生分歧的并不是温度高低的问题，而是空气流通的问题。萨莉，你不喜欢暖空气是因为暖空气不流通。汤姆，你不喜欢开窗户时的冷空气是因为空气流通太剧烈。换句话说，是因为你感受到了冷风。现在，大家不妨寻找一些可能的解决方案。

汤姆：我想把窗户开一条缝就够了，或者安装一台风扇让空气流通，又或者我想可以彻底关掉屋里的暖气，房间就冷下来了。

萨莉：这些主意都不好。要不你多穿些衣服，把自己裹得严严实实怎么样？

汤姆：没有用的，我还是会在冷空气中呼吸。

阿伦：还有一个解决办法你们没有想到，那就是打开隔壁浴室的窗户。这样的话，萨莉便可以呼吸到冷空气，屋里的空气也比原来闷热的暖气流通得快一些。而汤姆，你也可以不用吹冷风了。

他们一致认为这是个可行的解决方案。然后我建议他们，以后不要先入为主地认定对方有错、自私、顽固，应该有条不紊地解决问题：①确定彼此的需求；②找出具体的分歧点；③集思广益，寻找各种可能的解决方案；④选择一项双方最满意的解决方案。

## 分歧的程度

夫妻双方为什么会产生争执，进而演变为夫妻大战？夫妻失和大致分为两类。一类是夫妻间不存在真正的分歧，但双方的谈话和倾听充斥着干扰，导致信息被误解。在另一类失和中，夫妻间确实存在需要解决的矛盾。显然，大多数争执是真正矛盾与沟通不畅的综合结果。由于夫妻的立场相反，他们看待对方以及整个问题容易走极端，从而加剧了失和；于是，原本轻微的意见不合演变为截然对立。要解决这种分歧，找准矛盾的类型很有帮助。

## 愿望的差异

一些分歧是短暂性的。在一段时间内，夫妻一方可能喜欢吃中国菜，另一方喜欢吃墨西哥菜。一方喜欢出去看电影，另一方更愿意待在家里看电视。一方喜欢交谈，另一方喜欢看报。当这些愿望并不反映基本的意见分歧和兴趣爱好，只表示暂时性的分歧时，还是比较容易解决的，除非夫妻关系已出现了摩擦。当关系处于紧张状态时，双方意愿的暂时性分歧可能升级为真正的冲突。

## 兴趣爱好或敏感点的差异

夫妻在兴趣爱好方面会存在一些差异。许多丈夫会从周末观看比赛中获得极大的乐趣，妻子则更喜欢共度亲密的周末时光。随着婚姻关系日渐成熟，夫妻的兴趣爱好会趋于相似；原本不喜欢体育运动的妻子会"学着"享受观赏性体育运动，参加体育赛事，玩网球或高尔夫球；原本对音乐或文学不感兴趣的丈夫也会培养自己对交响乐、歌剧或读书的兴趣。当然，夫妻之间的差异不仅体现在喜欢的事物上，也体现在不喜欢的事物上。萨莉喜欢冬天大敞窗户，汤姆则无法忍受冬天开窗。

## 原则、态度或理念的差异

在子女抚养、家庭预算、劳动分工、外出度假等问题上，有些夫妻的态度大相径庭。夫妻一方可能认为对子女要严格，另一方则倾向于宽松管教；一方认为花钱是人生一大乐趣，另一方则认为是一种罪过；一方认为不带孩子的度假是一种特殊享受，另一方则认为是一种不必要的放纵。在涉及具体问题时，双方或许会寸步不让，坚持各自观点，或许会尝试变通、包容和妥协。

## 性格的差异

具有讽刺意味的是，最初正是不同的性格将恋人拉到一起，在亲密关系早期性格也倍受重视，但逐渐变成问题的根源。大家或许还记得凯伦和泰德之间性格上的冲突。凯伦喜欢随性而为，而泰德讲究精心策划和安排。他们的性格差异体现在观察视角的不同上——他们看待同一件事的角度，以及最终看待自己的角度存在差异。两人都认为自己讲道理、好说话、懂变通，认为对方难相处、不讲道理、太死板。

## 观察视角的差异

由于夫妻看问题的视角不同，有时连最普通的分歧都会被夸大。

夫妻被各自的利益遮蔽了视线，无法找到解决分歧的简单办法。例如，萨莉和汤姆处理不好家务分配问题。两人都忙于工作，没时间料理家务。有意思的是，在热恋期间他们毫不介意为彼此做事，即便是要做出重大牺牲。汤姆愿意排长队购买歌剧的首映票，并穿上正装，只为讨萨莉高兴，而萨莉也会陪汤姆一起玩帆船，尽管她有些晕船。

然而，结婚后几年，他们变成了从自身利益角度考虑问题。从他们在同一问题上看法不同，我们可以明显看出他们从利他主义到自我中心主义的转变。他们面临的是"认知"困难：两人只能根据自己的个人观点评估问题，都不能站在对方的立场上观察问题。

在一次预约咨询过后几天，萨莉和汤姆要去买些食品，但两人都很忙。他们试图运用我提出的解决问题的建议。

汤姆：既然你很忙，那我去熟食店买。

萨莉：好的，我列个购物清单。

汤姆：好。先打电话预订一下，省得我等，我会在半小时后去取。

萨莉：我没空打电话。我又累又忙。你拿着单子，让店里人给你打包，你等一会儿又不会死。

汤姆：但我还要排队等。要知道，我讨厌无聊的等待。你太不讲道理了。

萨莉：你才不讲道理。

萨莉和汤姆开始争论谁不讲道理，完全忘记了要努力找出差异并一起想办法解决问题的任务。两人都没注意自己提出的方案是否会令对方不舒服：汤姆等待时会不耐烦，而萨莉当时因家务活累得筋疲力尽，却还要她来打电话，她感觉自己快要被压垮了。

由于他们将找解决方案的事忘得一干二净，谁也没有想到最合理的方案——让汤姆打电话预订！这样就可以减轻萨莉打电话预订的负担，也免去汤姆排队的麻烦。有需要时一般都是萨莉负责打电话的，所以这件事上他们没想到要转换一下角色。

出现分歧时，夫妻容易只从自己视角出发，意识不到对方也会有可取之处，这就导致他们认为对方顽固、专横或者不讲道理。但当他们从对方的视角看待问题时，可能会发现两个人都"没错"——至少从他们的观点来看是这样的。萨莉和汤姆都有正当的理由，但他们没能从对方的视角去观察，而是固执己见。

## 运用提问技巧

许多夫妻用心良苦，希望满足彼此的愿望或需求，但未能养成良好的沟通习惯以避免产生误解。比如，在前来咨询的夫妻当中，很少有人能够巧妙地运用提问技巧。

提问是获取信息的基本方法，同时也能提供信息。因此，被提问的一方可能会混淆索取信息和提供信息。我们不妨看一下萨莉和汤姆之间的对话，两人都在试图迎合对方。萨莉注意到了汤姆的疲惫。为了表现她的关心，让他振作起来，萨莉开启了下列对话（请注意，这段对话以一句提问开始)。

萨莉：你今晚想去贝克家吗？

汤姆：好的。

萨莉：你真的想去？

汤姆：[大声并略带愠怒] 我说了"好的"。

萨莉：[伤心] 如果你真的不想去，我们可以待在家里。

汤姆：你为什么要跟我过不去？

萨莉：[愤愤不平] 我原想体贴你，你却要吵架。

萨莉看到汤姆有些疲惫，心想他或许愿意去拜访一些朋友。但她不确定汤姆是否真的想去，于是她对这一提议采取了保留的态度，并试探性地询问他的意见。

汤姆将萨莉的试探性问题理解为她真的想去贝克家。他感觉自己受到了控制或支使，但认为答应萨莉比较好。按照汤姆的想法，萨莉提出的这个问题重点不在于他想去不想去，而在于他能否有风度地迎合她的要求。于是，出于配合的态度，汤姆表示答应。

萨莉注意到了汤姆回答中的一丝犹豫，心想她可以不经意地暗示一下，希望给他一个反悔的机会。然而，汤姆却感到被逼迫了。在这个情境中，汤姆一心想要迎合，萨莉则一再逼他，弄得他如果说不想去就好像"坏蛋"一般。汤姆知道萨莉喜欢与别人相处，他自己不太喜欢，但他想满足妻子的愿望，不想"暴露"自己不合群。

结果，萨莉的提问让汤姆感到为难。

在萨莉看来，汤姆的回答似乎毫无道理，为什么她一心要找出汤姆内心真正所想，汤姆却很生气？她不知道汤姆怎么回事。每当两人谈论社交安排时，萨莉总觉得汤姆不合常理。汤姆会表现出一种敌意，让萨莉深感气愤，觉得他很不讲理。

由于萨莉和汤姆之间曾存在一些误解，所以他们需要更注重提问的艺术。尽管萨莉的提问看似合情合理，但实际上提问中包含了一层建议（"去贝克家"），在这个情境中，汤姆会觉得她自私、控制欲强，不是在单纯地询问。诚然，进一步辅导可以解决汤姆过度敏感的问题，但如果萨莉采用不同的提问方式，她本可以避免这场冲突，并将汤姆的愿望放在第一位。萨莉可以换掉这种窄化的、是或否的问题，改用下列任意一种提问方法。

▶ **开放式提问** "今晚你想做什么？"如果这种问法奏效，则一切安好，但也可能只能得到"我不知道"这种含糊的答复。

▶ **可选性提问** 先给出两个选择："你想要外出还是待在家里？"如果汤姆选择外出，萨莉可以说："你是想去拜访一下朋友，还是只想我们两个人出去逛逛？"按照这种问法，萨莉可以清楚表明自己想要讨汤姆高兴，而不会显得控制欲强。

当萨莉发现汤姆对自己的想法持否定态度时，她本可以做些让步，沉默一会儿让汤姆有思考的空间。但由于萨莉的责任心太重，所以她逼得很紧。

下一次在同样情况下，萨莉（接受了我的指导之后）采用了一种不同的提问方式。

> 萨莉：你看上去很疲惫。你是想出去看场电影，还是更愿意待在家里？
>
> 汤姆：让我考虑一下……你比较喜欢哪个？
>
> 萨莉：今晚我想听你的意见。

这次的对话直截了当。萨莉明白她给了汤姆几个选择。汤姆则要求萨莉给他点时间考虑自己真正想做什么，但也在怀疑萨莉有什么没有明说的意图。他问了萨莉她比较喜欢哪个，以此来试探一下她。于是萨莉便有机会向他表明自己真心希望听从他的意愿。

萨莉或许会抱怨："为什么总要我这样说？为什么我一心想体谅他，他却如此敏感，把我往坏处想？"答案自然是汤姆对受他人操控过度敏感。但只要在提问时讲究技巧，萨莉可以与汤姆建立起信任。

## 灵活变通

一些夫妻有许多共同之处，不吵架时更懂得体贴和关爱彼此，但在需要做出一些简单决定（比如安排在一起的时间）时会突然大发雷霆。他们可能遵循极度严格的不成文规则，要解决两人的冲突似乎毫无可能。下面以我与一对夫妻的交谈为例。这对夫妻已结婚15年，两人感情深厚，彼此忠诚，却怎么也摆脱不了无休无止的小争吵。妻子弗朗西斯是一名图书管理员，丈夫史蒂文是一名性格外向、能说会道的音频设备销售员,弗朗西斯不断制订规则和限制,史蒂文则不断违规。

弗朗西斯:我们彼此深爱,但我们什么事都没法统一意见。

史蒂文:我们在很多事情上统一了意见的。

弗朗西斯:你又来了,意见又和我不一样了![两人都笑了。]

阿伦:给我举个你们两人意见不一致的例子。

弗朗西斯:我下班回家时肚子饿得咕咕叫,但史蒂文从来不按时回家,所以我们每次都很晚吃饭。如果他真的愿意,完全可以重新调整一下他的工作日程。

史蒂文:我调整不了,因为我的客户大多来得很晚。我回家早时一定会和她一起吃饭,但有时我不得不晚吃饭。

阿伦(对弗朗西斯说):在史蒂文晚归的情况下,你自己一个人吃饭怎么样?我意思是说,你回家时就可以吃饭,史蒂文可以晚点再吃。

弗朗西斯:哎呀,我不能这样……结了婚的人就应该在一起吃饭。

阿伦:在一起吃饭固然好,但如果你坚持这样会导致吵架,那么废掉这条规则不是更好吗?

在这件事上,弗朗西斯费了一番功夫才改变了自己的规则。她容易将事情绝对化。对她的"应该"规则做任何改变仿佛都是罪过。结果，她的绝对规则不仅令双方争吵不休，还使史蒂文暗自较劲反对她。

史蒂文的母亲十分强势。他从小养成了一系列针对母亲的拆台策略，并自然而然地沿用到弗朗西斯身上。比如，弗朗西斯坚持要一起吃饭，保持房间整洁，始终讲究守时等让史蒂文很厌烦。于是，史蒂文会无故迟到，不顾弗朗西斯的意愿随意花钱，迟迟不管家务事，以此和她唱反调。

在职责分工上，弗朗西斯负责家庭预算、存款以及核对账目。她每个月都会发现，史蒂文购买了各种东西，事先却没有同她商量。然而，史蒂文总是说自己对这些费用毫不知情，一定是等到弗朗西斯亲自证明，他才不得不承认。如果说弗朗西斯的标准太绝对，她行事盛气凌人，那么史蒂文的回应称则得上是"被动攻击"，换句话说，史蒂文以自己的被动方式"攻击"弗朗西斯，挫败并惹恼她。

在治疗过程中，我成功地说服他们采用不同的相处方式。弗朗西斯最终同意验证这样一种假设：如果她放宽自己的标准，他们会相处得更加融洽——这个目标远比满足标准本身重要。史蒂文同意少耍些心计，这样弗朗西斯就不用再追究他的事了。

将改变当作一场实验，这样在不了解是否有成效的情况下，两人可以不必对这一改变做长期承诺。如果实验奏效，改变将成为他们继续采用新模式的动力。事实上，实验成功了，弗朗西斯和史蒂文的关系出现了明显好转。

## 放宽严格标准和绝对规则

在理想化的世界中，我们会制定一些绝对而开明的标准来指导生活。然而，我们的标准实际上少有开明的，而且世界相当复杂，很少有标准是绝对的。实际上，人的严格的标准很可能是模仿他们在童年时看到的东西（或者是他们所反抗的东西）得来的，或者是从"专业"建议（有效性可能需要怀疑）中得来的，又或者是从他们内心的恐惧和怀疑中得来的。

事实上，标准越绝对化，越有可能建立在恐惧和自我怀疑的基础上，也越有可能被严格地遵守。接下来我们会举例说明夫妻之间可能产生冲突的常见方面：家务分工、开支、休闲活动、家人与朋友以及性。

家务如何分工不存在绝对的规则。比如，弗朗西斯希望自己负责家务活，但坚持认为史蒂文应该负责房屋及屋外场地的维修。但是由于水管工、电工以及其他技工上门维修时，弗朗西斯要比史蒂文更经常在家，所以偶尔由她负责这些杂事或许会比较方便。另外，尽管史蒂文有时喜欢做饭，但弗朗西斯坚持认为做饭应是妻子的工作。

夫妻在家庭开支上发生争执时，原因通常是一方在花钱方面比另一方大手大脚。以史蒂文和弗朗西斯为例，这种情况常常导致一方唠叨另一方花钱无度，造成收支失衡。

一些最常见的绝对标准涉及子女抚养的问题。基于夫妻两人从小的经历，他们在如何抚养孩子的问题上可能持有截然不同的看法，比如如何处理功课、家务、零用钱、休闲时间以及交朋友等问题。事实上，导致夫妻冲突的规则也可能引发父母与子女之间的矛盾。

　　子女抚养十分讲究灵活变通。孩子与孩子各不相同，在一个孩子身上奏效的方法在另一个孩子身上可能起反作用。另外，随着孩子逐渐长大，旧的规则可能不再适用，曾经有效的策略也会失效。父母需要懂得变通，灵活改变所使用的规则和方法。为此，在修改规则时，他们应彼此适应。

## 内心的恐惧和自我怀疑

　　正如前文所述，人在固执坚持某种观念时，内心经常涌动着恐惧和自我怀疑。例如，给孩子设定原则时，弗朗西斯隐隐藏着灾难性想法："如果孩子家教不好，他们的一生就毁了。"结果，弗朗西斯心中充满了难以抑制的责任感。史蒂文则认为："孩子的青春只有一次，因此我们应该努力让他们尽可能快乐地成长……如果对他们过于严苛，他们会过得不开心，进而不喜欢我们。"于是，弗朗西斯的规则针对性格和自律教导，而史蒂文的目标是实现快乐和谐。

　　若夫妻的观点走向极端，改变的难度将会倍增。一方会倾向于将自己的观点看作"正确的"，将对方的观点看作"错误的"。这种贴标签行为可能带着说教意味，因此一方会认为自己"好"，对方"坏"。实际上，史蒂文和弗朗西斯的态度本可以互补协调而不是彼此对立。孩子们既要学会自律又要享受乐趣，如果父母能够灵活地将二者融合，那么他们就能提供最佳组合。

谈到金钱，难免也会涉及恐惧和自我怀疑。弗朗西斯隐隐担忧："按史蒂文这样花钱，我们肯定会破产的。"弗朗西斯小时候家里也遭遇过财务问题，她担心历史会重演。而史蒂文的态度是："人应该及时行乐。"他的恐惧是有一天自己像几个叔叔一样英年早逝，或者是将来有一天丧失行动能力，没法享受金钱带来的快乐。

## 自我提问

有着像弗朗西斯或史蒂文这样内心恐惧的人，大多无法意识到这些恐惧在多大程度上促成了他们严格的标准和期望。不过，通过努力，他们可以找准这些潜在的恐惧并判断其合理性。比如，弗朗西斯向自己提出了下列问题（"为什么"问法），层层剖析自己内心的想法，最终找到了最核心的内心恐惧。

期望：我要严厉管教孩子们。

问：为什么？

答：因为这种做法妥当。

问：为什么？

答：因为孩子们一定要有良好的是非标准。

问：为什么？

答：因为没有的话，他们肯定会遇到麻烦。

这种内心恐惧（"他们肯定会遇到麻烦"）被揭露出来后，弗朗西斯不得不问了自己一系列问题，并按照自己与孩子的亲身经历对这种恐惧进行验证。

问：有什么证据表明如果你不严厉管教孩子，他们便会遇到麻烦？

答：我不知道。

问：严厉管教能否确保孩子不会遇到麻烦？

答：不一定。

问：你在严厉管教孩子的时候会发生什么？

答：他们有时会叛逆。

问：你是否认为换一种方法（比如树立榜样和灵活变通）可以让他们形成正确的价值观？

答：也许吧。

于是，弗朗西斯和史蒂文做了一次试验：共同努力，弗朗西斯放松对孩子们的管教，史蒂文减少对孩子们的纵容，验证新的方案是否奏效。随着时间的推移，弗朗西斯做到了放宽对孩子的约束，史蒂文也不再过于放纵自己和孩子，双方感觉生活多了一分欢乐。

## 妥协

由于各种心理因素，有些人做出妥协会很难。比如，如果像弗朗西斯这样的人坚持特别严格的标准，妥协便意味着打破这些标准，因而做出错事。

在众多心理意义之中，妥协可能代表着屈服。对弗朗西斯而言，屈服意味着不仅要牺牲自己的标准，还要放弃对史蒂文的控制。她十分担心，如果史蒂文占据了上风，那么他的"马虎态度"势必会让一切大乱。弗朗西斯坚持严格的规则"保护了"她不再经历原生家庭的混乱——小时候她父亲失业后，几个孩子迷失了"方向"。

而对史蒂文而言，一旦妥协便意味着弗朗西斯大获全胜。按照他的观点，两人的分歧实则是一场权力之争。如果弗朗西斯赢得他的让步，那么意味着史蒂文"败北"。史蒂文认为"败北"是一种挫伤锐气的打击；这会深深伤害他的自尊以及自我形象。因此，与弗朗西斯唱反调（哪怕是被动应对）是他捍卫自尊的一种方式。

夫妻两人都被内心恐惧和怀疑支配。弗朗西斯看待妥协是，"如果我屈服了，他便会得寸进尺""如果我是对的却不做对的事，肯定会有糟糕的事情发生"。史蒂文的想法是："如果她为所欲为，我会变得微不足道。"

## 权力之争的背后

缺乏灵活视角的一个原因是夫妻在争夺权力的过程中立场变得强硬。只有双方都意识到自己以固定的视角看问题，并努力去了解对方的视角，才有可能达成妥协。

当然，改变看问题的视角通常是一件难事。对一方来说，这种改变或许意味着"我输了这场战斗"。对另一方来说，改变视角可能需要一番心理建设。硬要做这种改变时，人往往会感到恼火。

有趣的是，夫妻越是坚信自己立场正确，就越有可能忽视自己信念中自相矛盾的部分。在这种情况下，努力采取"我可能错了"的态度，将会对双方都有好处。

## 调和

世上不存在完美合拍的夫妻。如前文所述，夫妻间最早吸引彼此的魅力之处正是做事方式或性情上的差异。但是后来，当初充满魅力的差异却令双方厌烦。于是，在恋爱关系初期，凯伦的活泼、随性引起泰德的好感；但后来它们却成了泰德的苦恼，逐渐代表了轻率与肤浅，扰乱了他的日常生活。结婚之前，泰德善于安排休闲时间，十分讨凯伦喜欢，但后来在凯伦看来，泰德的这种组织才能只能表明他古板、迂腐。

随着婚姻的成熟，这些差异开始融入两人的关系中，妻子的随性而为与丈夫凡事提前规划的性格产生了巧妙的融合。然而，要实现这种融合，夫妻一定要意识到如下几点。

1. 夫妻之间难免存在一些明显的差异。

2. 夫妻需要接受这些差异并忽略另一半的缺点。许多个人习性和怪癖原本是被接受甚至不被察觉的，在夫妻关系紧张时却俨然成了一方挥之不去的眼中钉。

3. 从不同的视角（通过思维重构的方式）看待差异时，你或许会从中发现对方充满魅力的特质。比如，莎伦开始看重保罗不够严肃的另一面：他总能让她开怀大笑。

4. 利用性格差异可以进一步加强夫妻关系。比如，泰德可以借助凯伦的随性，为两人的关系增添活力；凯伦可以借助泰德的条理性，确保收支平衡，按时支付账单，也使得假期计划从不落空。

在成功的婚姻关系中，夫妻要学会参与对方喜欢的活动，接受彼此的怪癖。在长期的关系中，夫妻会在习惯和偏好上逐渐趋同，两人的面部表情和长相甚至也会趋于相似。

## 设置优先级

在特定的情况下，让谁的事情优先这一问题变得十分棘手。当夫妻努力试图调和时，他们可能会被误解，从而感觉受了侮辱或者委屈。

大多数夫妻认识到，任何一方都不能总是随心所欲，必须做到平衡有度。但是，在判定上并没有严格的标准可依，比如"上次遵循了你的意愿，这次该听我的了"。对于某一特定的活动，一方在某一时间会强烈坚持，而在其他时间反应平平，甚至持反对意见。在敏感的商讨过程中，我们不仅要考虑对方的偏好，还要考虑坚持偏好的程度。

夫妻双方表明自己选择的强烈程度是一种明智的做法。比如，丈夫可以不用去问妻子想要做什么，只要表明："今晚我实在想去看场电影。"如果妻子表示反对，说"我没什么兴致，但你想去的话我愿意一起去"，丈夫可以真诚地回复"这场电影对我真的很重要"，或者"这场电影对我实在没那么重要"。此时，丈夫有必要如实相告，因为如果回答不坦诚、讥讽或含义隐晦，那么两人在进一步商讨中将感到困惑。如果丈夫只拣自认为妻子喜欢听的话说，却不袒露内心的真实想法，那么他向妻子传达的就是含糊不清的信息。另外，妻子或许会把这种含糊的答复看作是他不坦诚的表现，在后续的讨论中，她可能不相信丈夫表达的是真情实感。

尽管"商讨"一词看似缺乏人情味，甚至还透着一种冲突的意味，但事实上许多决定都会涉及商讨。尤其在亲密关系的初期，双方往往会充分听从彼此的意愿，在讨取欢心上十分用心，商讨时讲究技巧，尽快达成令双方满意的决定。

下面让我们思考一下进展并不顺利的克利夫和朱迪之间的商讨情况。

克利夫：为什么今年就不能不去你父母家过圣诞节呢？我们可以待在家里，这样我也轻松了，我们也可以去我父母家。

朱迪：你从来不想见我父母。你总是在回避他们，每次见完他们后你都要抱怨。

克利夫：[她什么事情都和我作对。] 胡说八道。去年圣诞节咱们还去他们家了，今年他们也来咱家住了两回。[提高嗓门] 我只是受够了。太令人讨厌了。

朱迪：不要冲我大吼大叫！

克利夫：我怎么大吼大叫了？我简直不能相信。你总是想控制我的言行。

朱迪：你又来了，总是装可怜。

克利夫：别再找我麻烦了！

朱迪：你快把我逼疯了！

他们要怎么做，结果才会不一样呢？克利夫和朱迪可以先决定各自愿望的相对重要性，从而化解可能会一触即发的问题。

克利夫：我想今年我们是不是可以不去你父母家了？我最近太累了，真希望在圣诞节假期能好好休息一下。想庆祝的话，我们可以和我的家人[他们住得很近]一起。

朱迪：我真的想今年能去我父母家。

克利夫：你知道的，咱们去年去过他们家了，今年见过两次了。

朱迪：我知道。但是圣诞节不和父母在一起的话，就算不上圣诞节了。

克利夫：今年去你父母家过圣诞节到底有多么重要？

朱迪：满分十分，我打十分。你留在家里到底有多么重要？

克利夫：满分十分，我打五分左右吧。

朱迪：我想十分赢了吧。[她笑了。]

克利夫：我想你是对的。

本章介绍了一系列原则，可以用于日常活动中解决分歧和做决定。下一章我们将探讨夫妻如何在专门的讨论交流中弄清分歧所在。

# 第16章
LOVE IS NEVER ENOUGH

## 排忧解难

## 弄清分歧所在

一些夫妻经常闹矛盾，几乎每次交流都会带着前几次针锋相对遗留下来的怨气。第 17 章将探讨通过"宣泄交流会"遏制"怒气泛滥"的方式，在"宣泄交流会"中，可以尽情发泄各自的怨恨和指责。这类交流会有专门的规则，对敌意的宣泄进行一定的限制。如果你和配偶总是怨气冲天，不相互羞辱便说不了话，那么你可能会想先读一下第 17 章的内容。

本章提供了关于如何排忧解难（如何理清配偶的抱怨和请求及做出相应回应）的指导方针。通过学习和练习一系列技巧，你将能够更具体地了解问题，为寻找解决办法奠定良好的基础。通常情况下，抱怨、冲突、问题最好在特意安排的排忧解难交流会中处理。

下面列出了一些用于阐明伴侣的抱怨和了解伴侣的视角的指导方针。

**1. 不要试图为自己辩护、找借口或者发起反击。**

尽管伴侣的抱怨可能有夸大之嫌，听起来不公正或不合理，但你一定要尽可能保持客观的立场，扮演调查员而非辩解人的角色。

**2. 尽力阐明自己做了什么，或者没做什么而让伴侣厌烦。**

如果伴侣的表述比较含糊、宽泛，比如"你从来不信守承诺""你这个人真刻薄"或"你满心仇恨"，那么你就需要花些时间去了解。阐明事情原委的关键是提出"你能够给我举个具体的例子吗"这样的问题。将宽泛的怨恨具体到某个问题后，你就可以更好地应对。

**3. 简要概括伴侣的抱怨。**

为确保你明白了伴侣所关注问题的确切性质，你要给对方一个反馈，用自己的话转述一下抱怨的核心思想。经过进一步弄清分歧，你应向伴侣概括他/她抱怨内容，以判断你是否真的明白了。

在弄清分歧的练习中，我向泰德和凯伦概括了相关原则，并要求他们当着我的面进行尝试。凯伦几天来一直生泰德的气，但在他们找我之前，她一直没有向泰德谈论自己恼火的事情。他们的谈话内容如下。

凯伦：[生气] 你真是个扫兴的人。你不喜欢与人交往，只喜欢待在家里埋头看书。

泰德：[和善地说] 我真的这么糟糕吗？

凯伦：[有点开心]还不止呢！我说的还算好听了。

泰德：你能说具体些吗？

凯伦：你不合群的时候就知道了。

泰德：我不太确定。[询问具体情况]你能给我举个例子吗？

凯伦：上周我提议邀请布朗一家一起去看电影，你当时以我们没有事先准备为由生我的气。没有事先规划的事，你从来不想去做。

此时，泰德原本可能已经对凯伦的批评进行辩解，但他尽可能按照指导方针，找到合情合理的苦衷。通过"集中注意力"，泰德成功地将对话引导向正轨。

泰德：[简要概括]你是说你想让我更懂得变通，率性而为是吗？

凯伦：[仍然生气]是的，你不那么死板的话，咱们都会更好过一些。

泰德：[压抑内心的怒火，努力提出解决方法]其实，那天晚上我没心思去见别人。但我猜你会认为我不合群。

凯伦：[仍然不依不饶]但你一直这样。

泰德：或许这是我可以改进的地方。

凯伦：[不确定]好吧。

你或许已经注意到，泰德和凯伦并没有完全遵守澄清原则：泰德过早地辩解。不过，这只是他们第一次尝试，而且泰德似乎十分看重解释他对参加社交活动的真实想法这件事。具体的解决方案稍后再进行讨论。

凯伦的怨言之所以毫不留情，一部分是因为泰德过于强调凡事皆要规划，阻碍了凯伦随性而为的愿望。凯伦并未意识到，她的随性与泰德的讲究计划、深思熟虑相冲突。其实，泰德的随性并不比凯伦逊色，只是表现不同而已。但是，在泰德没能马上同意凯伦的提议时，凯伦认为这是一种死板的表现。结果证明，泰德比凯伦更容易改变自己的做事方式。

在后续的谈话中，泰德坦言，尽管自己想要多参加一些社交活动，但在与别人交往时，他经常会感到局促。他认为自己需要时间去适应与人交往时的不自在。泰德告诉凯伦："我一直在想关于你说我死板的这件事。我觉得你没有理解我的意思，我是愿意和别人交往的，只是我在社交时没有安全感。"

这段对话取得了两个积极的成果。泰德顺利找准了让凯伦厌烦的行为模式，也愿意主动进行改进。凯伦第一次感受到泰德在"倾听"她。在后面的谈话中，凯伦很欣慰地发现，泰德当时有意愿参与社交活动，只是他的社交焦虑减弱了他的热情，使他对凯伦突发奇想的提议有所犹豫。

总之，弄清分歧所在的技巧包含让抱怨一方尽情表达自己的怨言，另一方扮演调查员而非辩解人的角色。具体步骤包括不找借口或不反击，找准被抱怨的具体行为，以及在烦心事的具体细节上达成一致意见。双方通过这种方式弄清楚冲突后,下一步是寻找解决方案。

## 了解伴侣的视角

有时即使夫妻心怀最大善意,遵循良好沟通原则,却仍然发现两人的讨论只会加深沮丧、徒劳和敌对。这种结果的部分原因是,他们从不同的视角评估问题本身以及各自在问题中扮演的角色。夫妻间的讨论并没有澄清两人的分歧,反而加剧了分歧。

尽管和解需要夫妻尽力看到对方的视角,但做到这一点颇为困难,因为找准对方的视角已经很难,理解起来更是难上加难。另外,相左的视角可能会引起夫妻两人的敌对情绪,而他们又不太可能保持客观的立场,以中立的态度向对方提问。但即便如此,如果夫妻一方扮演起调查员而非检察官的角色,也是有可能弄清楚对方观点的。

如果调查的一方鼓励另一方讲述自己的自动化思维,将会有利于"数据收集"。这样,另一方可以检验一下自己的读心是否正确(见第13章)。借助一些技巧,加上满满的善意,夫妻应该能够了解到对方的视角。一旦实现这一目标,他们可以趁势化解分歧,找到实际可行的解决方案。

接下来让我们看一下克利夫和朱迪的案例。在婚后的五年中,克利夫一直是一名销售员。他最近升为销售经理,于是一部分时间花在销售业务上,另一部分时间花在管理其他销售员上。

**第一周** 朱迪抱怨两人共处的时间不多,建议两人在家时间多一点。她变得有些悲观,内心深处时时浮现一种担忧:"克利夫真的会改变吗?"克利夫认同朱迪的担心,并承诺会改动自己的工作日程,以满足她的愿望。他保证要减少客户数量,缩减出差的时间。到目前为止,两人的沟通和意图都比较正常。

**两周后** 朱迪对克利夫越加恼火。她内心反复出现的想法是:"一切还是老样子……情况没有好转,反倒恶化了……克利夫还在固守原来的做事方式……无论承诺几次,他从来不会做出改变。"

晚饭时间克利夫接了个电话,让两人原本畅快的谈话戛然而止。朱迪无意中听到了克利夫电话的内容,他显然是在和一个潜在的客户通话,听起来他似乎很愿意与对方谈合作。朱迪心想:"他为什么要一直不停地打电话……饭菜都要凉了……他明知道我讨厌他这样中途打断吃饭……他说过要减少客户数量的……我再也不相信他说的话了。"

在通话结束后,朱迪和克利夫展开了如下一段谈话(我教过克利夫如何扮演调查员的角色,于是他在交谈中试着运用相关原则)。

朱迪:你说过要减少客户数量的 [ 带着责备的语气 ]。

克利夫:但他是一个非常重要的客户,能给我们带来可观的收益 [ 开始辩解 ]。

朱迪：你总是要求破例。你说过要做出一些改变，但你根本没有做到 [ 批评 ]。

克利夫：你从来注意不到我的积极表现。过去两周当中，我已经在许多方面做了改变，你只是没有注意到 [ 反击，但同时提供新的信息。这种做法注定徒劳无益，因为会被看作一种反击 ]。

朱迪：我没有注意到你的改变，因为你根本没有发生改变。

克利夫：这不公平。你知道，我现在上午在家待的时间比以前长了。另外，我过去两周也推掉了一些客户，只是你不知道而已 [ 提供更多新信息 ]。

朱迪：你在家待的时间长对我来说没有任何意义。你总是在埋头工作。在我看来，你只是一个坐在那里的木头人 [ 无视新信息，继续发起攻击 ]。

克利夫：你只是希望我待在家里，却从来不希望我去工作。我原本以为我只要在家工作就可以让你称心 [ 发起反击 ]。

朱迪：没办法和你说话，我怎么称心？你一心扑在工作上。即使待在家里，你也一直在考虑工作的事，除了你的工作，我们再没有其他的话题了。

克利夫：你以为我工作只是为了享受？你不知道我工作是为了我们两人好，你的反应让我感觉我做的这一切都是为了惹恼你。

此时此刻，克利夫做出了让步，以更好地了解真实情况，他发现了几个问题。首先，两人都在攻击对方的立场，而不是澄清自己的立场。其次，他意识到自己先前没有告知朱迪他在减少客户方面做出的努力。与许多夫妻一样，克利夫误以为，即使他不告诉妻子，妻子也会知道他做出的积极努力。再次，他原以为在家工作的时间就可以算作夫妻共处的时间，现在意识到这种想法并不对。最后，他告诉自己，考虑到朱迪不知情，她生气是情有可原的。

所幸的是，克利夫专心于积极解决问题，尽力理解朱迪的立场。他充当起调查员的角色，转述了朱迪的抱怨。

克利夫：问题大致是，你认为我在家办公太专心，顾不上你。我打电话时间太久时，没顾得上你。我说的对吗？[验证他的理解]

朱迪：倒不是顾得上的问题。这意味着我不如你的工作重要。如果真的你想做好的话，完全可以安排得更好一些。

让朱迪感到欣慰的是，克利夫似乎理解了她的立场。他随后提出了一个建设性的建议：制订两人共处的具体计划，比如定期外出共进晚餐，或者安排一次度假。朱迪将信将疑地表示同意。

在他们的谈话中有几个关键点：①朱迪能够以克利夫可以理解的方式描述问题所在；②克利夫能够表明他已做出了两人约好的行动，从而改变了朱迪关于他不做改变的认识；③克利夫能够理解朱迪的观察视角，找出两人问题的真正所在——两人共处时间的质量而非时长；④在确定问题所在之后，克利夫和朱迪商定了一项积极的行动计划。朱迪仍然将信将疑，她需要证据来证明克利夫会落实这项计划。

我们应该认识到，屡屡有人提出外出共进晚餐或安排一次度假这样的想法，把它们当作解决此类问题的方法，但它们未必能够解决问题。若夫妻急于找到解决方案，却没有弄清问题所在，上述方法将会失灵。比如，在一些情况下，夫妻中的一方会感觉另一方约束太多，希望能有独处的时间。有时，不成熟的解决方案还不如没有解决方案，因为方案不成功，只会被视作"又一次失败"。因此，在弄清问题所在的交谈中，有必要确保解决方案适用于问题。

尽管夫妻双方没有必要彼此表现得像心理医生一样，但如果他们能够察觉到对方的过度敏感以及充斥象征意义的认识，就可以避开关系中的潜在危险。在克利夫与朱迪的交谈中有一个问题尚未解决：朱迪抱怨自己没有受到重视。抱怨背后隐藏着她的内心恐惧：如果有一天她急需帮助，她指望不上克利夫。这一恐惧如不及时处理，可能会妨碍问题的解决。在这种情况下，朱迪必须阐明自己对遭受抛弃的恐惧，而克利夫必须去应对她的恐惧，这样他们才能找到有效的解决之法。

## 排忧解难交流会的具体规则

许多夫妻发现，专门抽出时间来探讨问题是很有效的方法。第一次会议最好只提一两个问题，以免你的配偶不知所措，引发无谓的纠缠争论。下面列出了针对此类会议的一般性建议。

1. 确定排忧解难会议的具体时间,要求这段时间内比较安静,可以畅所欲言地交谈。有些夫妻认为去餐厅共进晚餐,并在清静的角落谈心十分有益。

2. 将每周遭遇的麻烦事记录下来留在排忧解难交流会上讨论,而不是遇到问题就指出来。

3. 在交流会开始时商定议程,列出讨论的问题或要求。这样,你就不会在接下来的讨论中让你的配偶措手不及,或者忘记提出要讨论的事项。

4. 轮流提问题,一轮次仅讨论一个问题。轮到你发言时,阐明自己的问题,让伴侣可以理解你的意思。必要时可以复述一遍。

5. 针对自己提出的问题,建议几种可行的解决方案。

6. 与伴侣一起动脑筋想办法。尽可能多想几个,然后分析各自的成本效益。比如,家政服务可以缓解上班夫妻的压力,但费用也会带来资金不足,给家庭造成更大的压力。一些建议只能算长期而非短期的解决方法,而另一些建议只能算短期而非长期的解决方法。例如,搬入大房子在家庭收入显著提高后会是一个现实的长期目标,但在近期却是不现实的。

一心想着问题和冲突容易产生一种危险,你可能忽视掉婚姻中的积极方面。在排忧解难会议中,你应该留出专门时间,总结过去一周婚姻中的好事或者值得高兴的事，此话题已在第 12 章中做了详述。

我在下面列出了一份清单，其中包含适用于排忧解难交流会的具体规则，后文会针对每项规则进行详细介绍。我和一些其他治疗师运用了这些规则，并收到了显著的成效。你们应在交流会开始前再次阅读这些规则。每次会议结束后再读一遍，针对清单中每项的表现做出自我评估。

### 排忧解难交流会内容清单

**说话者规则**

_____ 1. 言简意赅。

_____ 2. 有针对性。

_____ 3. 严禁侮辱、责备或控诉。

_____ 4. 不贴标签。

_____ 5. 不说太绝对的话。

_____ 6. 表述时要肯定。

_____ 7. 核实自己对伴侣行为的推论。

**听话者规则**

_____ 1. 耐心倾听。

_____ 2. 发出正在倾听的反馈信号。

_____ 3. 努力理解伴侣说话的要点。

_____ 4. 不辩解或反击。

_____ 5. 如有必要，阐明自己行为的原因，但不找借口。

_____ 6. 不分析伴侣的动机。

_____ 7. 寻找双方的认同点和分歧点。

_____ 8. 如你明显伤害了伴侣，要表示道歉。

_____ 9. 大声总结你所理解的伴侣的意思。

以上规则基于下列原则，在运用规则时应加以理解。

---

## 说话者原则

▶ **言简意赅**。

说话尽量简单明了。陈述核心内容。我建议运用"两句话规则"——将发言限制在两句话以内，因为将说话要点压缩为几个精心挑选的词通常是可行的。同时，还可以减少会适得其反的或带有敌意的信息。

▶ **有针对性**。

避免使用含糊、笼统的表述。比如，不要以"我希望你能整洁一点"这样的措辞抱怨，要说："我希望你用完毛巾后能挂起来。"

▶ **不要一味地侮辱、责备或控诉**。

最好能够遵守"不追究过失"规则，比如"既然问题已经存在，让我们共同想办法来解决它。"不妨想象一下自己是一名修理工：你发现有东西松动了，需要拧紧，你只要提出纠正方案，不必去追责。

- 不要动不动就给人贴上"马虎""自私"或"粗心"的标签。

这类标签通常是以偏概全,混淆问题所在。更有甚者,它们还具有挑衅性,只会破坏排忧解难会议的进行。

- 不说"从来不"或"总是"等太绝对的话。

这些说法通常不准确,只会招致反驳,因为极少有人会从来不做或总是做某件事。如果你使用了这些绝对化的字眼,只会引发无谓的争论,偏离自己要表达的观点。

- 尽量表达自己的意愿,不提批评指责。

比如,可以说"要是你能帮我刷盘子,我将非常感激",而不是抱怨"你从来不帮我刷盘子"。

- 不要试图解读伴侣的意图。

你的推论可能经常出错,只会激怒伴侣。如果你认为伴侣生你的气,最好说"我感觉你在生我的气",而不是指责对方不帮忙而是在实施报复。在检验自己对伴侣所作所为的想法时,一定要记住,这些想法只是推断而不是事实。沉迷运用流行的心理学观点分析伴侣的动机,一点儿意义也没有。

## 听话者原则

- 寻找双方的认同点或相互理解之处。

这样,你听起来就不会像是一个对手,"我最近确实一心扑在工作上""我认识到回家途中跑去喝酒让你生气了"。

- 忽略伴侣的消极言论。

在伤心或愤怒状态下，伴侣可能会在表述问题时带有夸大、指责的语气。你应该尽量关注愤怒的原因，忽略伴侣表达中透露的指责、批评。

▶ **自我提问。**

有些时候，伴侣清楚自己的抱怨，你却未必明白。问问你自己："伴侣试图告诉我的重点是什么？"

▶ **检验一下自己对伴侣抱怨的理解。**

比如，你可以说，"我想你是要告诉我，你不想再忍受我母亲的干扰了"，或者"你是在告诉我，你想让我开始负责账单吗"。

▶ **在伴侣误解你的动机时进行澄清。**

比如，你可以告诉伴侣："我当时真的很想见到你，但我觉得下班之前一定要完成手头的工作。"

▶ **不要害怕向伴侣道歉。**

在你有意或无意地伤害到了伴侣时，要及时向对方表示道歉。向对方传达这份你的歉意十分非常重要。

## 将抱怨转化为要求

在排忧解难交流会中，你若能将重点放在自己想要达到的目标上，而不是纠结于伴侣做错了什么，就会取得更大的进步。在辅导萨莉和汤姆的一次咨询中，我试着教他们处理自身的问题。

阿伦：你们两人现在都满腹怨恨。接下来看看你们能否将怨恨转化为要求。

萨莉：一切都要从出行说起。他总是晚回家，所以为了赶时间，他得开快车去目的地——

汤姆：你在开玩笑吧？我到家时，她还没换好衣服，却冲我大吼大叫，抱怨我回家晚了。

萨莉：好吧，真正的问题是他开车的方式令我抓狂。他跟前面的车辆跟得太紧，还驶入了禁止超车区。按他踩油门的方式，我们还活着算是走大运了。

汤姆：你总是不停地烦我。你应该坐到后座去，那里才是你应该坐的地方，你可以在那里指手画脚。

萨莉：如果我什么也不说，我都不知道他会做些什么——在收费站时，他总想抢先一步，赶在栏杆完全升起前冲过去。

汤姆：好吧，有一次栏杆升得太慢，我不小心撞了上去——

萨莉：你撞上栏杆是因为你交费时脚是踩在油门上的——

阿伦：稍等一下。萨莉，告诉我们一下你对汤姆的要求是什么。

萨莉：我只是想让他开车慢一点，不要像个疯子一样乱冲，计划好十分钟之后到。

汤姆：你也别再唠唠叨叨的了。

阿伦：等会儿，这就是你对萨莉的主要要求吗？

汤姆：呃……她总是停不下来，从来没有放松的时间。她肯定是最典型的美国女人，每年拿一美元也愿意。她不会说"不"……只要有人让她筹划公益活动，或者安排同学会，她肯定会答应的。

阿伦：你能把意思转化成自己的意愿吗？

汤姆：可以，我只希望她能把节奏放慢一点。

萨莉：他认为我做的事情都不重要。

阿伦：你有没有可能少答应为别人做事？

萨莉：他过去常抱怨我晚上不在家，但我在家时，他每天晚上都与办公桌相伴。

阿伦：萨莉，你有没有可能晚上多待在家里？

萨莉：他可以去给少年棒球联盟或童子军当志愿者教练，我做自己想做的事情怎么了？

很明显，萨莉和汤姆都在维护自身的利益。然而，随着交流的深入，他们最终达成了一致意见：汤姆尽可能守时，开车慢一点，而萨莉晚上多待在家里。

在多数婚姻中，怨恨是日积月累形成的。最终吐露怨言时，通常表现为抱怨、批评或控诉。一般而言，两人会发现，如果能够将抱怨转化为要求，他们更有可能得到对方的配合，并减少自己的恼怒。事实上，作为弄清分歧的一环（见第15章），夫妻双方最好写下自己的具体要求。

| 抱怨或批评 | 要求 |
| --- | --- |
| 你在餐桌上张着大嘴吃饭时，我感到恶心想吐 | 请你闭上嘴巴咀嚼食物 |
| 厨房脏得像猪圈 | 你早上上班之前能否刷一下盘子 |
| 你喝了那么多酒又想和我做爱时，我简直受不了。你太恶心了 | 我希望在你不喝酒时做爱 |
| 我无法忍受你的口臭 | 我买了一些漱口水，我们都可以用 |
| 你太邋遢了。无论我怎么打扫房间，你都会弄得一团糟 | 你能不能用一下烟灰缸？当天不穿的衣服能不能挂起来 |
| 你总是在洗脸池上面梳头，头发把洗脸池都堵住了 | 你能不能注意一下，别在洗脸池上面梳头发 |
| 你现在变得这么胖，真的太丑了 | 你控制一下体重怎么样 |
| 我受不了你戴着卷发夹吃晚饭 | 你能不能换个时间洗头？这样你就不用戴着卷发夹吃晚饭了 |
| 你一心扑在工作上，我们都没办法聊天了 | 你认为我们能否抽出点时间聊聊天，或者哪天晚上出去吃个饭 |

## 不单纯的要求 [1]

提要求时，言语中应该避免羞辱或挑衅。比如，丈夫略带轻蔑的语气说："如果你能百忙之中抽出几分钟时间的话，我希望你每天早上可以倒下垃圾。""如果你能挂掉电话的话，我希望你能坐下来和我聊聊天。"妻子用讥讽的口吻说："我希望你能给安迪辅导一下作业，我知道这对你来说负担很重。"以上这些无端的攻击只会破坏你试图传达的信息。

务必记住，发言时多用"我"表述，少用"你"表述，这一点非常重要。说"我很不安，你晚回家却又不给我打电话"，好过说"你总是晚回家，又不给我打电话，太令我失望了"。同样，最好说

"如果你能告诉我工作上的事，我会更高兴的"，不要说"你从来不告诉我工作上的事"。开口先说"我"而不是"你"，比较容易削弱指责的意味。

谈论如何安排在一起的时间时，汤姆与萨莉对彼此充满抱怨。但几周之后，他们熟练掌握了将抱怨转化为要求的技巧。我建议他们将自己的要求写下来。萨莉列出了下列清单。

- 主动告诉我你一天做了什么，不要每次都让我来问你。
- 主动提出晚上陪我一起散步。
- 我在叠衣服时要陪我聊天。
- 看到我很疲倦时，主动带孩子们出去走走，或者陪他们玩玩。
- 去冰箱拿饮料时，主动问我是否要多拿一个。
- 一个月要陪我吃一两次午饭。
- 修剪草坪。

汤姆相应写下如下清单。

- 我在家时，不要与你母亲煲电话粥。
- 去书房办公时，不要关门。
- 帮我搓背。
- 参加社交活动要提前告诉我。
- 白天给我打电话。
- 保持收支平衡。

> 有的晚上，在我回家之前哄孩子们上床睡觉，然后我们可以过二人世界，共饮美酒，共进晚餐。

"尽量更体贴一些"或"要更有爱心"等笼统的表述不容易转化成实际的行动。所以，表述最好更具针对性。特定行动的象征意义最为重要，除非你做的正如伴侣所愿，否则你可能永远无法传达自己的心意。

即使初衷很好，你和伴侣在讨论问题时也会偶尔有贬低之词。此时，有必要密切注意自己的自动化思维，并提醒自己说话者和听话者的规则。

接下来我们看一下朱迪和克利夫的案例。通过排忧解难交流会，他们的关系得到了改善。克利夫接受了几次婚姻咨询，朱迪只参加了一次交流会。尽管如此，克利夫仍能够运用治疗中学到的技巧。虽然夫妻中只有一人在积极解决婚姻问题，但他们仍取得了巨大进步。下面是两人某天晚上的对话。

朱迪：我厌倦了包办所有家务，照料花园，安排人维修，确保一切正常。你一向什么事都不管不顾。你什么都当看不到。你从来都看不到杂乱。你什么事情都靠我。我知道你要上班，但至少你在家时，我想要你帮忙，比如，东西凌乱时收拾好，别等别人说了才做事。你知道需要做些什么。我厌烦总要唠叨你。我希望你能够主动。

克利夫：[她又来了，又在唠叨我，但我要尽量心平气和。]没问题。我很乐意帮忙。让我们坐下来好好谈谈，你告诉我你想让我做什么。

朱迪：我不仅要包办所有事情，竟然还得告诉你要做什么！咱们相处这么久，你应该知道要做什么。但凡你有心，早知道要做什么了 [认为克利夫的行为动机不良]。

克利夫：[她只喜欢批评人，不关注问题。] 我做了一些这样的事。我做了很多事，但我得知道你认为哪些事情重要。我一直在做园艺活。

朱迪：你只是做着玩的。

此时此刻，两人还未产生共鸣。克利夫一直在试图遵循规则，但从接下来的对话可以看出，他偏离了初衷，加入挖苦的论战之中。

克利夫：[不要反击。要找出她的意愿。] 你为什么不直接告诉我你想让我做什么，再看看要怎么做到？

朱迪：你知道客厅里堆着的那些盒子吧？看到它们乱糟糟的，我就恼火——我就是不如你能忍。你要多久才会感到心烦，去收拾盒子？

克利夫：[她在威胁我。] 要天长地久吧……因为它们不会烦到我。你还是告诉我别的烦心事吧。

朱迪：它们不会烦到你，是因为你整天都不在家，不用看着家里一团糟。

克利夫：[无论我多努力，她都不满意，总有事情让她烦恼。] 那种事情不会烦到我,是因为我认为没有乱糟糟。但你想的话,我乐意收拾一下。

朱迪:胡说八道。我就不信你看不出它们碍眼。

许多夫妻不相信,自己清醒看到的一些事情,伴侣却毫不知情,于是将伴侣的行为归因于缺少关心。

克利夫:[坚持住。] 好,我会尽我所能改进的,但我也看不惯你的很多事情。

朱迪:比如说什么?

克利夫:[查验她的动机。] 我注意到你把我的衣服扔在了楼梯上。我猜你是在考验我,看我什么时候会收起来。

朱迪:你说对了。

克利夫:[提出解决办法。] 我真的不想玩这种游戏。以后我会多加留意的,但我希望你别再一直考验我了。

朱迪和克利夫后来达成了共识。他们最终像萨莉和汤姆那样,在排忧解难交流会上谈到了制作要求清单这项重点。这种交流对朱迪和克利夫非常有效:打破了他们一贯争吵、唠叨和怨愤的局面。

从上述对话来看,朱迪似乎表现得更不讲理。虽然她比克利夫更易怒,但她其实承受了更大的压力。除了要负责家务和艺术事业外,她还在家里做兼职,做几个医生的记账员。因此,她承受着工作和家务的双重压力(见第18章)。在多数情况下,相比被迫完成实际工作的一方，承担主要责任（比如操持家务的角色）的一方负担更重。事实上，朱迪认为自己承担着家庭事务的主要责任，正是因为内心积压的责任感，她才变得易怒、缺乏理性。

两人确定了一套新的家务分配体系，扭转了克利夫在朱迪心中的负面形象。克利夫更积极地参与到家庭事务中，这其中的象征意义对朱迪产生了巨大影响。确定克利夫算得上伙伴和盟友给了朱迪能量，增强了她的抗压能力。尽管工作总量并无大幅减少，但她觉得平静多了，从而能以更加理性的态度对待克利夫。克利夫的耐心得到了回报：它帮助二人度过了关系艰难期。

# 第17章
LOVE IS NEVER ENOUGH

# 压制心中怒气

马乔丽如此描述自己对肯恩的积怨："好好吵一架，误会就解开了，这是我以前的想法。以往，我们嘴上吵完，少不了床上酣战。现在，我们只剩下吵架了……每次吵完架之后，我们重新认识了自己，感觉关系更加亲近，迫不及待想要上床恩爱。但现在，怒火久久不熄，我根本不想再见他。我忘不了他说过的那些刻薄的话。"

尽管宣泄愤怒在婚姻的某个阶段似乎有用，但在其他阶段可能带来麻烦。当愤怒随着一件件事、一天天地不断累积，终将形成破坏性威力。届时，夫妻要想保住婚姻，就要有所行动。

不幸婚姻大多受到相互敌意的影响。长久的敌意会改变夫妻对彼此的印象。正如马乔丽所说："一想起他来，我满脑子都是他生气和大声叫骂的模样。"在心怀愤怒时，夫妻自然会有攻击对方的冲动。

当然，愤怒有其存在的道理。对愤怒抱有理想化态度（永远不应发泄出来）是不切实际的。有时，宣泄愤怒即使不是自救，也是一种适应性反应。比如，受到虐待和折磨的妻子会发现，表露愤怒是自保的一种方式（当然，受害者发泄愤怒往往只会进一步激怒加害者）。

有些人认为宣泄愤怒是影响另一人最有效的方式，甚至是唯一的方式。然而，他们或许没有意识到，宣泄愤怒会带来潜在的消极后果，而且一般不会改变对方的态度，只能临时压制不良行为，而当惩罚的威胁消除后，不良行为会再次出现。

在婚姻生活中，感激、情与爱等情感有时似乎失去了作用。一方可能会觉得与伴侣缺少令人愉悦的互动，比如相处、拥抱的时间太少。或者，一方对令人愉悦的举动不以为意，认为不值得自己做出回应。愉悦感表达是增强伴侣期望行为的一种方式，愉悦感表达越少，两人越容易将惩罚作为控制手段。

释放紧张情绪好像算得上宣泄愤怒的另一"优点"。夫妻大吵之后可能会顿感轻松，然后做一些善意之举，甚至是情爱之事。但是，吵架可能伴随巨大代价；在未来的几年内，这些伤人的话或者大打出手的记忆可能令夫妻二人无法释怀。

由于激烈争吵会令夫妻相互不理睬，所以彼此的爱意也会随之消减。造成这种现象的原因是，消极态度会带来怨恨和伤心等消极情绪，积极态度则会带来爱情和快乐等积极情绪。当态度从积极转为消极时，情感会相对应地改变。

但是，通过铲除敌意的根源，或至少遏制敌意的宣泄，许多夫妻成功地将对对方的印象从消极转变为积极。我常常惊讶地看到，那些被伴侣强烈敌意所湮灭的深情和爱又回来了。

一般而言，如果夫妻最大限度地遏制愤怒情绪的爆发，他们就会做得很好。敌意经常因误解或至少因小题大做而起,所以容易使问题加剧,而不是解决问题。此外,敌意带来的创伤会导致婚姻中诸多不幸。表达你的愤怒时,尽力让自己的观点清晰明了,尽可能降低对伴侣的不良影响。本章后面的内容将探讨这方面的一些问题。

## 问题的根源:在于你还是你的伴侣

当夫妻吵架时,他们几乎总是会把问题的责任归咎于对方。然而,根据系统性的研究发现,尽管夫妻都认为对方不易相处、不负责任或怀有敌意,自己是受害者,但是在争吵这件事上,双方都有责任。[1]

然而,问题并不是单纯的夫妻如何对待彼此。正如我们所看到的,敌意经常(但并非总是)产生于内心因素(比如,夫妻观点不一致,引起误解和误判)。

夫妻发生吵架时,他们的冲突经常是因为做事方式或习惯上的差异。"凯伦和泰德吵架是因为凯伦经常迟到,泰德受不了总是要等她。""朱迪和克利夫吵架是因为克利夫随意丢放自己的衣服,朱迪还要帮他收拾起来。"表面看来,这些争吵似乎确实因上述冲突而起,核心围绕准时或整洁等问题。不过,价值观或习惯等方面的分歧似乎并不足以造成时常发生的严重争吵。毕竟,泰德要等凯伦,或者克利夫将毛衣放在椅子上而不挂起来算不上悲剧,比如泰德也经常要等别人,但并没因此动怒。

矛盾的是,尽管这样的冲突极其严重,但夫妻两人经常都没有意识到自己到底在吵什么。准时与迟到以及整齐与混乱问题看似是冲突的中心，但实际上只是细枝末节。"风暴眼"并非等待或者收拾衣服本身带来的不便，而是一方认为这些事"证明"对方不负责任、不体贴或不尊重人。夫妻将彼此看作冒犯者：泰德和朱迪被认为控制欲强、吹毛求疵；凯伦和克利夫被认为粗心大意、不负责任。造成夫妻严重苦恼与嫌隙的并非行为本身，而是他们做出的解读或者误读。

我们在前面已经提到过，愤怒情绪是由夫妻赋予彼此行为的象征意义引起的。泰德认为，如果凯伦真的尊重他，就应该准时，因为她知道自己来晚时他会担心。由于泰德担心凯伦会发生意外，所以他"编"了一条规则："她不应该让我久等。"凯伦迟到时，泰德因她违反了这条规则而生气，即使得知凯伦来晚是有充分的理由时，他仍然会生气。泰德心想："她知道我多么看重守时。既然来晚了，就说明她一点儿也不在乎我的感受。"

夫妻赋予事件的意义受第 2 章中提到的优缺点影响。根据相关标准，某一举动可能表明夫妻一方有责任心、懂得尊重人、关爱体贴，或者不负责任、不尊重人、漠不关心。由于给人好印象的行为在一段时期内似乎被认为理所当然，因而令人不快的行为更容易被关注，受到带象征意义的负面解读。因此，夫妻一方一旦出现过失或不当行为，即使次数远不及积极的行为，也可能给对方留下更加深刻、持久的印象。

尽管夫妻之间经常读心，认为对方心存不良动机，但事实上他们对对方的想法和态度一无所知（见第 1 章）。因此，许多严重的夫妻争吵是由两个"盲目"的人导演的，他们拼命攻击的是自己幻想中对方的形象。虽然攻击针对的是幻想的形象，伤害到的却是实实在在的人。

## 解决内心问题

要减少夫妻关系中对彼此的愤怒，首先你应该确定自己的心理活动对问题的产生负多大责任。由于你很可能误解了伴侣的行为，所以最好采取这一步。通过问自己几个具体的问题，运用前几章中讲到的一些技巧，你可以评估一下自己的愤怒情绪有多少是源于心理作用。

1. 在你开始感到生气时，问自己："我的愤怒是否有凭有据？是否恰当？它是基于我自己的问题还是亲密关系中的真实问题？通常，你可以根据自己以往的经验来回答这些问题，尤其是那些在当时看起来你愤怒得有道理的，但后来又显得不恰当或不明智的问题。

2. 再问自己：

  a. "我的自动化思维是什么？"

  b. "我是如何理解伴侣的行为、解读其中可能并不存在的意义的？"

  c. "我的解读是基于对伴侣行为的客观评价，还是仅基于我赋予行为的意义？我的解读是否由所发生事实的逻辑推断所得？是否还有其他的解释？"

第13章已经介绍了如何应对自动化思维的方法，你不妨回顾一下如何运用分栏法评价自己对伴侣的愤怒，而且将会受益匪浅。

3. 如果你的愤怒似乎有恰当理由，即你准确解读了伴侣的行为且其具有明显的冒犯性，也不妨问一下自己，这个解读是否是思维扭曲的结果，比如隧道视野、断章取义、两极化思维、以偏概全、夸大其词、读心、"糟糕化""妖魔化"以及"灾难化"。

4. 最后，问一下自己，为攻击伴侣而寻找理由是否让你有满足感。或许你在看到伴侣窘迫、伤心或愧疚的表情时，内心会产生愉悦之情。或许你在实施报复、展现实力、占据上风时乐在其中。这些"满足感"都是赢得胜利的固有特征，你会想根据你在这段关系中的实际收获来评估这些满足感。

## 改变思维方式

此前我们一直在探讨，是不是你的思维（特别是存在夸大、误解、错误的思维）导致了如此强烈的愤怒情绪。由于上述因素通常会起到一定的作用，所以我们应该尝试去分析隐藏在愤怒情绪背后的想法和意义。

下面总结了将认知疗法技巧应用到你的思维中的步骤。

1. 审视自己的自动化思维，留意自己的反应。寻找思维错误。
2. 重新调整对伴侣的印象。
3. 尝试站在伴侣的角度看事情。
4. 分散自己的注意力。

## 自动化思维和理性反应（思维重构）

下列是不同夫妻所持有的负面自动化思维。他们的自动化思维

"框定"了配偶,也就是将配偶的行为解释为"有罪"。

在尝试寻找最佳解读的过程中,夫妻们会从不同的视角审视同一个"罪过"。从正面的角度重新审视伴侣的行为正是所谓的"思维重构"。思维重构并非指"积极思维的威力",而是指更加客观、真实地了解伴侣的过程,兼顾了对其行为的积极和消极意义的解读。除此之外,试着理解伴侣的观点,并向其检验自己的理解是否正确,你会发现这不失为有用的做法。

| 自动化思维 | 理性反应 |
| --- | --- |
| 他和几个男的出去喝酒了,这表明他并不在乎我和孩子们 | 这可以帮他放松心情。每次回家前和朋友们喝酒,他的心情总会变好 |
| 她是个差劲的母亲。她让孩子们呼来唤去,惯得他们撒野,为所欲为 | 她非常关爱孩子们,他们也很爱她。另外,他们都是好孩子,不轻易惹麻烦。孩子们调皮很正常,他们并没有错 |
| 她对什么事情都爱唠唠叨叨 | 她很擅长料理家务,而且要求严格。如果她不要求严格,屋子里可能没法住人了 |
| 我们外出旅行时,她和谁都能聊。她真是一个极致的交际花 | 她确实非常好交际,这让旅程充满欢乐 |
| 他是个吝啬鬼。我花一分钱他都舍不得 | 他很擅长理财。家里需要有人负责收支平衡 |

下面节选取了克利夫与朱迪的案例,用来说明自动化思维和理性反应的问题。

[情境介绍]克利夫习惯性地将各种物品(盒子、杂志、旧信件、衣服等)丢在椅子、餐桌和地板上,不收拾起来或扔掉。朱迪受够了总是替他收拾东西,她决定不去动它们,希望克利夫能够意识到她不是他的仆人,自己动手清理一下。朱迪认为克利夫和她一样,也发现家里一片杂乱,他需要面对事实:她不会再"替他干脏活"。

然而，克利夫并未察觉到家里的杂乱。他习惯心血来潮时做清理，通常是因为堆积物超出了他能感觉到杂乱的标准。在结婚之前，克利夫会每周清理一次，他也有意在婚后保持这种习惯。不过，朱迪对凌乱非常敏感，她严守"随手清洁"的原则。朱迪告诉克利夫，她受不了跟在他身后收拾东西了，克利夫听后大发雷霆，愤而离家。

他们争吵的原因与其说是做事方式或做事原则相冲突，不如说是两人将彼此的行为赋予了意义。因此，克利夫最初的"冒犯"是根据朱迪对他在屋子里乱扔东西的解读。朱迪对克利夫的"邋遢"产生了一系列自动化思维，这些想法促使她采取行动，批评指责克利夫。克利夫对朱迪的批评也产生了一系列自动化思维。所幸，两人都学过如何归类和评估自己的自动化思维。他们将自动化思维记录并归类，给予理性反应，具体如下所示。

| 朱迪的自动化思维 | 朱迪的理性反应 |
| --- | --- |
| 他总是随便乱扔东西 | 两极化思维。他有时也会收拾东西。他说自己没有注意到杂乱，或许是真话，毕竟这些东西确实没烦到他 |
| 他还以为我是他的仆人，任劳任怨 | 读心。我不知道他想什么。我可以问问他 |
| 他不在乎我的感受 | 个人情绪化。他做事马虎，并不意味着他不在乎我 |
| 他转身离开，我没法和他交流——他心中充满了敌意 | 以偏概全。他对被要求做事很敏感，这让他想起自己的母亲。他在多数时候充满关爱之心 |

朱迪记下了自己的自动化思维后，开始重拾客观理智。随着她开始思考理性反应，她对克利夫的态度也逐渐改观，不再是原来的以自我为中心、粗心大意、漠不关心的印象。她能够认识到自己掉入了两极化思维、以偏概全、读心和个人情绪化的陷阱。她能够从

不同的角度解读克利夫的行为，理由似乎比她想当然的更加合理。

完成这项工作后，朱迪感到如释重负，对克利夫也更加温和。通过识别自己的自动化思维并进行合理分析，朱迪成功改变了自己的观点。她不再认为克利夫一无是处，评价他整体表现良好，存在个别缺点。

下面看一下克利夫的自动化思维和理性反应。

| 克利夫的自动化思维 | 克利夫的理性反应 |
| --- | --- |
| 她总是唠叨我 | 以偏概全。她只有在我没做好事情的时候才唠叨我 |
| 她喜欢贬低我 | 读心。没有证据表明她喜欢这样。事实上，她感到很烦。她说她讨厌唠叨别人 |
| 她把我当个孩子看待。她希望我一切照她的意愿做 | 读心。她其实不想把我当个孩子看待，但我不喜欢她说话的语气。我可以和她谈一下。她恼火的主要是整洁问题，并不是一切照她的意愿做 |

朱迪和克利夫都发现，在写下自己的自动化思维和反应后，他们的愤怒情绪消减了一大半，可以在不惹恼对方的情况下谈论问题了。在讨论过程中，朱迪也非常顺利地问了自己一系列问题，这些问题帮她专注于问题本身。

- ▶ 克利夫到底想告诉我什么？
- ▶ 这其中的真正问题是什么？
- ▶ 有必要回复每一个批评意见吗？
- ▶ 我想在这次讨论中实现什么目标？

他们的讨论有时会变得十分激烈，朱迪发现她需要问自己另外几个问题。

- 这次讨论是否徒劳无益？
- 现在是不是该总结我们的分歧而不是进行争论？
- 我是不是应该试着理清克利夫的观点？
- 这次讨论是不是最好先暂停一下，或者说延期再进行？

上述方法在针对问题夫妻的系统性研究中得到了验证。例如，心理学家唐纳德·达菲（Donald Duffy）和汤姆·多德（Tom Dowd）发现，相比未接受过相关辅导的夫妻，接受过此类方法培训的夫妻，他们的愤怒情绪大大缓解了。[2]

## 宣泄愤怒的得与失

你必须自行权衡夫妻吵架是否值得。要记住，你的确有不同选择：你可以选择宣泄愤怒，也可以选择不宣泄。如果选定前者，你还可以选择宣泄的方式。如果你宣泄愤怒只是要表达伴侣的行为令你感到烦恼，那么这种愤怒的代价会小于威胁或羞辱他／她。

要记住，没有任何一条规则规定你一定要宣泄愤怒。如果你能克制自己的情绪，你的愤怒一般会烟消云散，你还会庆幸自己没有肆意宣泄。耐心等候愤怒情绪消退，你可以借此机会评估这种情绪的依据：到底是伴侣的行为本身，还是你自己赋予的意义让你如此愤怒。换言之，你可以更加确定，自己是否因为伴侣的一个单纯的诚实过错，或者你自己的误解，而意欲施加惩罚。以肯恩为例，在他怒气消退后，他发现自己冤枉了马乔丽，她只是忘记把他的西装送到洗衣店去，肯恩却错怪马乔丽不关心他。其实，马乔丽当时正担心工作问题，所以忘了这件事。肯恩事后庆幸自己没有因为马乔丽的一时疏忽而责备她。

在向伴侣发泄怒气之前，请问自己如下问题。

  1. 我想通过责备、惩罚或批评伴侣得到什么？

  2. 我用了这几种策略后会失去什么？这样做或许短期效果好，那么长期会不会有不好的影响？比如，伴侣现在让步或屈服了，有没有可能这只会让两人今后的关系更加不和谐，情感上更加疏远？

  3. 我想传达给伴侣的重点是什么？表达重点的最佳方式是什么？我会不会通过指责伴侣来做到这一点？

  4. 有没有比惩罚更好的方式来影响伴侣？比如，认真讨论伴侣的行为，或者在伴侣做了让你高兴的事情时"奖励"一下（微笑或夸奖）。

为了帮你评估宣泄愤怒的得与失，我制作了一份清单，你可以用它来估计宣泄愤怒带来的"得"是否大于"失"。要确定宣泄愤怒的总价值，最好的方法是评价你以往的经历。运用这份清单评估以往吵架的得与失，继续参考此清单，未来吵架过后再更新自己的答案。

### 宣泄敌意的价值评估清单

回想最近一次发火，试着确定它的积极影响和消极影响。你或许需要和伴侣核实一下，确定如何回答下面几个问题，因为每项的答案有一部分取决于伴侣的反应。表述正确的请打钩。

**我宣泄愤怒的积极影响**
_____ 1. 伴侣在争吵之后表现得更好了。
_____ 2. 我自己感觉更好了。
_____ 3. 伴侣感觉更好了。
_____ 4. 当伴侣骂人时，我用反驳保护了自己。
_____ 5. 我能感觉到伴侣真的听了我的话，要是我正常说话而不宣泄，效果不会这样。
_____ 6. 我的怒火平息了，压力也得到了释放。
_____ 7. 误会消除了，我们可以把注意力转移到其他事情上去了。
_____ 8. "大吵一架"之后，我们更爱彼此了。
_____ 9. 我们解决了争执。

**我宣泄愤怒的消极影响**
_____ 1. 我在争论或抱怨时效果不佳，笨嘴拙舌，甚至语无伦次。
_____ 2. 事后我后悔自己说过的话或做过的事。
_____ 3. 伴侣不完全相信我说的话，认为我的想法太情绪化或不理智。
_____ 4. 伴侣甚至没有听进去我说了什么，因为他/她被敌意蒙蔽了。
_____ 5. 伴侣只回应了我的敌意，并发起反击。
_____ 6. 伴侣因我的攻击而受到伤害。
_____ 7. 我们陷入了攻击与反击的恶性循环。

---

如果你决定宣泄愤怒，有不同策略可供选择，有些策略可以消

减愤怒，同时传达信息的效果更佳。比如，说"我对你很生气"可能比直接攻击伴侣的性格或者对其不理不睬更加有效。

即使你决定采用非敌对的策略（比如找到问题所在、解决问题、排忧解难等）应付伴侣，也并不能保证对方会放弃敌对的观点（下一节将会介绍让伴侣消气的建议）。

学会区分挑衅性言论和建设性言论很有帮助。表达中尽可能不带挑衅意味；陈述事实而不是提出批评。尽可能表达自己的观点，不要贬低对方。如下列举了一些范例。

| 煽动性言论 | 建设性言论 |
| --- | --- |
| 你打断我和我母亲的电话，真是讨厌鬼 | 你打断了我的通话，我真的很生气 |
| 你当着孩子们的面批评我，真是太讨厌了 | 你当着孩子们的面批评我，我非常不高兴，你的做法有损我在他们心中的威信 |
| 你也太懒了，离开房间都不关灯 | 我希望你离开房间时随手关灯 |
| 你好大的胆子，总是取笑我说话的方式 | 你调侃我的说话方式，让我很生气 |

## 化解伴侣的敌意

当夫妻一方对另一方发怒时，另一方应如何应对？如果是丈夫先冲妻子大吼大叫，妻子是否应该回击？她应该跑出房间吗，还是应该抓起一只花瓶扔向丈夫？

你需要面对一个事实，你向伴侣发泄了自己的过度愤怒后，可能轮到对方出现愤怒问题。你可以选择化解伴侣的怒气，因为你认为愤怒令人不快，你担心愤怒可能会升级为严重辱骂，或者愤怒对你们都没有好处。不要忘了你的确有不同选择，而最负责任的选择将对你最为有利。你的决定不应依据自己想说什么或者想做什么，而应更多地考虑什么最符合自己的长远利益。

如下列出的是一些可以化解伴侣心中怨气的方法。

1. 弄清问题，详细参考第 15 章和第 16 章。试着理解伴侣的烦恼，或者让其亲口说明。

2. 让伴侣冷静下来。接受伴侣的批评（不一定要认可），劝说对方平静下来，以便你能帮忙解决问题。

3. 将重点放在解决问题上。

4. 转移伴侣的注意力。

5. 安排宣泄交流会。

6. 离开房间或离开家。

## 选择 1：弄清问题所在

如第 15 章和第 16 章所述，伴侣的真正问题或许会被淹没在指责和批评之中，而你未发现。面对伴侣的责备，如果你一味反击，问题不太可能顺利解决。相反，如果你听见叱喝和训斥后不以自己的愤怒作为回应，则可以更好地找出问题的根源。如何避免相互攻击的局面，可能是你面临的最艰难的任务之一，但相对应的是，它给婚姻带来的收益也最为可观。

## 选择 2：让伴侣冷静下来

在治疗有愤怒情绪的患者时，治疗师们找到了一些消除怒气的方法，它们同样适用于夫妻争吵。总的来说，此类方法会通过强调

"愤怒会妨碍你理解和帮助解决问题",缓解伴侣的愤怒程度。下面以马乔丽为例说明如何让伴侣冷静下来。经过我的辅导,马乔丽试着应对肯恩的发怒。

肯恩:[非常生气地大声说话,表情异常凶狠]我真的受够了。你从来不做好分内事,我什么事都指望不上你!

马乔丽:[冷静而直截了当地提出一项建议]我知道你很生气,但只要你一吼我,我就分不清你在为什么而生气。我们不妨坐下来好好谈谈吧。

肯恩:又要谈谈。反正你也只想谈谈。光说不做!

马乔丽:你看,我真的想知道你为什么生气,但你一直吼我,我根本不知道你为什么生气。你为什么不能坐下来心平气和地跟我说?

肯恩:我没有吼你!我只想让你好好干。

马乔丽:我愿意和你谈谈这事。你能不能坐下来,我们也好谈一谈,别再冲我吼了,好吗?

肯恩:我无法控制我的情绪。

马乔丽:等你消消气后我们再谈。我真心想解决问题,但你冲我大吼大叫,我也无能为力了。

肯恩:我想现在就解决这个问题!

马乔丽:那么请你坐下来,不要嚷嚷,这样我们才能解决问题。

肯恩：[情绪明显平复] 好的。我坐下来了，我不再大声喊了。现在告诉我，为什么抽屉里没有我的干净衬衣？你知道我今天预约了客户，要穿干净的衬衣。

在这段对话中，马乔丽表现得有主见，不唯唯诺诺，同时不心怀敌意。她坚守自己的立场，一心想解决问题，拒绝卷入一场骂战。由于她是掌控局面的一方，所以她才能够做到这一点。随着马乔丽对应付肯恩发怒驾轻就熟，她感觉没那么容易受到伤害了；最终，通过一次次解决问题，她成功地减少了肯恩发火的次数，也缓和了他的暴躁脾气。

尽管一方通过大叫和批评似乎占据了上风，但另一方可以心平气和、坚持立场，继而掌控局面。真正强势的一方不是说话最大声的，而是能够平心静气地将谈话引导向确定和解决问题上的一方。

## 选择3：将重点放在解决问题上

发怒的情形通常是这样的：夫妻一方对问题不满并责备另一方，而另一方回应责备却不管问题。当然，伴侣习惯性的指责或责备本身也是一种问题，被指责的一方应当在排忧解难交流会上提出问题。但遗憾的是，当一方恼火时，另一方通常也会发火，产生敌意。

以罗伯特为例，他有一次正在修理坏掉的烤箱指示灯，但找不到螺丝刀了。他直接质问雪莉，指责她乱放东西。雪莉本可以发起反击，回应罗伯特的指责。一场关于家庭事务的骂战一触即发。然而，雪莉意识到罗伯特在生她的气。她在脑中演练了一个场景，预测了自己反击后罗伯特会做的反应；于是，她决定将精力放在解决问题上，不与罗伯特针锋相对。

罗伯特：我的螺丝刀哪去了？你总是拿走也不放回来。

雪莉：[他总是责备我。我很想告诉他："我不知道你那破螺丝刀去哪了。"但他会回击我说："你又不懂修理东西，为什么总要把我的螺丝刀拿走？"我会说："你总是贬低我。"他然后会说："我有充足的理由这样说。"我听后会很难过。还是关注问题本身比较好。] 你先别急，你上回用螺丝刀是什么时候？

罗伯特：[注意力从愤怒情绪中转移，进入问答模式] 我上周起就没用过了。

雪莉：你昨晚不是在屋子里忙活什么了吗？

罗伯特：呃，我昨晚确实用过。

雪莉：你在哪里用过？

罗伯特：我不知道……在地下室吧。

雪莉：你怎么不去那里找找？

果不其然，罗伯特在地下室找到了螺丝刀，前一天晚上他确实在那里用过螺丝刀。雪莉将对话变成了提问而不是反击，化解了罗伯特的怒气同时解决了问题。她的应对之策保护了自己免受更多责备，也消除了自己对罗伯特的愤怒。在一次排忧解难交流会上，雪莉提出了罗伯特的问题，每次在家遇到问题时，他习惯怪罪于她。罗伯特承认了自己的问题，并做出了积极的努力，尽可能解决问题而不大发脾气。

这个案例表明，在伴侣恼怒时，你不必意气用事并发起反击。如果能够避免针锋相对，将重点放在当下的问题，你将可以更有力、更娴熟地控制自己和局面。保持头脑冷静，你才可以帮助伴侣认识到他／她发火是不恰当的做法。

## 选择 4：转移伴侣的注意力

许多处于极度愤怒状态的人，一旦注意力被转移到其他事情上，情绪会很快平复下来。丈夫可以转变话题，起码暂时性地转移妻子的注意力。当然，妻子可能会抗议说丈夫刻意回避敏感问题，不过丈夫可以表示稍后再议。分散注意力并不总是奏效，所以与其他方法一样，需要不断摸索尝试。

有时，话语中巧妙加入一丝幽默，有助于缓解"剑拔弩张"的气氛。有时，主动让步、不做回应，反而可以化解冲突。

另外，还有一些被广泛运用的方法，比如你可以让伴侣停止大吼大叫、冷静、消气，但如果伴侣讨厌压抑情绪，这些方法大多只会适得其反。此时最好暂停，两人都冷静一会儿。

## 选择 5：安排宣泄交流会

有时夫妻之间的矛盾已经到了剑拔弩张的地步，两人一谈起来免不了大发脾气。即使两人决定"理性地"探讨问题，心中的怒意也挥之不去，一开始谈便显露无遗。费心斟酌的措辞如刀锋一般尖锐，挑衅意味愈发浓厚，最终演变成唇枪舌剑，而不去找出问题或解决分歧。这无疑是一个信号，表明夫妻应当进行专门的宣泄交流会，畅快地发泄各自的敌意。

开宣泄交流会还有一个原因：有些人只有在愤怒的状态下才会提出困扰自己的问题。比如，妻子因丈夫的某些行为感到苦恼，但选择搁置它们。而此类事件一次次重演，会不断折磨她，直到她最终把它们说出来。

在一些情况下，妻子甚至意识不到丈夫的一些行为或者不作为令自己心烦。但她可能出现莫名其妙的心累、淡淡的伤感或悲观（第9章中提到了这种情况）。下面列出了宣泄交流会上可以遵循的一些实用步骤。

1. 确定具体时间和地点，确保两人可以畅所欲言，不会被别人听到。
2. 设定每次宣泄交流会的固定时长。每次最好不超过15～20分钟。
3. 夫妻二人不应打断对方的讲话。
4. 轮流发言，但要提前规定每人发言的时间。设定时限（有时可以限定为四五分钟）可以防止讨论升级为骂战。
5. 做好暂停的准备，两人均可根据需要申请暂停。

## 宣泄交流会上的行动事项

认清你的愤怒情绪。许多人意识不到怒意的早期迹象。一些主观的线索可以透露出一丝端倪。例如，一位女士发现，一谈到敏感话题，她就会觉得心跳漏了一拍。在短短几分钟内，她便会意识到自己的愤怒情绪。通过密切关注自己的反应，她发觉自己胳膊上的肌肉，尤其是二头肌变得紧绷。她还开始感到身体内部一阵震动。她的胃会轻微翻腾，偶尔还会感到浑身紧张。有时她甚至会全身发抖。

夫妻们还可以练习密切注意自己的语气、说话声调以及措辞。他们经常发现，自己一直在肆意抨击伴侣，自己却浑然不知。

夫妻有可能出现敌意症状却不自知，别人告知后才会去注意。怎么会心怀敌意却无意识呢？这个问题的答案就在于，人一旦进入吵架模式（见第9章），便会沉浸于身心的备战状态（进攻或者撤退），完全失去了自我意识。

攻击模式部分是通过对对方的负面感知来表达的，还有一部分是通过身体动作来表达的。因此，心跳漏拍和肌肉紧绷是进攻的前期身体调动。愤怒的言辞和尖锐的锋芒是攻击的一部分。

## 宣泄交流会上应避免的事项

宣泄交流会要想有建设性，夫妻双方必须在控制敌意宣泄程度上达成一致意见。如果敌意走向极端（要么说出狠话，要么大打出手），将会毁掉和解的机会，甚至带来无法挽回的伤害。下面列出了宣泄会议适用的一些基本原则。

1. 尽可能避免极端谴责。一般而言，夫妻之间最好说"你前几天的做法让我很生气"，不要说"你是个非常不称职的丈夫"。看到你因令人不快的行为而心烦时，伴侣或许会感同身受，体会到你的痛苦。伴侣无法理解的是诋毁或蔑视。

2. 尽可能克制自己不出口伤人。

3. 不要抓住伴侣的弱点不放。比如，如果伴侣对自己的体重或嗜酒很敏感，你就不要去攻击这些敏感点，除非它们与你的抱怨相关。

4. 不要翻旧账，不要总是提起伴侣过去的不良行为，除非它们对你试图传达的观点来说至关重要。

尽管宣泄会议的目的是允许双方自由宣泄愤怒，但在宣泄方式上仍须设定一些限制条件。当然，任何形式的肢体攻击都是绝对不行的。即使是言语攻击，仍有可能一发不可收拾，给伴侣以及夫妻关系造成无法弥补的伤害。为了防止冲突升级到令人不快的地步，你应该注意有节制地宣泄愤怒。如果一方确实做得有些过分，另一方一定要指出并坚决要求对方克制。

## 适可而止

在发怒的过程中，夫妻的状态会发生转变（有时相当迅速），从"温和状态"变为"激烈状态"。在"温和状态"下，二人能够保持头脑清醒，客观对待彼此，而在"激烈状态"下，他们会丧失客观和理性，思维不再清晰。具体处于何种状态，取决于愤怒与自控程度。我将愤怒程度分别标记如下：黄色对应活跃状态，红色对应激烈状态，蓝色对应温和状态。

### 黄色（活跃）状态

在这种状态下，你对伴侣感到气愤，但仍能够控制自己的思维和行动。你对自己说话的内容和方式还有一定的控制力。你的目标是向伴侣证明你很生气，要将心中的怨气发泄出来，但同时不想伤害到夫妻关系。何时过火你心里有数，懂得适可而止。

尽管心中恼怒，但你仍能够认真考虑伴侣的合理言论，并有能力看到自己思维中不合逻辑的地方。如果伴侣告知的信息与你自己得出的结论不吻合，你能够理性评估，不随意发起反击。

你意识到宣泄交流会的目的是帮助二人改善关系，而不是伤害伴侣。但你也知道，你在谈论自己的失望与怨恨时，难免会感到愤怒和发泄愤怒。

一些原则可以防止你进入激烈状态，遵循这些原则会有所帮助。其中两个原则分别是中途暂停（稍后再继续讨论），以及在讨论过于激烈时转变话题。

### 红色（激烈）状态

进入这种状态后，人的表现比在黄色状态下激烈。你对思维和行动的控制力下降。你对伴侣持有极度负面的看法。你的思维会表现为混乱、极端、缺乏理性和逻辑。

在这种状况下，夫妻双方似乎失去了认知能力，无法认识到自己没有道理，或曲解过往的事与眼前的事。即使别人告知的纠正信息与自己的认识相矛盾，他们仍无力改变。（一位女士这样描述自己的思维过程："我的脑子里好像有一团糨糊，昏头昏脑的；我的思维一片混乱。"）

在红色状态下，人的言语间充斥着谴责、控诉和人身攻击。普通的气话常常会升级为咒骂、暴力威胁以及离婚打算。有时更甚，威胁竟然严重到口口声声说"我要杀了你"的地步。双方可能会火上浇油，回应说"我知道你要那样做"。

在激烈状态下，愤怒的情绪可能演变为肢体攻击，第9章中已有提述。例如，盖瑞会任由自己在盛怒状态下殴打妻子，认为"她是在自讨苦吃"。

### 蓝色（温和）状态

在宣泄交流会结束之前，尽可能进入温和状态。在此状态下，你能够倾听伴侣的抱怨，并条理清晰地表达自己的抱怨，尽可能将抱怨转化为具体的要求（见第16章）。如伴侣的抱怨合情合理，你能够虚心承认；如有不实或夸大之处，你能够理性、心平气和地指出。

你们讨论的方向是建立共识，以找到解决分歧的方法。你们应讨论如何改变自己的问题行为，为将来化解矛盾和解决问题奠定基础。

## 中途暂停

在宣泄会议上，你可能会觉得难以控制自己的思维。你意识到自己很难理性地思考想说的话或想清晰表达的观点。此外，你可能听不明白伴侣说的话。

一旦感知到以上任何一种预警信号，你要立即申请暂停讨论，暂时保持沉默。我建议夫妻提前约定中途暂停的时长，通常在 5 分钟左右。双方务必同意，任何一方都可以在必要时申请暂停讨论。当然，如果 5 分钟时间不够，生气的一方应申请延时。

如果宣泄会议上双方请求了两次以上中途暂停，最好直接终止此次会议，等到一切平息后再继续讨论。

## 选择 6：离开房间或离开家

有时你会面临遭受长期身心伤害的巨大风险，因此你需要暂时抽身离开，等待伴侣的怒气平息。你可以选择躲到隔壁房间，如果伴侣紧跟在后，你也可以直接出门。

如果你们激烈争论时正在开车，不开车的一方最好坐到后排。实在没办法时，你们中的一人可以下车。顺便一提，汽车或许是最不适合进行宣泄交流会的地方，一方面是因为车里的空间有限，另一方面是因为开车时分心存在安全隐患。在车里时，你们可以约定互不说话一段时间。

LOVE IS NEVER ENOUGH

# 特 殊 问 题

本章将探讨许多（但不是所有）问题婚姻存在的各种特殊问题。这些问题往往十分棘手，甚至会导致婚姻关系恶化。倘若夫妻可以理解问题，并运用前几章中提到的认知方法，问题经常可以迎刃而解。

## 性欲减退

婚姻中性欲减退或丧失的问题要远比人们想象的更加普遍。一项调查研究发现，即使在美满的婚姻中，也至少有 40% 夫妻存在性趣和性欲逐渐减退的问题。[1]

性欲减退存在诸多原因。总体而言，热恋期的痴迷助长了欲望的火焰；随着痴迷逐渐消失，激情也在逐步消退。在婚姻成熟过程中，双方越来越关注赚钱、安家以及养家等问题，耗掉了一部分原来倾注在"风花雪月"上的精力。夫妻逐渐担起了养家糊口和操持家务的角色，恋人的角色退居次要地位。最终，在工作疲劳与压力、子女抚养、操持家务、医疗问题以及药物滥用等多重负担之下，性欲容易受到抑制。

造成婚后性欲下降的还有心理因素，主要是对待自己、对待性以及对待伴侣的态度。比如，涉及自卑感或失败恐惧的自我怀疑会被带入性生活中。或者，某些人可能对性生活心存某种顾虑。

有些人不满意自己的外表，因此感到羞愧或自我嫌弃，所以他们会回避做爱。妻子可能不喜欢自己的平胸或者粗腿；丈夫可能对自己的大肚子或细腿感到难为情。由于担心自己缺少女人味或者男人味，不够性感，他们陷入了自我贬低之中，无法自然而然地表达自己的欲望。

另外，许多夫妻会担心自己的性能力能否满足自己和伴侣的需求。这种"性焦虑"成了自证预言：他们过度在意自己的性能力，丧失了性爱的大部分乐趣。最终，性爱似乎沦为了挑战或考验，让他们"性致缺缺"。

夫妻关系出现问题是造成性生活障碍的常见根源。最明显的问题之一是夫妻有不同的偏好——做爱的时间、地点、方式、时长、频率。两人在做爱时间、频率或方式上有冲突，怨恨、焦虑或内疚应运而生。这些不良情绪继会扩散并影响两人的性生活。

负面情绪不一定会干扰人的性欲。许多人发现，性爱可以有效缓解内心的焦虑、愤怒、伤心等情绪。然而，这些情绪直接指向伴侣时，人们的心情不会因性爱而舒缓，反而会更加沉重。有时，负面情绪会抑制性欲。当然，凡事皆有例外。愤怒情绪在吵架后烟消云散，双方的激情可能会被唤起。

你对伴侣的态度能够左右你的性体验。比如，将做爱看作"例行公事"或心情抑郁的人可能会出现性欲抑制。或者，如果你坚信伴侣在利用你，不在乎你的感受，或者配不上你，你可能会自动扼杀自己的性欲。

性欲的丧失本身会引起夫妻间的误解，进而使两性关系及非两性关系进一步复杂化。例如，肯恩将马乔丽的"性致缺缺"解读为一种被动惩罚，逼他因大声吼她而心怀内疚。马丁认为，梅勒妮失去性趣是在变相操控做爱的性质，迫使他表现得更懂情调。温迪将哈尔的"性趣"消退理解为他不再关爱她。当然，在一些情况下这种解读可能合情合理，但通常情况下都是胡思乱想。即便不是自愿丧失性趣，但如果方法得当，他们完全可以自愿地再次产生性趣。

在下列的调查问卷中，我列出了来访者汇报的一些负面自动化思维。这些想法会在夫妻做爱时浮现在他们的脑海中，从而影响他们的性欲和性满足。它们通常反映了夫妻们对待他们自己、伴侣或者性爱的态度，可通过第13章中的方法加以纠正。夫妻们纠正了负面态度和误解后会发现，自己的性欲又活跃起来。

仔细阅读调查问卷中的各项表述，选择代表你在做爱过程中的思维想法和态度。认知疗法的技巧可用于消减这些态度对你的性生活的影响（见第13章）。后文列举了如何将认知疗法用于此目的的案例。

### 做爱过程中产生的负面自动化思维

请仔细阅读下列每一项表述，标明你在做爱过程中产生相应想法的频率：

（0）从不 （1）极少 （2）有时 （3）经常 （4）大多 （5）一直

**怀疑自己**

_____ 我的身体没有吸引力。

_____ 我的身体不够性感。

_____ 我不擅长做爱。

_____ 我不会达到高潮。

_____ 我满足不了伴侣。

**怀疑伴侣**

_____ 你太着急了。

_____ 你只在乎自己的快感。

_____ 你太应付了。

_____ 我不知道你在想什么。

_____ 我担心我会让你失望。

_____ 如果我们就此作罢，我担心你会不开心。

_____ 我担心你根本没有性致。

_____ 这样会持续多久？

_____ 做爱并不好受，但我不敢告诉你。

_____ 你太用力了，我希望你放松一下。

_____ 我担心你没法达到高潮。

_____ 我希望你能更加享受。

_____ 你的话太多了。

_____ 要是做爱没有那么重要就好了。

_____ 我真的不喜欢做爱。

_____ 你满脑子都是这件事。

**"应该"**

_____ 我感觉我必须完全照你的意愿做。
_____ 我应该更加享受这一切。
_____ 我应该感到兴奋。
_____ 我们两人都应该做好这件事。
_____ 我觉得有义务让你高潮。
_____ 我应该达到高潮。

**消极态度**

_____ 我真的没有心情。
_____ 我为什么要对此感兴趣？
_____ 这对我没用。
_____ 我还是放弃为好。
_____ 我做爱只是为了让你高兴。
_____ 我只是走走过场而已，说真的，做爱对我毫不重要。
_____ 我太累了。
_____ 做爱太费劲了。
_____ 我很讨厌一味服从你的欲望。

---

倘若以上想法和态度经常出现，不论是多还是少，都会影响到你对性爱的感受，降低你的正常性欲，甚至可能令你完全拒绝性爱。

你不妨运用第 13 章中讲到的一些技巧，应对这些态度带来的消极影响。

对于不愉快或冷漠的预期会随时间的推移而增加。它源于一系列认识——"我过了兴奋的年纪""做爱是一种负担""做爱单纯为了满足对方的需求——为什么要牵扯上我？"在下一节中，我介绍了一些方法，它们可以有效消除影响夫妻性满足的想法和态度。

## 性爱问题的自我疗法

夫妻可以采取一些显而易见的方法提高性欲和性快感，比如使用第 14～16 章中推荐的方法来改善沟通。万事开头难，但你仍可以运用这些方法，探讨彼此在做爱时间和频率等方面的意愿。你也可以提出一些敏感的话题、细节上的问题及个人喜好差异。为了活跃气氛，你可以在谈论自己的喜好前，先询问伴侣的好恶。

另外还有一些方法可以提高性体验（比如松弛身心、逐渐刺激身体、专注体会快感等），或者可以解决一些具体的问题，但这些话题不在本书讨论范围内。[2] 一些认知疗法可以解决性爱问题，包括纠正错误态度和误解、利用图像激起性欲等。

从各方面来看，盖瑞和贝弗莉的婚姻堪称幸福美满，但两人也有不知所措的时候。盖瑞经常不由自主地拉住贝弗莉，搂在怀中深情爱抚，但贝弗莉有时会满脸厌恶地拉开距离。此时，盖瑞会感到伤心和不解——贝弗莉平时对他很亲切。

但是，根据这段简单的描述，我无法判断他们的问题所在——

他们心中想些什么。在一次辅导中我了解到如下信息：贝弗莉担心，有时盖瑞抱住她是想"一直抱下去"。她没能享受这种亲密，反而疑惑"下一步他想做什么"。当时她不希望这种"求爱攻势"上升为"做爱"，于是便退却几步，心想："他这样并不是为了讨我欢心，他只想和我做爱。"

她的解读并不正确。在盖瑞看来，嬉闹地拥抱是示爱的表现，并不是邀请"做爱"的暗示。在贝弗莉退避时，盖瑞心想，"她不在意我"，于是他会沉默、生闷气、不理人。结果，两人的性欲都大大消退了。我向他们建议，下次再有类似的情况时，记下自己的自动化思维，并试着给出理性反应。下一次约见时，他们各自交给我一份自己反应的报告。

**贝弗莉的想法记录**

| 情境 | 自动化思维 | 感受 | 理性反应 |
| --- | --- | --- | --- |
| 盖瑞和我调情 | 他想和我做爱。他真的太不体贴人了，难道就没看到我在忙吗 | 生气 | 他只是想表示爱意。我不知道他是否想更进一步。如果我不愿意，我可以直接告诉他 |

**盖瑞的想法记录**

| 情境 | 自动化思维 | 感受 | 理性反应 |
| --- | --- | --- | --- |
| 我抱住贝弗莉时，她却挣脱开了 | 我只是抱了她一下。她真的不温柔。她怎么回事？或许她真的不爱我 | 伤心 | 她在其他时候还是挺温柔的。她只是现在不想打情骂俏。这并不代表什么 |

贝弗莉和盖瑞写下各自的自动化思维和理性反应之后，又讨论了对彼此的反应问题。他们意识到自己误解了对方的行为，并达成一致意见，盖瑞可以一如既往地表达爱意。如果盖瑞有进一步想法，

可以等贝弗莉给他暗示。

盖瑞和贝弗莉的案例表明了夫妻间常见的一种分歧。一方在温情交流后想要进一步寻求性爱,而另一方可能想止步于示爱带来的满足。如果丈夫在示爱后要求性亲密,妻子可能会将之前他的每一个深情的姿态都看作勾引,认为"他满脑子想的都是做爱"。

下面列出了人在做爱过程中产生的一些典型的自动化思维,以及相应的理性反应。

| 自动化思维 | 理性反应 |
| --- | --- |
| 我的胸部太小了 | 他对此都不在意,我为什么要在意 |
| 我并没有感到很享受 | 我大部分时间都很享受。我不能期望每次都能享受 |
| 我希望她能达到高潮 | 她告诉我很多次,做爱让她得到快感。如果我想着让她高潮,她会有压力 |
| 他太放不开了。我希望他能放轻松一点 | 我之后可以和他谈一谈,让他放轻松一点,不要太拘谨 |
| 她需要的前戏时间太长了。她到底怎么回事 | 不同的人有不同的节奏。我可以调整自己的节奏,等她也准备好 |

性欲减退后,一些人在做爱的初始阶段不会产生性幻想,但他们在手淫时却仍然会有。有些人认为,性幻想是性刺激的重要来源。如果你无法热身,试着在前戏阶段开始幻想或许会有帮助。有些人会产生与伴侣外的第三者的性幻想,因此感到内疚和不忠;然而,这种幻想是人之常情。

有些夫妻通过阅读色情刊物来激发性欲,还有些夫妻发现观看限制级电影可以起到这种效果。如果这两种方法仍然无效,建议寻求专家的帮助。

## 出轨

在 1983 年出版的《美国夫妇》(American Couples)一书中，社会学家菲利普·布鲁姆斯坦 (Philip Blumstein) 和佩珀·施瓦兹 (Pepper Schwartz) 估计，至少约有 21% 的女性和 37% 的男性在婚后 10 年内发生过婚外情。[3] 但两位作者指出，即使是有外遇的人，仍然认为一夫一妻是理想的制度。

婚外情一旦被发现，将会对婚姻中的另一方以及婚姻本身产生破坏性影响。当然，婚外情不仅会侵蚀本就摇摇欲坠的婚姻，还会成为婚姻走向崩溃的征兆。婚姻咨询师和离婚律师表示，绝大多数客户都承认有过婚外情，而且是在关系破裂之前，或者与关系破裂相关。

婚外情为什么会对受委屈的一方造成如此巨大的创伤（再加上出轨者经常称之为小事一件）？这一问题的答案在于婚外情的象征意义。非此即彼的思维在与忠贞相关的问题中表现得明显最为夸张：夫妻要么忠贞要么不忠，不存在任何中间地带。一次婚外情足以给一方贴上"不忠"的标签，就像偷过一次的人被称为"小偷"，撒过一次谎的人永远被当作"骗子"。

正如"婚姻的纽带"代表爱情，我们从受害一方的用词中感受到婚外情的象征意义：背叛、变节、欺骗。这几个词并不能完全概括受委屈的一方所经历的创伤——他们的整个人生仿佛彻底崩塌，无法挽回。除了毁灭性打击外，随之而来的还有对自身吸引力、能力或自我价值的怀疑。一个被出轨的人向我哭诉："显然我在某些方面很失败……我想没人要我了。"另外，这些人的自尊也会遭受重创，他们感觉失去了宝贵的东西。

在不宽恕或接受出轨的同时，受伤害的一方可以尝试客观看待这种创伤。但由于非此即彼的思维，遭到背叛的一方可能夸大事件对婚姻带来的威胁。丈夫接二连三发生一夜情的情况下，妻子更会如此。

当然，认识到这一威胁并非无中生有也非常重要：一次出轨可能会发展成长期不正当关系，给婚姻造成严重的威胁。然而，遭到背叛的一方可能会把任何此类过错都当作天大的威胁一般应对。

许多夫妻在出轨被发现之后前来咨询。当这种行为是婚姻困扰的征兆时，咨询师往往会帮助他们解决这些问题，降低重蹈覆辙的可能性。

例如，丹是一个工作繁忙的销售员，他将除睡觉以外的大部分时间都花在了工作上。他通常每天早上六点钟离开家门，晚上八九点钟才回家。他的妻子芭芭拉工作的时间较短，她逐渐对丈夫的工作时间表示不满，因为工作剥夺了他们必要的共处时间。他们的性关系急剧下降，她不禁感到空虚、乏味，渴望获得满足感。

芭芭拉加入了好几个组织。逐渐地，她与一个组织成员变成了要好的关系，对方刚刚和妻子离婚。随着两人关系的加深，她新交的这位朋友开始占她便宜。此时，芭芭拉欲求不满的冲动跑出来作祟。另外，芭芭拉是个容易顺从的人，她急于讨别人欢心。在各项因素的影响下，她失去了谨慎：她与这位朋友只发生过一次性关系，事后她有极大的负疚感。

丹开始怀疑芭芭拉与这个男子有不纯洁的男女关系。经过丹的盘问，芭芭拉因过于内疚而失声痛哭，并一五一十地告诉他所发生的一切。丹听完后"崩溃了"，告诉芭芭拉他无法继续维持这种不能信任妻子的婚姻。但是，在他的痛苦与愤怒减轻之后，夫妻两人决定寻求婚姻咨询。

他们来咨询我时，我明显看出他们需要在优先事项和规划方面做出巨大调整，才能修复破损的关系。丹同意减少办公时间，我同时也鼓励芭芭拉去寻找一些其他方面的满足感。她开始在当地一所大学里学习，完成她长久以来的心愿。

丹的反应是许多夫妻受委屈后的典型表现，他们的视角发生了转变，眼中的犯错一方显得一无是处（见第8章）。出轨者的一切行为都会透过这一视角重新衡量。突然之间，芭芭拉身上原来受人欣赏的品质，如今成为负面、肤浅甚至虚伪的品质。

迈出纠正步伐的第一步，要尝试重塑受伤害一方对犯错一方的观点。这次的过错真的不可饶恕吗？起初丹确实这样认为，但当他试着从其他角度看待这个问题时，他不得不承认这次过错不像一开始看起来那样可怕。他意识到自己的几位已婚朋友存在"滥交"行为，而他表示可以接受，只要他们不被抓个正着。事实上，他好几次禁不住要出轨，只是当时的条件不允许而已。他也承认，有一次和芭芭拉半开玩笑，谈起自己有了婚外情，借此征得她的"事先同意"，以备时机成熟之时派上用场。但他万万没想到，那次交谈为妻子出轨提供了机会。[4]

事实上，夫妻间的这类交谈并不少见。布鲁姆斯坦和施瓦兹在他们的案例调查报告中指出，夫妻之间对这种交谈的解读往往截然不同；丈夫推断的是自己从妻子那里收到了同意，妻子则认为她已经明确表示自己反对丈夫出轨。

丹意识到，如果他出轨了，他不会觉得自己不忠。所以，照此逻辑，他也不能给芭芭拉贴上这种标签。这一认识帮他"不再往坏处想"这次出轨事件：芭芭拉的行为并不"可怕"。尽管丹坚持认为芭芭拉让他深受委屈，背叛了他的信任，但他承认，考虑到两人婚姻中存在实际缺陷，她的行为也是可以理解的。在认识到芭芭拉行为的原因之后，丹稍感如释重负——她出轨并不表示他不讨人爱。

"不灾难化"这次出轨事件也非常重要。丹说过："我再也无法信任她了。"他认为芭芭拉一旦越过了忠贞的底线，就会一而再再而三地越线。但他能够理性思考：如果芭芭拉真心实意尽力改善两人的关系，就没有理由再去婚姻外寻找满足感。

丹逐渐转变了对芭芭拉的负面印象，他不再将她看作一个不可靠、不负责任、完全自我放纵的人，转而认为她是一个犯了错但真心悔改的人。尽管芭芭拉的出轨会成为他一生无法磨灭的记忆，但是丹决定与她继续生活。不过，在有此觉悟之前，他不得不探索她不忠背后的深层含义，抑制自己想要报复的欲望。思考妻子出轨的象征意义时，他觉得这件事让他感到无助，仿佛她完全不受控制，要是她决定做什么，他根本什么也影响不了。

丹的无助反应其实并不显得牵强。已婚人士不仅要清楚配偶不会随意跨越某些界限，还要感觉自己有一定的掌控力——影响配偶不去做伤害他／她的事情。第 11 章中提到，基本信任会给夫妻一种安全感，让双方感到一切要以夫妻关系为先，不会因为一时冲动或自我放纵而牺牲夫妻关系。

丹还意识到，芭芭拉的出轨让他不禁质疑自己。他真的如自己所想的那样有吸引力吗？她这样做，或许是因为他根本并不可爱；或许是因为他没有人格魅力，永远无法得到亲密的关系，注定会遭到抛弃，落得孤苦伶仃的下场。他认识到，自己的痛苦和报复的欲望主要来自这种妄自菲薄。等到他能够更客观看待自己，消除自我怀疑之后，他因这种痛苦而想要惩罚芭芭拉的欲望变淡了。

我要求丹试着理解芭芭拉的视角，体会婚姻中的空虚寂寞如何令她如此脆弱。在丹能够与芭芭拉产生共鸣之后，他变得更加宽容了。这种宽容对于两人的和解而言至关重要。

丹仍然有些不信任芭芭拉，但两人约定，芭芭拉会耐心消除他的疑心。芭芭拉同意，以后和别人见面时，她会让丹知道确切地点以及见面对象，晚回家时会给丹打电话。同时，丹需要学会接受无法时时刻刻清楚芭芭拉在哪里的不确定性。芭芭拉和丹一起探讨了可以讨彼此开心和表示关心的方式（见第12章）。比如，他们开始互相买礼物，经常一起去外面吃早餐，还计划给房子修缮一下。此外，他们打算小长假一起出行。最重要的是，他们约好定期召开排忧解难交流会，这样可以畅所欲言并解决二人的矛盾。

## 压力

婚姻中存在许多压力点，它们如果组合起来，将给婚姻关系造成困扰。在婚后的前几年，夫妻需要做出各种各样的决定，小到细枝末节的琐事（比如卫生间中置物空间的分配等），大到一些重大问题（比如确定住所）。调整工作时间、吃饭以及家庭预算等问题也会随之而来。夫妻在个人喜好、生活习惯以及做事风格等方面难免会存在差异，持续地做决策、让步以及妥协都可能使他们产生一些摩擦。若夫妻的住所离其中一方的父母较近，他们会面临典型的姻亲关系以及子女与父母的关系问题，这会让婚后调整期倍加困难。

另一个压力点通常伴随第一个孩子出生而来，这件事可能会在诸多方面打乱夫妻关系。第一个孩子的分娩和照看给母亲带来了明显的负担；父亲受到的影响比较不明显，可能会因夫妻关系被打乱而稍感失落。

初为人母者往往会经历一段"付出—回报失衡"的苦恼期。对许多女性来说，怀孕、生孩子以及照看孩子需要放弃一些重要的满足感和安全感来源，却无法收到同等的回报。孕妇可能还要减少对工作的参与、社交、运动和其他娱乐活动。在将注意力和精力转移到新生儿身上时，女性与丈夫共处的时间，尤其是深情缠绵的时间就会相应减少。

虽然生孩子也有补偿，但初为人母者经常会感觉失去了满足感和对人生的掌控感，同时增加了压力和责任感。尽管父母的传统角色在逐渐转变，但大部分的家务事和照看孩子的工作仍旧落在母亲身上。[5]

对许多女性来说，她们所承受的负担（身心负担）与得到的回报（感激与支持）之间的落差可能表现为情绪困扰，如抑郁等。丈夫自然免不了受这种关系转变的影响。他们会感受到关爱、关注以及同理心的缺失，性生活通常也出现减少。研究表明，大部分夫妻在这一过渡期内会有轻微的抑郁。也有许多丈夫感到与妻子的关系更加亲密了。他们参加了专门面向准父母的培训班，现场观看孩子的分娩，分担照顾孩子的工作，比如给孩子换尿布、喂奶和洗澡等。在第一个孩子出生后（从第二个孩子起未必如此），丈夫通常会更容易向妻子表露感情。

子女的抚养中还有几段艰难时期，比如孩子的青春期以及成年子女离家。夫妻一人或两人更多关注工作或换工作、双方父母的生病或死亡以及夫妻双方最终的退休，这些也可能形成婚姻中的压力点。

压力出现的时间点可能对婚姻产生深远的影响。以妻子追求高学历的情况为例。研究者发现，婚姻中存在某种问题时，若妻子攻读研究生，婚姻通常会在妻子开始学习后破裂。若在读研之前或者读研期间生完孩子的女性会比读研后生孩子的女性更有可能离婚。然而，如果丈夫支持妻子，通常会消除她们在读研期间的压力，但对已成为母亲的妻子无效。研究者得出结论，造成婚姻破裂的一部分原因是妻子在平衡事业与母亲身份时产生了压力。[6] 毋庸置疑，丈夫难以应对妻子角色转换也是一个重要原因。

总体而言，婚姻的每个阶段都有特定的压力和得失。重压之下，夫妻的问题应对能力经常会受到影响。

## 压力与错误思维

众所周知，人在压力状态下会更易怒暴躁，也更容易情绪失控。但我们可能忽略了一点，人在重压下也更容易受错误思维摆布，这是导致暴躁、易怒的部分原因。在面临压力的情况下，一方将另一方框定在负面视角内，此时同种错误思维（隧道视野、以偏概全、"灾难化"）也在作祟。

我们以劳拉的例子说明这一思维过程。劳拉是市政府某部门公关部的负责人，她的部门经常受到媒体的攻击。她告诉我："我工作顺利时，弗雷德再怎么样也不会烦到我。他怎么做都不为过。而一旦我工作不顺利，面临巨大压力时，他怎么做都不对劲。我眼里尽是他做错事、做坏事。他做什么都是错的。"

在这种时候，这位焦虑的妻子表现得蛮不讲理。劳拉讲述了一段她在承受巨大工作压力时与弗雷德的谈话。弗雷德原本答应要修理椅子，但又忘了买合适的工具。

弗雷德：哎哟！我又忘了这回事。

劳拉：你忘了是什么意思？你已经忘过一次了。这次我还特意打电话叮嘱你了。

弗雷德：对不起，我忙得忘记了。我在这件事上有点心不在焉。

劳拉：你本不应该忘的！

弗雷德：你一打完电话我就接待了一个急诊病人，然后这件事就被我忘到脑后了。

劳拉：比起我，你更关心你的病人！

弗雷德：[生气] 当然不是！你反应过激了。

人一旦生气，往往会无视善意的解释（"心不在焉""急诊病人"），反而坚持自己的负面解读，如"你不关心我"。（有趣的是，没有心不在焉的人特别容易怀疑另一半的"心不在焉"说辞。）

压力伴随的还有掌控思维和行为的能力下滑。神经紧绷的人会更难克制自己的极端解读，难以纠正自己的曲解或调节自己的情感表达。在这种情况下，他们更容易出口伤人，甚至出手打人，或者一言不发。如果因为压力酗酒，人的脾气会相当火暴——产生愤怒的暴力行为。

处于压力之下的人也会表现出一些幼稚的思维和行动方式，这种情况在心理学上被称作"退行"。劳拉说："工作顺利时，我会享受与弗雷德的关系。我不会感到有压力，我可以靠自己。但当我承受巨大压力时，我会依附于他，完全依靠他。我时常需要他的帮忙。"

## 压力的解药

"压力大"的时候，你应该如何应对？第一条建议是尽可能将压力扼杀在摇篮里。你可以通过运用本书中提到的一些认知疗法原则，预防经常性的紧张。比如，许多人将失望或沮丧的情绪"糟糕化"或"灾难化"，从而使自己陷入紧张不安的状态。"我的员工没有及时完成工作，太糟糕了""乔恩的学习成绩这么平庸，他这辈子不可能成功"便是两个典型的例子。这种夸大解读表现为身体愈加紧绷，最终精力耗尽——你再没心思去缓和自己的情绪或者纠正极端的思维。此外，你可以用理性反应对抗自己的自动化思维，从而消除紧张情绪。

"应该"思维是消耗你精力的另一种心理机制:"做这个""不做那个"的想法过于频繁,会让你付出代价。正视并抑制你的"应该"思维,把它们降到客观水平,可以为你减少很多不必要的压力。

在你感到压力时,可以采取一些步骤来尽量减少压力的影响。先要识别重压的症状:紧张、注意力分散、易怒、睡眠不良等。在意识到自己容易反应过激或误解别人的言行时,你可以避开麻烦,先暂且认为别人没有恶意,避免不必要的针锋相对,绕开有争议的话题,等自己心平气和再说。

有几种方式可以帮你冷静下来,恢复理智。休息一下,彻底远离自己的问题便是其中一种。有些人发现走上一大段路也有助于解决烦恼。赫伯特·本森(Herbert Benson)博士在他的《放松反应》(*The Relaxation Response*)一书中推荐了一些放松或思考方式,对许多人十分有帮助。[7]

当配偶感到压力时,你可以做些什么?先识别一些前面提到的明显症状:脾气火暴、心神不定、容易误解。在此期间,避免不必要的冲突或针锋相对。另外,试着用你喜欢的娱乐或消遣方式分散注意力。

当夫妻两人都感到压力时,最好暂不处理重要的问题,暂不做出重大的决定。你正好趁此练习一下如何往好处想你的伴侣。比如,你面对特别令人讨厌的行为时,尽量做出善意的解释("他真的是累坏了"),而非负面解读("她总是贬低我")。

## 双职工家庭

现在越来越多（一半以上）的已婚美国女性都在工作。[8] 于是，人们越来越关注双职工家庭的问题。从某种意义上说，"双职"一说有点不妥，因为这样的家庭中至少有三份工作，其中两份是有偿的，第三份（家务）却是无偿的。（当然，有些家庭的家务——包括家务活和照看孩子，在一定程度上由雇工完成，比如女佣、管家或者保姆等。）

社会心理学家瑞纳·里佩蒂（Rena Repetti）和卡罗尔·彼得罗夫斯基（Carol Piotrkowski）对双份职、三份工的家庭做过相关研究。他们发现，当妻子对自己的工作感到满意时，她们会更满足于婚姻，比在家带孩子的妻子更喜欢孩子。尽管如此，有工作的妻子（和有工作的丈夫一样）称，她们容易把工作中的紧张、失望和沮丧等情绪带回家。[9] 一个妻子这样说："当晚上下班回家时，我感觉我和早上离开时的那个自己不一样了。"

在一项已婚职业女性研究中，布鲁姆斯坦和施瓦兹发现，多数妻子除了全职工作外还会负责大部分的家务。丈夫即便失业，承担的家务也远少于有工作的妻子。另外，当丈夫同意平摊家务时，他们花在做饭、洗衣和买菜等普通家务上的时间仍然少于妻子。布鲁姆斯坦和施瓦兹得出结论："平摊家务的想法根本不现实"。[10]

### 心理问题

尽管双份薪水提高了夫妻的物质满足感，让他们拥有更多可支配收入，但都工作也会加重两人的心理和人际问题。比如，上班后，劳拉对自己的家务处理方式感到满意，但是她不满弗雷德对自己负责的家务太过随意。弗雷德也心怀不满，讨厌劳拉在他做家务时对他发号施令和全程监督。

劳拉告诉我："我唯一可以掌控的区域就是厨房。做事的方式有对错之分。他从来不把盘子规规矩矩地摆放在餐具架上。他还将高脚杯、矮脚杯和茶杯混在一起。他不会将盘子好好地叠放在洗碗机里。而且放入洗碗机之前也不冲干净。"

从这段话来看，似乎只是简单的标准冲突问题，只要弗雷德多注意一下自己做的，劳拉放宽一下自己的标准，这个问题便可解决。但这个实际问题的背后藏着一个心理难题。我们先看一下劳拉的意思。

我认为他将做家务看作有失身份的工作。他确实做了家务，但根本不在意怎么做。我做家务没问题，他做就不行。总之，他不把我放在眼里。

从上面可以看出，这件事牵扯到了个人地位以及尊重的问题。接下来我们看一下弗雷德的抱怨。

她在料理家务上十分狂热。她总是盯着我，看我做的对不对。我承认自己在做家务上没有用心——我上班时已经有一个上司了。但我愿意出一份力。主要问题是，劳拉总是纠结于平摊这件事。做什么都得平摊。我下班回到家时,她忙着手中的活儿,比如给孩子换尿布,于是她会停下来说该轮到我来做了,我甚至都来不及换下外套!

让我们再看一下他们的对话。

劳拉:弗雷德,你对我不公平。你总是在逃避家务事,让我做了大部分的工作。我可不是你的下属。

弗雷德:我愿意为了你做家务。

劳拉:你不是在为我做,这是我们两个人的事。

弗雷德:我愿意分担一半。但考虑到你不满意我的家务表现,我会雇个佣人负责我那一半家务。

劳拉:你已经有一个佣人了,那就是我!你总是在利用我。我做自己的那份家务没问题,你却可以雇人做你的那部分。这也太不平等了。

弗雷德:平等不代表你总是告诉我要去做什么。

从上面这段对话来看,问题并不单纯的是两人在劳动分工上争吵,而是两人在性格上存在冲突。结合个人的成长和更加独立的意愿,劳拉找了一份全职工作。然而,两人的性格冲突并没有因她在工作上的独立得到解决,反而辗转到家务的"舞台"上演,两个人在这个问题上陷入了愤怒和敏感状态。

劳拉在两个方面表现敏感：她希望确保弗雷德肯定她做出的贡献，希望得到他的尊重，还希望他平等对待自己。弗雷德对任何类似于她在支使或控制自己的事情都很敏感。他对劳拉监督他做家务的做法表示反抗。因此，他敷衍了事，破坏了约好的分工计划。

我提出的咨询建议有两点。我告诉劳拉，尽管她原则上赞成平等，却没有平等对待弗雷德，体现为监督他的工作表现或告诉他"现在轮到你了"。劳拉终于意识到，尽管家务劳动分了工，但她仍在指挥、监督家务的完成情况。她认识到，自己在看待家务上受到"应该"原则的主导，并将其用在弗雷德身上。

我向劳拉指出，弗雷德有意愿也有能力做好自己的那份家务，但劳拉对他的监督破坏了他的士气，进而打击了他的积极性。弗雷德则必须克服对劳拉的反馈意见过度敏感的毛病。最终，弗雷德认识到了劳拉无意控制他，她只想确保家务能够有条理地完成。

随着时间推移，弗雷德发现自己可以与劳拉商议具体的工作安排，不用牺牲自主权了。同样，劳拉在能够从弗雷德的视角看待问题（弗雷德认为劳拉爱发号施令）之后，放松了对弗雷德的监督。劳拉意识到，真正让弗雷德抗拒的原因并不是他把劳拉当下级，而是他察觉到自己受到了她的控制。

概括起来，在夫妻双方都有工作的情况下，他们可以使用前面几章中提到的分析工具来解决冲突。首先，确定具体的冲突点。其次，确认冲突对自己以及配偶的意义。再次，努力修正自己看问题的视角。最后，思考解决方案。

## "彼此渐行渐远"

随着夫妻一方或双方逐渐发生改变或走向成熟，问题会相继而来，这种现象在双职工家庭中尤为明显。因此，两人原本亲密无间，但由于一人或者两人变得愈发独立，或者形成不同的兴趣、品味或者价值观，他们的关系会越来越疏远。兴趣、品味或价值观的不同有时会令夫妻对彼此失去兴趣。

玛丽今年35岁，夫妻俩都上班，她向我咨询她与丈夫离婚的事。她向我讲述了她的事："我起初很崇拜我的丈夫迈克尔。他是我梦寐以求的人，高大强壮，自信满满。一看见房间那头的他，我就被迷得一塌糊涂。我们结婚已有十年，如今我在一家出版公司上班。我每天会见到新面孔和令人激动的人，所以我期待着上班。但回到家后，我们之间无话可说。我开始第一次真正认识迈克尔这个人。他是个沉闷乏味的人。我看到他时，他总是坐在电视机前，手里拿着啤酒，或者四仰八叉地躺在沙发上。在某种程度上我依然爱他，但我不再敬佩他了。"

玛丽对迈克尔的评判标准发生了改变，她对迈克尔的崇拜也随之减弱。玛丽来自一个波多黎各的传统父权制家庭。两人结婚后，他们家又形成了新的父权制，迈克尔是掌权者，玛丽是服从者。但在玛丽工作之后，他们在家庭中的角色平等了。玛丽不再将迈克尔视为权力的象征，也更加敏锐地察觉到他身上的缺点。

我为玛丽提供的咨询意见包括两部分：首先，评估迈克尔的优缺点；其次，确定玛丽对生活的期待以及满足期待的最佳方式。玛丽列出了迈克尔身上的一些优缺点。

| 缺点 | 优点 |
| --- | --- |
| 他是个懒人 | 他爱我 |
| 除了体育运动，他没有别的兴趣 | 他支持我去工作 |
| 他从来不帮忙做家务 | 他性格温和 |
| 他有时很粗鲁 | 他是一个好父亲 |
| | 他工作很努力 |
| | 他修东西很在行 |
| | 他很可靠 |
| | 他从来不发火 |

在重新评价迈克尔的过程中，玛丽意识到他的优点多于缺点。她将迈克尔与工作中接触到的一些她钦佩的男性做了系统比较，最终发现他们缺少迈克尔的"优秀"素质。她向我列举了其中一项进行比较："乔是个令人印象深刻的人，又非常聪明，但他容易神经过敏、情绪化，对妻子一点儿也不尊重。我敢肯定他到处拈花惹草。和他生活在一起会充满刺激，但绝不会长久。"

玛丽重新审视了自己的新价值观，又对迈克尔重新做了评价，她开始更加看重他的优点，重燃对迈克尔的敬佩之情。她也逐渐意识到，她没必要通过一个人来满足自己的一切需求。她可以保持恩爱的婚姻关系，同时欣赏其他人带来的思维启发。

我和玛丽只谈过两次，但如果问题没能如愿解决，我会和迈克尔见上一面，同时给他们两个进行咨询。迈克尔有可能出于遭到嫌弃和不被欣赏的心理离开玛丽，而玛丽的不满情绪有可能一部分来自他的疏远。在第二次见面时，玛丽说她决定花更多心思在她与迈克尔的关系中。她意识到迈克尔是"一颗未经雕琢的钻石"，她决心改善她对迈克尔的态度。

在另一个案例中，面对妻子卡罗尔的转变，哈罗德的反应造成了另一种问题。他抱怨说："她只会谈论在工作中遇到的优秀人士。我见过他们，他们不过是一群马屁精。她满口离不开工作。她还总邀请这些人到家里来。他们表现得好像邪教徒一样。"

在这个案例中，卡罗尔无意终止这段婚姻，事实上，她觉得两人的婚姻毫无问题。但哈罗德感觉自己受到了冷落，他将卡罗尔的同事看作"外星人"。针对他们的咨询分成三步，帮他们重建个人生活和社交生活：①卡罗尔要限制讨论自己工作的时间；②哈罗德要有同等的时间讨论他的工作；③他们轮流决定邀请谁的朋友来家里做客。

## 缓解双职工家庭的压力

夫妻中一方感到的压力难免会渗透到两人的关系中。如果为人父母的夫妻都上班，有效的减压方法是：丈夫／父亲减轻妻子／母亲过重的工作负担，帮助她解决工作与育儿之间的冲突。比如，他可以向妻子解释说，不奢望她在有兼职或全职工作的同时还能做到完美的妻子和母亲，她也不要对自己有这种期望。另外，丈夫可以主动帮衬家庭事务，减轻妻子因"忽略"孩子和家务而产生的苦恼。同时，丈夫／父亲必须解决工作与家庭生活职责之间的冲突。

许多减压方案在缓解紧张的双职工婚姻上颇有成效。[11] 此类方案的一部分目的是恢复正常的付出－回报平衡。关键要点如下。

**1. 强调积极面**。关注自己从参加工作中获得的好处：增加个人成就感，提高生活水平，有能力为孩子提供更多文化和教育机会，提升夫妻间的平等待遇。研究表明，有工作的母亲对生活的满意度高于没有工作的母亲。

**2. 分清主次**。家庭与工作需求之间难免会产生冲突，而解决冲突需要有某种指导原则。比如，有些人遵循"家庭至上"的原则。

**3. 准备好做出妥协**。家庭与工作都达到理想的状态是不可能的。一些妥协是必要的，比如减少陪伴孩子的时间或者工作的时间，或者可能牺牲工作晋升的机会。要记住，现实中人是没办法做到事事最好的，但要努力做到事事平衡。

**4. 区分家庭角色与工作角色**。尽可能将家庭中的角色与工作中的角色区分开。例如，马乔丽在工作时会有一种负疚感，认为自己应该花更多的时间去陪孩子。与孩子们在一起时，她又会因未完成带回家的工作任务而深感愧疚。她必须学会将上班时间与在家时间区分开来，不在工作的时候考虑孩子的问题，也不在陪孩子的时候担心工作的问题。

**5. 标准要符合实际**。一些人认为，在有了孩子或者夫妻两人都有工作之后，家里也应该一如既往的干净整洁。你或许有必要降低这个标准，接受一定程度的凌乱。

**6. 分配家务**。家务负担过重的困境有时可以通过重新分配加以解决，丈夫和孩子更多去承担一般由妻子负责的家务。家务分工应尽可能具体。许多家庭会把各个成员负责的任务写在工作分配表上，这个做法会给他们带来了很多好处。尽量讲清模糊的方面，比如由谁负责安排孩子上床睡觉。

**7. 培养分享的态度。**在此期间可以实践一下我在前面几章中提到的互助关系。定期与伴侣坐在一起探讨可以给予彼此工作（家务和事业）的帮助。家务问题值得得到与事业问题同样的尊重和重视。许多夫妻表示，在伴侣倾听了自己的抱怨、主动发表意见、提供建议和鼓励之后，他们感到如释重负。

**8. 努力保持劳逸结合。**记住，如果两人为了提高生活水平都在上班，那么应该利用一部分收入来享受生活乐趣。如果一心扑在工作和家务上，就没有精力去让自己的生活更加和谐、欢乐。

## 再婚的问题

鉴于一半以上的婚姻以离婚收场，而 83% 的离婚男性和 75% 的离婚女性都会选择再婚，所以再婚夫妻的问题值得我们特别关注。[12]

无论再婚的夫妻关系有多么融洽，再婚家庭仍存在一些特有的难题。许多再婚家庭有一个共同的问题，家庭成员的忠诚要如何界定。谁的心"向内"，谁的心"向外"，这个问题可能没有明确界限，不同家庭成员的认识也不尽相同。比如，孩子如果喜欢与继父或继母相处，会认为自己对亲生父亲或母亲不忠。同时，如果继父与继子女相处的时间更长，关系比亲生子女更亲近，他也会因此产生愧疚感。这种状况也会引来他亲生子女的怨恨。

不同父母的子女生活在同一屋檐下，往往不会把原先的两家人当作一家人，这个现象令再婚家庭的忠诚问题变得更加复杂。他们可能会说"你不是我哥哥""不要那样和我妈妈说话"。[13] 他们往往会念及对血亲的忠诚,与其他家庭成员划定界限。[14]

与忠诚问题密切相关的是争宠问题,这个问题表现为多种形式。比如,亲生子女与继子女在父母面前争宠。另外,亲生父母可能会比拼看孩子更喜欢谁。"偏心"的指控算是司空见惯了,比如继母偏爱亲生子女。

再婚父母在子女抚养的原则上也会存在差异。他们不得不在失了先机的情况下与继子女相处,因为已经没机会趁继子女年龄小一点时制定和规定一系列纪律和习惯了。他们没有任何思想准备,突然之间背负了要以父母身份团结协作的期望。

尽管再婚父母可能希望团队合作,但亲生父母往往会严厉管教亲生子女,于是合作一事经常会遇到阻力。亲生父母可能会说:"她是我女儿,交由我来管。"当继父母尝试施行一项规定时,若该规定与继子女的亲生父母所制定的不同,孩子便会质疑继父母定下该规定的权利,由此引发争执。

此外,再婚父母还要在一系列问题上达成一致意见,包括给予孩子多大自由、宵禁与睡觉时间限制、孩子向父母发火的限度。

如果再婚父母在子女抚养问题上有分歧,由此产生的冲突可能引发同盟转变:妻子站在丈夫一边反对她的亲生子女,或者亲生子女与继子女联合起来反对一个家长,又或者丈夫站在亲生子女一边反对妻子。

有一对再婚夫妻,由于丈夫的十几岁子女(跟随亲生母亲生活)放学后突然上门,夫妻两人因此大吵一架。继母觉得他们应该提前打电话,孩子的父亲则认为他们有随时来的自由。夫妻两人对彼此的观点感到愤愤不平，于是指责对方不懂得关心人。

再婚夫妻在生活中出现的许多问题是可以妥善处理的，但需要他们有较高的决策力和调整能力。经常做一些决策性交谈是非常有帮助的。另外，再婚夫妻应尽量避免让两人的冲突妨碍共同抚养子女的工作。

一些专家指出，再婚的离婚率与头婚差不多高。[15]但我坚信，如果夫妻做好了思想准备，他们可以解决出现的各种心理问题。其中一些问题是关于再婚家庭对家庭生活的基本看法的，还有一些是他们对家庭成员问题产生原因的解释。[16]下面列出了一些这样的期望和信念。

- 我们的新家庭应该比原来的家庭幸福。
- 我的继子女应把我看作"新妈妈"（或"新爸爸"）。
- 如果我的孩子对继父母产生了感情，那么他们就是不忠。
- 如果孩子们关心（不同住的）亲生父亲（母亲），那么他们就不会喜欢我。
- 我的新婚姻中应该没有冲突。
- 我们应该努力成为完美的父母和继父母。

在再婚家庭中，麻烦出现时推卸责任的倾向更具复杂性。他们经常把责任推到前任配偶的身上："如果你前妻不来打扰你儿子，他会没事的"，或"你前夫太惯着你女儿了"。再婚夫妻需要停止指责，将每个麻烦看作要解决的问题。出现分歧时，他们应当协商解决。

比起头婚家庭,再婚夫妻更要明确家务分工,制订系统计划,分清主次。

再婚生活需要诸多让步,但如果夫妻共同努力,这些让步是可以做到的。他们一定要体察彼此的压力和需求,培养高度的耐心与宽容。基于这种善意,再婚夫妻可以收获远超头婚的安稳与幸福。

# 注 释

## 引言

1. *Newsweek* (July 15, 1987): 15.

## 第1章 负面思考的威力

1. P Noller, "Misunderstandings in Marital Communication: Study of Nonverbal Communication," *Journal of Personality and Social Psychology* 39 (1980): 1135–1148.

   P Noller, "Gender and Marital Adjustment Level Differences in Decoding Messages from Spouses and Strangers," *Journal of Personality and Social Psychology* 41 (1981): 272–278.

   P Noller, *Nonverbal Communication and Marital Interaction* (New York: Pergamon Press, 1984).

   J. M. Gottman, *Marital Interaction: Experimental Investigations* (New York: Academic Press, 1979).

2. C. Schaap, "A Comparison of the Interaction of Distressed and Nondistressed Married Couples in a Laboratory Situation," in K. Halweg and N. S. Jacobson, eds., *Marital Interaction: Analysis and Modification* (New York: Guilford), pp.

133–158.

## 第 2 章 光与暗

1. S. Peele, *Love and Addiction* (New York: New American Library, 1976).

## 第 3 章 思维方式冲突

1. C. Gilligan, *In a Different Voice: Psychological Theory and Women's Development* (Cambridge, MA: Harvard University Press, 1982).
2. R. Berley and N. Jacobson, "Causal Attributions in Intimate Relationships," in P. Kendall, ed., *Advances in Cognitive-Behavioral Research and Therapy*, vol. 3. (New York: Academic Press, 1984).
   N. Epstein, "Depression and Marital Dysfunction: Cognitive and Behavioral Vantages," *International Journal of Mental Health* 13 (1984): 86–104.
   N. Epstein, J. L. Pretzer, and B. Fleming, "The Role of Cognitive Appraisal in Self-Reports of Marital Communication." *Behavior Therapy* 18 (1987): 51–69.

## 第 4 章 破坏规则

1. K. Horney, *Neurosis and Human Growth* (New York: W. W. Norton, 1950).
2. A. Ellis, *Reason and Emotion in Psychotherapy* (New York: Lyle Stuart, 1962).
3. J. Fawcett and R. York, "Spouses' Strength of Identification and Reports of Symptoms during Pregnancy and the Postpartum Period," *Florida Nursing Review* 2 (1987): 1–10.
4. Epstein, Pretzer, and Fleming, "The Role of Cognitive Appraisal."

## 第 5 章 沟通中的干扰

1. Noller, "Gender and Marital Adjustment Level Differences."

2. D. Maltz and R. Borker, "A Cultural Approach to Male-Female Miscommunications," in J. J. Gumperz, ed., *Language and Social Identity* (Cambridge, England: Cambridge University Press, 1982) pp. 196–216.
3. D. Tannen, *That's Not What I Meant* (New York: Ballantine Books, 1986).
4. Maltz and Borker, "A Cultural Approach to Male-Female Miscommunications."
5. Tannen, *That's Not What I Meant*.
6. C. Rubenstein and M. Jaworski, "When Husbands Rate Second," *Family Circle*(May 1987).

## 第6章 夫妻关系的破裂

1. T. R. Tyler and V. Devinitz, "Self-Serving Bias in the Attribution of Responsibility: Cognitive vs. Motivational Explanations," *Journal of Experimental Social Psychology* 17 (1981): 408–416.

## 第8章 内心的诡计

1. J. Piaget, *The Moral Judgment of the Child* (Glencoe, IL: Free Press, 1965).
2. F. Fincham et al., "Attribution Processes in Distressed and Nondistressed Marriages," *Journal of Abnormal Psychology* 94 (1985): 183–190.
   H. Jacobson et al., "Attributional Processes in Distressed and Nondistressed Married Couples," *Cognitive Therapy and Research* 9 (1985): 35–50.
   Noller, "Gender and Marital Adjustment Level Differences."
3. D. Burns, *Feeling Good* (New York: New American Library, 1980).

## 第9章 生死搏斗

1. G. Bach and P. Wyden, *The Intimate Enemy* (New York: Avon Books, 1968).
2. A. Ellis, *How to Live with and without Anger* (New York: Reader's Digest

Press, 1977).

C. Tavris, *Anger: The Misunderstood Emotion* (New York: Simon & Schuster, 1982).

## 第 10 章 亲密关系可以得到改善吗

1. Fincham, "Attribution Processes," pp. 183–190.

    A. Hollyworth-Monroe and H. Jacobson, "Causal Attributions of Married Couples," *Journal of Personality and Social Psychology* 48 (1985): 1398–1412. Jacobson et al., "Attributional Processes."

2. W. Ickes, "Sex-Role Differences and Compatibility in Relationships," in W. Ickes, ed., *Compatible and Incompatible Relationships* (New York: Springer-Verlag, 1985) pp. 187–208.

## 第 11 章 巩固基础

1. E. Erikson, *Childhood and Society* (New York: W. W. Norton, 1964).

## 第 12 章 调整夫妻关系

1. Rubenstein and Jaworski, "When Husbands Rate Second."
2. M. K. Goldstein, "Research Report: Annual Meeting of the Association for the Advancement of Behavior Therapy." (New York, October 1972).
3. R. Stuart, *Helping Couples Change* (New York: Guilford Press, 1980).

## 第 13 章 改正自己的曲解

1. A number of cognitive therapists have used "flip-side analysis." Janis Abrahams, Susan Joseph, and Norman Epstein have all used this approach effectively. The most complete description has been provided by Janis Abrahms

in a workshop at the Annual Meeting of the Association for the Advancement of Behavior Therapy, Boston, November 1987.

## 第 14 章 交谈的艺术

1. Tannen, *That's Not What I Meant*.
2. For example: L. Rubin, *Intimate Strangers: Men and Women Together* (New York: Harper & Row, 1984).
3. Personal communication from Judge Phyllis W. Beck, Superior Court, Commonwealth of Pennsylvania.
4. W. Betcher, *Intimate Play: Creating Romance in Everyday Life* (New York: Viking, 1987).

## 第 16 章 排忧解难

1. R. Stuart, *Helping Couples Change* (New York: W. W. Norton, 1985).

## 第 17 章 压制心中怒气

1. Gottman, *Marital Interaction*.
Rosenstorf et al., "Interaction Analysis of Marital Conflict," in K. Halweg and N. S. Jacobson, eds., *Marital Interaction: Analysis and Modification* (New York: Guilford Press) pp 159–181.
2. Duffy and Dowd, "The Effect of Cognitive-Behavioral Assertion Training."

## 第 18 章 特殊问题

1. E. Frank, C. Anderson, and D. Rubenstein, "Frequency of Sexual Dysfunction in 'Normal' Couples," *New England Journal of Medicine* 299(3) (1978): 111–115.

2. L. G. Barbach, *For Yourself: The Fulfillment of Female Sexuality* (Garden City, NY: Anchor Books, 1976).

   H. S. Kaplan, *The New Sex Therapy: Active Treatment of Sexual Dysfunction* (New York: Brunner/Mazel, 1974).

   M. Scarf, *Intimate Partners: Patterns in Love and Marriage* (New York: Random House, 1987).

   B. Zilbergeld, *Male Sexuality* (New York: Bantam Books, 1978).
3. P. Blumstein and P. Schwartz, *American Couples* (New York: William Morrow, 1983)p. 583.
4. Blumstein and Schwartz, *American Couples*.
5. Blumstein and Schwartz, *American Couples*.
6. S. K. Houseknecht, S. Vaughn, and A. S. Macke, " Marital Disruption among Professional Women: The Timing of Career and Family Events, " *Social Problems* 31(3) (1984): 273–284.
7. H. Benson, *The Relaxation Response* (New York: William Morrow, 1975).
8. Blumstein and Schwartz, *American Couples*, p. 118.
9. C. S. Piotrkowski and R. L. Repetti, " Dual-Earner Families, " *Marriage and Family Review* 7(2/3) (1984): 99–124.
10. Blumstein and Schwartz, *American Couples*, p. 118.
11. D. A. Skinner, " The Stressors and Coping Patterns of Dual-Career Families, " in H. I. McCubbin, A. E. Cauble, and J. M. Patterson, eds., *Family Stress, Coping, and Social Support* (Springfield, IL: Charles Thomas, 1982) pp. 136–150.
12. A. J. Cherlin, *Marriage, Divorce, Remarriage* (Cambridge, MA: Harvard University Press, 1981) p. 29.

13. L. A. Leslie and N. Epstein, "Cognitive-Behavioral Treatment of Remarried Families," in N. Epstein, S. E. Schlesinger, and W. Dryden, eds., *Cognitive-Behavioral Therapy with Families* (New York: Brunner/Mazel, 1988).
14. E. B. Visher and J. S. Visher, *A Guide to Working with Stepchildren* (New York: Brunner/Mazel, 1979).
15. R. Stuart and B. Jacobson, *Second Marriage: Make It Happy! Make It Last!* (New York: W. W. Norton, 1985).
16. C. J. Sager et al., *Treating the Remarried Family* (New York: Brunner/Mazel, 1983).

#  参 考 文 献

Bach, G., and Wyden, P. *The Intimate Enemy.* New York: Avon Books, 1968.
Barbach, L. G. *For Yourself: The Fulfillment of Female Sexuality.* Garden City, NY: Anchor Books, 1976.
Benson, H. *The Relaxation Response.* New York: William Morrow, 1975.
Berley, R., and Jacobson, N. "Causal Attributions in Intimate Relationships." In *Advances in Cognitive-Behavioral Research and Therapy,* vol. 3, edited by P. Kendall. New York: Academic Press, 1984.
Betcher, W. *Intimate Play: Creating Romance in Everyday Life.* New York: Viking, 1987.
Blumstein, P., and Schwartz, P. *American Couples.* New York: William Morrow, 1983.
Burns, D. *Feeling Good.* New York: New American Library, 1980.
Cherlin, A. J. *Marriage, Divorce, Remarriage.* Cambridge: Harvard University Press, 1981.
Duffy, D., and Dowd, T. "The Effect of Cognitive-Behavioral Assertion Training on Aggressive Individuals and Their Partners." *Southern Psychologist* 3: 45–50.
Ellis, A. *How to Live with and without Anger.* New York: Reader's Digest Press, 1977.
Epstein, N. "Depression and Marital Dysfunction: Cognitive and Behavioral Vantages." *International Journal of Mental Health* 13: 86–104.
Epstein, N.; Pretzer, J. L.; and Fleming, B. "The Role of Cognitive Appraisal in Self-Reports of Marital Communication." *Behavior Therapy* 18: 51–69.
Erikson, E. *Childhood and Society.* New York: W. W. Norton, 1964.
Fawcett, J., and York, R. "Spouses' Strength of Identification and Reports of Symptoms during Pregnancy and the Postpartum Period." *Florida Nursing Review* 2: 1–10.

Fincham, F.; Beach, S.; and Nelson, G. "Attribution Processes in Distressed and Nondistressed Marriages." *Journal of Abnormal Psychology* 94: 183–190.

Frank, E.; Anderson, C.; and Rubenstein, D. "Frequency of Sexual Dysfunction in 'Normal' Couples." *New England Journal of Medicine* 299(3): 111–115.

Gilligan, C. *In a Different Voice: Psychological Theory and Women's Development.* Cambridge: Harvard University Press, 1982.

Gottman, J. M. *Marital Interaction: Experimental Investigations.* New York: Academic Press, 1979.

Hollyworth-Monroe, A., and Jacobson, H. "Causal Attributions of Married Couples." *Journal of Personality and Social Psychology* 48: 1398–1412.

Horney, K. *Neurosis and Human Growth.* New York: W. W. Norton, 1950.

Houseknecht, S. K.; Vaughn, S.; and Macke, A. S. "Marital Disruption among Professional Women: The Timing of Career and Family Events." *Social Problems* 31(3): 273–284.

Ickes, W. "Sex-Role Differences and Compatibility in Relationships." In *Compatible and Incompatible Relationships,* edited by W. Ickes. New York: Springer-Verlag, 1985.

Jacobson, H., et al. "Attributional Processes in Distressed and Nondistressed Married Couples." *Cognitive Therapy and Research* 9: 35–50.

Kaplan, H. S. *The New Sex Therapy: Active Treatment of Sexual Dysfunction.* New York: Brunner/Mazel, 1974.

Leslie, L. A., and Epstein, N. "Cognitive-Behavioral Treatment of Remarried Families." In *Cognitive-Behavioral Therapy with Families,* edited by N. Epstein, S. E. Schlesinger, and W. Dryden. New York: Brunner/Mazel, 1988.

Maltz, D., and Borker, R. "A Cultural Approach to Male-Female Miscommunications." In *Language and Social Identity,* edited by J. J. Gumperz. England: Cambridge University Press, 1982.

Markman, H. J., et al. "Prevention of Marital Distress: A Longitudinal Investigation." *Journal of Consulting and Clinical Psychology* 56: 210–217.

Noller, P. "Misunderstandings in Marital Communication: Study of Nonverbal Communication." *Journal of Personality and Social Psychology* 39: 1135–1148.

Noller, P. "Gender and Marital Adjustment Level Differences in Decoding Messages from Spouses and Strangers." *Journal of Personality and Social Psychology* 41: 272–278.

Noller, P. *Nonverbal Communication and Marital Interaction.* New York: Pergamon Press, 1984.

Peele, S. *Love and Addiction.* New York: New American Library, 1976.

Piaget, J. *The Moral Judgment of the Child* (M. Gabain, trans.). Glencoe, IL: Free Press, 1965.

Piotrkowski, C. S., and Repetti, R. L. "Dual-Earner Families." *Marriage and Family Review* 7(2/3): 99–124.

Rosenstorf, O., et al. "Interaction Analysis of Marital Conflict." In *Marital Interaction: Analysis and Modification*, edited by K. Halweg and N. S. Jacobson. New York: Guilford Press, 1984.

Rubenstein, C., and Jaworski, M. "When Husbands Rate Second." *Family Circle*, May 1987.

Rubin, L. *Intimate Strangers: Men and Women Together*. New York: Harper & Row, 1984.

Sager, C. J., et al. *Treating the Remarried Family*. New York: Brunner/Mazel, 1983.

Scarf, M. *Intimate Partners: Patterns in Love and Marriage*. New York: Random House, 1987.

Schaap, C. "A Comparison of the Interaction of Distressed and Nondistressed Married Couples in a Laboratory Situation." In *Marital Interaction: Analysis and Modification*, edited by K. Halweg and N. S. Jacobson. New York: Guilford Press, 1984.

Skinner, D. A. "The Stressors and Coping Patterns of Dual-Career Families." In *Family Stress, Coping, and Social Support*, edited by H. I. McCubbin, A. E. Cauble, and J. M. Patterson. Springfield, IL: Charles Thomas, 1982.

Stuart, R. *Helping Couples Change*. New York: Guilford Press, 1980.

Stuart, R., and Jacobson, B. *Second Marriage: Make It Happy! Make It Last!* New York: W. W. Norton, 1985.

Tannen, D. *That's Not What I Meant*. New York: Ballantine Books, 1986.

Tavris, C. *Anger: The Misunderstood Emotion*. New York: Simon & Schuster, 1982.

Tyler, T. R., and Devinitz, V. "Self-Serving Bias in the Attribution of Responsibility: Cognitive vs. Motivational Explanations." *Journal of Experimental Social Psychology* 17: 408–416.

Visher, E. B., and Visher, J. S. *A Guide to Working with Stepchildren*. New York: Brunner/Mazel, 1979.

Zilbergeld, B. *Male Sexuality*. New York: Bantam Books, 1978.